매일 쉽게
감성 식탁을
차리는 법

요일별 집밥 식단 사계절 레시피 200

김지현(키친콤마) 지음

BM 성안북스

Foreign Copyright: Joonwon Lee
Address: 10, Simhaksan-ro, Seopae-dong, Paju-si, Kyunggi-do,
 Korea
Telephone: 82-2-3142-4151
E-mail: jwlee@cyber.co.kr

요일별 집밥 식단 사계절 레시피 200
매일 쉽게 감성 식탁을 차리는 법

2019. 5. 13. 최신 개정판 1판 1쇄 인쇄
2019. 5. 20. 최신 개정판 1판 1쇄 발행

지은이 | 김지현(키친콤마)
펴낸이 | 최한숙
펴낸곳 | BM 성안북스

주 소 | 04032 서울시 마포구 양화로 127 첨단빌딩 5층(출판기획 R&D 센터)
      | 10881 경기도 파주시 문발로 112 출판문화정보산업단지(제작 및 물류)
전 화 | 02) 3142-0036
      | 031) 950-6386
팩 스 | 031) 950-6388
등 록 | 1978.9.18 제406-1978-000001호
출판사 홈페이지 | www.cyber.co.kr
이메일 문의 | heeheeda@naver.com
ISBN | 978-89-7067-352-3 (13590)
정가 | 20,000원

이 책을 만든 사람들
본부장 | 전희경
편집 · 표지 디자인 | 디박스
사진 · 스타일링 | 김지현
홍보 | 김계향, 정가현
마케팅 | 구본철, 차정욱, 나진호, 이동후, 강호묵
제작 | 김유석

이 책은 2016년 출간된 「냉장고 속 일주일 식탁」 책을 개정하여 펴낸 것입니다.

이 책의 어느 부분도 저작권자나 BM 성안북스 발행인의 승인 문서 없이 일부 또는 전부를 사진 복사나 디스크 복사 및 기타 정보 재생 시스템을 비롯하여 현재 알려지거나 향후 발명될 어떤 전기적, 기계적 또는 다른 수단을 통해 복사, 재생하거나 이용할 수 없음.

※ 잘못된 책은 바꾸어 드립니다.

■ 도서 A/S 안내

성안북스에서 발행하는 모든 도서는 저자와 출판사, 그리고 독자가 함께 만들어 나갑니다.
좋은 책을 펴내기 위해 많은 노력을 기울이고 있습니다. 혹시라도 내용상의 오류나 오탈자 등이 발견되면 "좋은 책은 나라의 보배"
로서 우리 모두가 함께 만들어 간다는 마음으로 연락주시기 바랍니다. 수정 보완하여 더 나은 책이 되도록 최선을 다하겠습니다.
성안북스는 늘 독자 여러분들의 소중한 의견을 기다리고 있습니다. 좋은 의견을 보내주시는 분께는 성안당 쇼핑몰의 포인트
(3,000포인트)를 적립해 드립니다.
잘못 만들어진 책이나 부록 등이 파손된 경우에는 교환해 드립니다.

매일 쉽게
감성 식탁을 차리는 비결

STEP 1 일주일 단위 식단 짜기

STEP 2 냉장고 속 남은 식재료 확인하기

STEP 3 필요한 식재료만 메모해서 장보기

STEP 4 주말 30분 정도 재료 손질해 놓기

Prologue
매일 쉽고 빠른 감성 식탁을 차리며

살림에, 가족 뒷바라지에 할 일은 많지만, 가끔 배달 음식이나 외식에 의지할 때도 있지만, 나만의 감성을 담아 즐거운 식탁을 차리려 날마다 노력합니다.

결혼을 하고 아이들을 키우며 가족의 식탁을 책임지고 요리를 한 지 20년이 되어갑니다. 다행히(?) 맛있는 거 먹는 걸 좋아하고, 요리를 즐겨해서 요리 블로그까지 하고 있지요. 그런 저이지만 매일 같이 가족의 식탁을 계획하고 끼니를 차려 먹는 건 결코 쉬운 일은 아닙니다. 가급적 좀 더 쉽고, 빠르고, 간편하게 집밥을 차리는 방법을 고민하고 실천하다 보니 나름의 노하우가 생긴 것 같습니다.

사실 저도 결혼하고 처음에는 어떻게 식탁을 차려야 할지 몰라 마트나 시장에 가면 먹고 싶은 것이나 필요하다 생각되는 것은 뭐든 사서 냉장고에 쟁여놓고 살았답니다. 어떤 요리를 하려고 레시피를 살펴보고 재료 중에 하나라도 없으면 그 음식을 만들지 못할 것 같아 많은 식재료를 냉장고에 쌓아두고 살았던 것 같아요. 그런데 직접 요리를 하다 보니 의외로 망가져서 버리는 식재료들이 많았고 냉장고 정리하는 것도 쉬운 일이 아니었지요.

'이래선 안 되겠다' 싶어서 일주일 치 식단을 가볍게라도 짜서 그에 맞춘 재료들만 장을 보는 습관을 들였습니다. 확실히 냉장고는 가벼워졌음에도 불구하고 식탁은 더 풍부해지는 효과를 보게 되었습니다. 특히 '오늘은 뭘 해먹지?' 하는 고민이 사라졌고 깔끔한 냉장고를 유지할 수 있는 덤까지 얻었지요.

이제는 조금 더 노하우가 생겨 계획적인 장보기에만 그치지 않고, 장을 보러 가기 전에 냉장고를 한번 정리해서 가지고 있는 재료들을 확인한 뒤 구입 리스트를 짜고, 장을 보고 난 뒤에는 일주일 식단에 따라 재료를 미리미리 손질하여 냉장고를 정리하고 있답니다.

이런 방법을 이용하니 음식을 만들고 밥상을 차리는 데 드는 시간이 현저히 줄었고, 신선하고 좋은 재료를 버리지 않고 알뜰하게 사용하면서 집밥을 차릴 수 있게 되었습니다.

조금만 방법을 바꾸고 시간을 투자해서 미리 짠 식단에 맞게 장을 본 재료만 손질해두면 매일의 식탁을 차리는 시간이 번거롭고 힘든 시간이 아닌 즐거운 시간이 된답니다. 이번 요리책에서는 제가 실제로 해 먹는 방법대로 일주일부터 한 달의 식단 짜기와 장보기, 손질하여 정리한 후 매일 식탁을 차리는 방법을 보여드리고 있습니다. 처음에는 일주일 식탁부터 실천하다 보면 집밥을 차리면서 커피 한잔이나 나만의 휴식을 누릴 수 있는 시간이 생길 겁니다.

"엄마가 해주는 밥이 제일 좋다"는 아이들과 "집밥을 먹어야 제대로 된 밥을 먹은 것 같다"는 남편의 칭찬에 오늘도 앞치마 두르고 즐겁게 아내와 엄마의 식탁을 준비합니다. 저와 함께 감성 식탁을 차려 보실래요?

키친콤마 김지현 드림

Contents

Prologue 매일 쉽고 빠른 감성 식탁을 차리며 • 6
요일별로 쉽고 빠르게 감성 식탁을 차리는 비결 • 12

봄

Week 1 • 30

Menu Plan Shopping 일주일이 편한 주말 재료 손질

	아침	저녁
월요일	규동(일본식쇠고기덮밥) 34	달래간장두부구이 36
화요일	클럽샌드위치 38	달래된장찌개 40
수요일	두부샐러드김밥 42	게맛살감자샐러드 44
목요일	포켓샌드위치 46	쇠고기마늘종볶음 48
금요일	브로콜리수프 50	닭가슴살볶음밥 52
토요일	치킨샐러드 54	뚝배기불고기 56

Week 2 • 58

Menu Plan Shopping 일주일이 편한 주말 재료 손질

	아침	저녁
월요일	멸치주먹밥 62	버섯아스파라거스덮밥 64
화요일	수란+아스파라거스베이컨말이 66	제육볶음 68
수요일	냉이된장국 70	버섯베이컨볶음밥 72
목요일	에그홀토스트 74	김치제육볶음덮밥 76
금요일	옛날도시락 78	주꾸미냉이볶음 80
토요일	버섯피자 82	주꾸미볶음+소면 84

Week 3 • 86

Menu Plan Shopping 일주일이 편한 주말 재료 손질

	아침	저녁
월요일	장조림주먹밥 90	취나물두부밥 92
화요일	양송이수프 94	바지락순두부찌개 96
수요일	강원도식순두부 + 양념장 98	어묵채소볶음 100
목요일	꼬마김밥 102	매콤새우볶음덮밥 104
금요일	장조림버터비빔밥 106	바지락와인찜 108
토요일	크로크무슈 110	새우까수엘라(감바스 알 아히요) 112

Week 4 • 114

Menu Plan Shopping 일주일이 편한 주말 재료 손질

	아침	저녁
월요일	딸기뮤즐리요거트 118	봄동된장국 120
화요일	양상추쇠고기쌈밥 122	더덕무침 124
수요일	과일오픈샌드위치 126	더덕구이 128
목요일	쇠고기연근밥전 130	오징어덮밥 132
금요일	쇠고기떡볶이 134	통오징어구이 136
토요일	봄동무침 + 오징어숙회 138	더덕비빔밥 140

이 책에서는 봄, 여름, 가을, 겨울 계절별로 4주의 식단을 제시하고 있어요. 계절별 식단의 예시를 따라하다 보면 계절별 식재료를 적극적으로 이용하게 되어 필요한 영양분 섭취와 다양한 조리법으로 매일의 집밥을 쉽고 빠르게 차릴 수 있어요. 계획성 있는 식단과 장보기는 효율적인 냉장고 정리는 물론, 요리 시간도 줄게 되어 좀 더 쉽고 즐거운 식탁을 차리는 비결이 될 거랍니다. '매일 뭐 해 먹지?'의 고민에서 이 책을 우리 집 식탁 위의 '메뉴판'으로 사용해 보시길 적극 추천드려요!

여름

Week 1 · 142

Menu Plan Shopping 일주일이 편한 주말 재료 손질

	아침	저녁
월요일	깻잎쌈밥 146	연어구이덮밥 148
화요일	채소카레라이스 150	돼지불고기 152
수요일	감자샐러드토스트 154	카레소스목살구이 156
목요일	감자달걀국 158	마파가지덮밥 160
금요일	돼지불고기토마토소스덮밥 162	가지양념찜 164
토요일	브로콜리샐러드 + 토스트 166	연어스테이크 168

Week 2 · 170

Menu Plan Shopping 일주일이 편한 주말 재료 손질

	아침	저녁
월요일	오이냉국 + 밥 174	시금치참치볶음밥 176
화요일	미니햄버거 178	참치고추장찌개 180
수요일	가래떡치즈구이 182	오이냉국메밀면 184
목요일	스팸무수비 186	햄버거떡조림 188
금요일	오이롤초밥 190	두부참치조림 192
토요일	메밀국수 + 튀김 194	햄버거하이라이스 196

Week 3 · 198

Menu Plan Shopping 일주일이 편한 주말 재료 손질

	아침	저녁
월요일	북어국밥 202	갈치구이 + 부추무침 204
화요일	가래떡베이컨구이 206	닭다리곰탕 208
수요일	메추리알삼각김밥 210	양배추쌈밥 + 두부쌈장 212
목요일	북어만둣국 214	갈치조림 216
금요일	누룽지닭죽 218	비빔만두 220
토요일	바나나핫케이크 + 토마토주스 222	양배추스파게티 224

Week 4 · 226

Menu Plan Shopping 일주일이 편한 주말 재료 손질

	아침	저녁
월요일	매실장아찌다시마쌈밥 230	콩국수 232
화요일	돈가스샌드위치 234	호박젓국 236
수요일	오징어젓갈밥샌드 238	매실장아찌비빔면 240
목요일	절편구이 + 콩 242	애호박감자전 244
금요일	카프레제샐러드 + 빵 246	오징어젓갈비빔밥 248
토요일	토마토프리타타 250	돈가스정식 252

가을

Week 1 · 254

Menu Plan Shopping 일주일이 편한 주말 재료 손질

	아침	저녁
월요일	쇠고기스테이크 + 밥 258	버섯된장국 260
화요일	잉글리시머핀샌드위치 262	버섯볶음덮밥 264
수요일	전복내장죽 266	소시지치즈볶음밥 268
목요일	단호박구이 270	전복버터구이볶음밥 272
금요일	찹쌀단호박죽 274	간단버섯육개장 276
토요일	소시지핫케이크 + 과일 278	찹스테이크 280

Week 2 · 282

Menu Plan Shopping 일주일이 편한 주말 재료 손질

	아침	저녁
월요일	낫또비빔밥 286	오징어채볶음 + 뱅어포구이 288
화요일	훈제오리볶음덮밥 290	콩비지김치전 292
수요일	새우달걀찜 294	김치볶음밥 296
목요일	뱅어포주먹밥 298	새우달걀볶음밥 300
금요일	오징어채달걀말이밥 302	콩비지찌개 304
토요일	에그베네딕트 306	훈제오리구이 + 채소무침 308

Week 3 · 310

Menu Plan Shopping 일주일이 편한 주말 재료 손질

	아침	저녁
월요일	사라다빵 314	매콤만두짬뽕 316
화요일	명란젓주먹밥 318	고등어묵은지조림 320
수요일	고구마전 + 두유 322	돌솥알밥 324
목요일	명란젓새싹비빔밥 326	꽃게어묵탕 328
금요일	고구마보틀샐러드 330	대패삼겹살덮밥 332
토요일	꽃게크림스파게티 334	대패삼겹살콩나물볶음 336

Week 4 · 338

Menu Plan Shopping 일주일이 편한 주말 재료 손질

	아침	저녁
월요일	김치떡국 342	해물볶음덮밥 344
화요일	미트볼덮밥 346	낙지볶음 348
수요일	두유오트밀 + 과일 350	미트볼조림 352
목요일	사과치킨롤 354	해물된장찌개 356
금요일	낙지채소죽 358	해물믹스고추장볶음밥 360
토요일	버섯치즈파니니 362	미트볼스파게티 364

생강술 만들기	·	33
고추기름 만들기	·	88
매실청 담그기와 매실장아찌 만들기	·	229
피클 만들기	·	285
고구마, 감말랭이, 사과칩 만들기	·	313
대추생강청 만들기	·	397
사과차 만들기	·	425

겨울

Week 1 · 366

Menu Plan Shopping 일주일이 편한 주말 재료 손질

	아침	저녁
월요일	떡갈비비빔밥 370	삼치간장조림 372
화요일	에그샌드위치 374	간단우엉잡채 376
수요일	굴국밥 378	유부국수 380
목요일	김치잡채덮밥 382	삼치구이정식 384
금요일	떡갈비밥버거 386	굴튀김 388
토요일	치즈오믈렛 390	영양굴밥 392

Week 2 · 394

Menu Plan Shopping 일주일이 편한 주말 재료 손질

	아침	저녁
월요일	미숫가루시리얼 398	쇠고기미역국 400
화요일	두부달걀죽 402	등갈비김치찜 404
수요일	베이글 + 견과류크림치즈 406	두부채소덮밥 408
목요일	들깨미역떡국 410	꼬막채소무침 412
금요일	쇠고기무국밥 414	꼬막비빔밥 416
토요일	프렌치토스트 418	등갈비구이 420

Week 3 · 422

Menu Plan Shopping 일주일이 편한 주말 재료 손질

	아침	저녁
월요일	약고추장유부초밥 426	소시지구이 + 양배추샐러드 428
화요일	어묵우동 430	순살찜닭덮밥 432
수요일	양배추샐러드핫도그 434	홍합어묵국 436
목요일	치킨마요덮밥 438	오므라이스 440
금요일	길거리토스트 442	콩나물밥 + 약고추장 444
토요일	나폴리탄스파게티 446	치킨스테이크 448

Week 4 · 450

Menu Plan Shopping 일주일이 편한 주말 재료 손질

	아침	저녁
월요일	사골떡국 454	치킨너겟샐러드 456
화요일	인절미단팥죽 458	곰탕쌀국수 460
수요일	LA갈비구이 462	오징어말랭이무침 464
목요일	인절미토스트 466	치킨너겟탕수육 468
금요일	충무김밥 470	사골우거지된장국 472
토요일	참치양파볶음덮밥 474	LA갈비채소찜 476

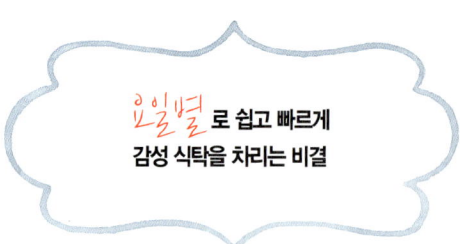

오일오일로 쉽고 빠르게
감성 식탁을 차리는 비결

평일 아침
▼
바쁜 아침엔 쉽고 간단하게

아침에는 모두 바쁘고 정신없기 마련이에요. 부지런한 엄마가 거하게 한 상을 차린다 해도 바쁜 탓에 제대로 못 챙겨 먹고 가는 날도 많아요. 아침에는 오히려 만드는 사람도 먹는 사람도 간단한 것이 좋답니다. 그래서 손으로 집어 먹을 수 있는 김밥이나 주먹밥, 간편하게 먹기 좋은 샌드위치나 떡류, 후루룩 먹을 수 있는 수프나 죽 종류로 준비해보세요. 나름 든든한 메뉴랍니다.

딸기뮤즐리요거트(p.118)
멸치주먹밥(p.62)
두부샐러드김밥(p.42)
과일샌드위치(p.126)

평일 저녁
▼
메인 요리 '한 가지로' 푸짐하게

평일 저녁에도 이런저런 반찬 만들기는 분주하죠. 저녁 상차림으로 간편하면서도 제대로 먹을 수 있는 방법은 바로 한 가지 메인 요리를 이용하는 것이랍니다. 주말에 미리 밑반찬을 만들어두고 매일 저녁에 한 가지씩 그날의 메인 요리만 만들면 몸은 편하고 밥상은 푸짐해져요.

햄버거떡조림(p.188)
참치고추장찌개(p.180)
돼지갈비고기 토마토소스덮밥(p.162)

금요일 저녁
▼
메인 요리 '한 가지로' 특별하게

주말 전야, 한 주를 마감하는 금요일 저녁에는 특별한 요리로 힘을 주는 것도 좋아요. 온 가족이 둘러앉아 지난 한 주의 이야기도 나누고, 가끔은 부부가 술을 곁들여 '불금'을 즐길 수 있는 특별한 요리로 준비해요. 더욱 즐거운 시간이 되겠지요.

굴튀김(p.388)
바지락와인찜(p.108)
통오징어구이(p.136)
대패삼겹살덮밥(p.332)
해물믹스고추장볶음밥(p.360)

토요일 오전
▼
브런치 스타일로 여유 있게

주말 아침에는 가족의 달콤한 늦잠 시간을 보장해주세요. 특히 엄마도 늦잠이 그리울 때가 있잖아요. 조금 여유 있게 일어나 브런치 스타일로 아침 식사를 준비하세요. 브런치 전문점처럼은 아니더라도 시판 믹스를 활용한 핫케이크나 샐러드만 있어도 여유롭고 분위기 있는 브런치를 준비할 수 있답니다.

버섯피자(p.82)
크로크무슈(p.110)
에그베네딕트(p.306)
토마토프리타타(p.150)

토요일 저녁
▼
주말 특별식으로 분위기 있게, 손님 초대도 근사하게

토요일 오후에는 평소에 하지 못했던 특별한 요리에 도전해보세요. 만드는 시간이 오래 걸려 좀 망설였던 요리라든지 주 중에 아이들이 먹고 싶어 했던 요리를 여유롭게 만들어보면 좋겠죠. 물론 엄마도 조금은 자유를 누리며 외식을 하는 것도 좋고요.

치킨스테이크(p.448)
미트볼스파게티(p.364)
햄버거하이라이스(p.196)
연어스테이크(p.168)

일요일
▼
냉장고를 정리하면서 나만의 레시피도 개발해요

일요일엔 남은 음식 재활용이나 남은 식재료를 이용한 요리를 해보세요. 유통 기한이 지나 버리는 식재료가 있는지 냉장고 속 살피기와 냉장고를 정리하는 시간을 가져보세요. 주 중에 만들어서 먹고 남은 반찬을 이용해서 색다른 요리를 만들어보는 것도 좋고, 한 끼 식사 정도는 간단히 차려 먹는 것도 좋겠죠. 남은 재료도 꼼꼼히 체크해보세요. 장 볼 때 필요한 재료만 구입하는 습관을 기르게 됩니다.

> 충동적인 장 보기와 버리는 식재료 없이
> 알뜰한 일주일 식단과 재료 손질 습관

그 날 먹거리를 그 날 장 봐서 해먹기란 쉽지 않아요. 대부분 일주일 치 장을 보게 되는데, 문제는 주말이면 계획 없이 무작정 장을 보면 이것저것 사는 거예요. 많이 사지 않아도 되는 식재료를 구입해서 낭비하거나, 다른 재료는 있는데 한 가지 중요한 재료가 없어서 못 해 먹고 결국 남은 식재료들은 냉장고에서 굴러다니다가 망가져서 버려지기 십상이라는 겁니다. 저 역시 가급적 집밥을 차리지만 물러지기 쉬운 버섯류나 채소들은 가끔 버리기도 했어요.

그래서 저는 '충동적인 장 보기'와 '버리는 식재료'가 없게 하기 위해서 일주일의 식단을 짜고 '장 보기 목록'을 만들어 일주일에 한 번씩 장을 보러 갑니다. 마트에 가서도 사야 할 것들 항목이 있으니 쓸데없는 물건은 사지 않게 되었고, 마트 안에서 물건을 고르고 찾는 시간도 줄였답니다. 또한 사두고도 생각이 나지 않아 못 먹고 버리는 일도 없어졌고요.

저와 함께 일주일 치 식단을 짜보고, 계획성 있는 장 보기로 씀씀이도 줄이고, 빠르게 요리하는 방법을 실천해보실래요?

항상 장을 보러 가기 전에 냉장고 점검을 하고 가요. 혹시 냉장고에 있는데 모르고 또 중복해서 구입하는 건 아닌지, 먹다 남긴 식재료가 있는 것은 아닌지 꼼꼼하게 챙겨서 확인하고 갑니다. 그러면 원래 정해진 식단과 더불어 꼭 필요한 식재료만 사게 되어 식재료 구입비도 절약할 수 있습니다.

장을 보고 난 뒤에는 계획한 일주일 식단대로 필요한 식재료를 미리 손질하고 정리해서 냉장고나 냉동실에 보관해둡니다. 그런 다음 한눈에 알아보기 쉽게 냉장고에 메모지로 그 주의 식단을 적어놓아 가급적 낭비되는 식재료가 없도록 하고 그 날의 메뉴가 무엇인지 고민하지 않고 만들 수 있습니다.

일주일 단위의 식단 짜기와 장 본 재료를 식단에 맞춰 손질해서 냉동실과 냉장실에 보관해두니 마음도 든든하고 여유가 있을뿐더러 실제 요리하는 시간이 많이 줄어 편하게 되었답니다. 이렇게 일주일을 실천해보고, 한 달을 실천해보면서 습관을 들여보세요. 내 손으로 요리하는 시간이 더 즐거워진답니다.

일주일 치 식단 짜기와 장 보기 목록 작성 요령

일주일 치 식단을 짜면 제철 식재료로 영양을 고려한 건강한 식단이 가능하여 가족의 식탁을 짜임새 있게 차릴 수 있어요. 또한 식단에 맞는 재료 구입 목록을 작성할 때 비슷한 항목끼리 묶으면 마트에 가서 이것저것 기웃거리고 헤매지 않고 구입해야 할 식재료 위주로 빠르게 장을 볼 수 있어 시간도 절약됩니다.

식단을 짤 때는 몇 가지 요령을 익혀두면 좋아요.

제철 식재료를 최대한 활용하세요

지금은 제철의 구분이 모호해지고 계절에 상관 없이 웬만한 식재료는 구할 수 있기는 하지만 그래도 제철 식재료는 꼭 식탁에 올리도록 챙기세요. 제철 음식은 그 계절에 필요한 영양소가 풍부하게 들어 있고 입맛을 돋우는 음식이기 때문에 건강한 밥상을 위해서는 꼭 필요합니다.

냉장고의 식재료를 적극 활용합니다

여러 번 반복되는 이야기이긴 하지만 늘 식단을 짜기 전에는 냉장고를 정리하고, 남은 식재료를 확인하는 습관을 들이세요. 냉장고에 남아 있는 식재료를 적극 활용해서 버리는 식재료가 없도록 메뉴를 짜면 집밥을 알뜰하게 할 수 있답니다.

아침, 저녁의 메뉴는 상황에 맞게 짭니다

바쁜 아침에는 가급적 쉽고 간단한 메뉴로 정합니다. 바쁜 아침에 복잡하고 여러 가지 음식을 준비하는 것은 만드는 사람도 먹는 사람도 모두 부담스럽기 때문에 쉽고 빠르게 먹을 수 있는 음식이 좋습니다. 또 전날 만들었던 음식을 활용하는 것도 한 방법입니다. 가령 전날 삼계탕을 먹었다면 다음 날 아침은 남은 삼계탕을 활용해 닭죽을 끓여요. 전날 반찬으로 어묵볶음을 먹고 남겼다면 다음 날 아침 메뉴로 어묵만 넣은 초간단 김밥을 만들어요. 시간을 절약하고 쉽게 식사를 준비할 수 있습니다.

5대 영양소가 골고루 들어갈 수 있도록 합니다

주식은 밥이나 빵 등 탄수화물로 하고, 주요리로 고기나 두부 등 단백질을 충분히 섭취할 수 있도록 합니다. 반찬은 채소를 적극 활용해 무기질, 비타민, 섬유소 등을 섭취할 수 있도록 하는 것이 좋아요. 또 굽기, 찌기, 튀기기, 끓이기 등 다양한 조리법을 활용해 부족하거나 과한 영양소의 섭취를 조절하세요.

주재료를 다양한 요리로 활용합니다

매일 다른 요리를 해먹을 수 있다면 좋겠지만 현실적으로는 어렵지요. 효율적인 식단을 짜는 방법은 이번 주의 주재료를 2~3가지 정해 주재료를 이용한 다양한 요리 메뉴를 만드는 겁니다. 같은 재료지만 조리법이 다르기에 다른 요리 같거든요. 예를 들어 이번 주 고등어가 주재료라면 고등어를 이용해서 고등어구이, 고등어조림, 고등어김치찜 등 다양한 메뉴로 만들면 장 보는 목록도 적어지고, 같은 재료로 다양한 요리를 맛볼 수 있을 뿐만 아니라 재료 손질하는 시간도 절약됩니다.

쉽고 빠른 집밥을 위한
채소 손질과 냉동법

손질한 채소류를 냉동실에 보관할 때 급속 냉동하면 채소 고유의 식감과 선명한 색이 유지됩니다.
장을 봐서 채소류만 손질해 두어도 요리 시간이 빨라집니다.

파 용도별로 송송썰기, 어슷썰기 하거나 굵게 썰어 냉동 보관하면 버리는 것 없이 깔끔하게 사용할 수 있어요.

브로콜리 비타민이 많은 채소라 각종 요리에 활용하면 좋은 식재료입니다. 먹기 좋은 크기로 잘라 뜨거운 물에 살짝 데쳐 식힌 다음 비닐 팩이나 밀폐 용기에 얇게 펴서 담아 냉동 보관해요.

버섯 쉽게 물러져 사용하다 남은 버섯은 망가져 버리기 일쑤인데요. 여러 종류의 버섯을 구입해 종류별로 소분해서 버섯믹스를 만들어 냉동실에 보관해요.

무, 당근, 우엉 뿌리채소 신문지에 싸서 비닐 팩에 담아 냉장고에 보관해요. 무와 당근 역시 빠른 요리를 위해서는 손질해서 용도에 맞게 썰어 냉장 보관이나 비닐 팩에 담아 냉동 보관해요.

마늘 다져서 전용 틀이나 얼음 틀에 담아 냉동하거나 비닐 팩에 담아 얇게 펴서 냉동 보관합니다. 조리할 때 조금씩 사용하거나 일주일 정도 사용할 양은 밀폐 용기에 담아 냉장실에 보관하고 사용하면 편해요.

시금치 금방 먹을 것은 냉장고에 3일 정도 두어도 괜찮아요. 그 이후에 먹을 거라면, 뜨거운 물에 살짝 데쳐 물기가 있는 채 비닐 팩이나 밀폐 용기에 얇게 펴서 담아 냉동 보관해요.

단호박 알맞은 크기로 썰어 전자레인지에서 살짝만 익혀 비닐 팩에 담아 냉동 보관해요.

청·홍고추 적게 사용하기 때문에 용도별로 송송썰기, 어슷썰기 하여 비닐 팩이나 밀폐 용기에 얇게 펴서 담아 냉동실에 보관해요. 필요할 때 조금씩 사용하기 좋아요.

양파 서늘하고 바람이 잘 통하는 곳에 매달아 보관하면 오래 두고 사용할 수 있어요. 하지만 미리 손질해 채썰거나 다져 냉동 보관하면 볶음밥이나 된장찌개 등을 빠르게 만들 수 있어요.

양배추 금방 무르는 식재료라 조금씩 구입하면 좋아요. 생으로 먹을 때는 냉장고에 보관해야 하고, 요리에 사용할 것은 채썰어 비닐 팩이나 밀폐 용기에 담아 냉동 보관해도 좋아요.

쉽고 빠른 집밥을 위한 고기 손질과 냉동법

고기는 상하기 쉬우므로 1~2일 내에 사용할 것은 냉장 보관하고 그 이후에 사용할 것이라면 1회 분량씩 소분하여 비닐 팩에 담아 공기를 빼고 급속 냉동 보관합니다. 이렇게 보관하면 고기의 맛과 영양을 지킬 수 있습니다.
구이용은 한 장씩 떼어내기 좋게 고기 사이사이에 종이포일을 깔아 냉동하고 국거리용은 미리 한입 크기로 잘라 냉동합니다.

쇠고기와 돼지고기 소금과 후춧가루로 밑간한 다음 1회분씩 소분하여 비닐 팩에 담아 냉동 보관해요.

불고기 채소류만 제외하고 미리 양념하여 먹을 분량씩 소분해서 비닐 팩에 담아 냉동 보관해요.

돈가스 아이들이 있는 집이라면 늘 단골로 구입하게 되죠. 시판 제품보다는 질 좋은 고기를 사서 직접 만들면 깔끔하고 더 맛있어요. 고기를 두드려 소금과 후춧가루로 밑간하고 밀가루 → 달걀 → 빵가루 순으로 옷을 입혀 한 장씩 떼어 내기 좋게 종이호일을 사이사이에 넣고 냉동 시켜두면 돈가스, 덮밥, 샐러드, 샌드위치 등에 다양하게 응용할 수 있어요(자세한 손질법은 p.228 참조).

쇠불고기 만들 때 3회 분량 이상 만들어놓으면 다양한 요리에 활용할 수 있는 효자 식품이랍니다. 쇠고기뚝배기, 쇠고기샐러드, 쇠고기김밥, 쇠고기샌드위치, 쇠고기국수 등에 활용(자세한 손질법은 p.32 참조).

찜/조림 고기 미리 만들어서 보관해두면 맛이 배어 더 맛있어요(LA갈비찜의 예).
(자세한 손질법은 p.452 참조)

돼지불고기 만들 때 3회 분량 이상 만들어놓으면 다양한 요리에 활용할 수 있습니다. 돼지불고기덮밥, 돼지불고기쌈밥, 김밥 등에 활용(자세한 손질법은 p.62 참조).

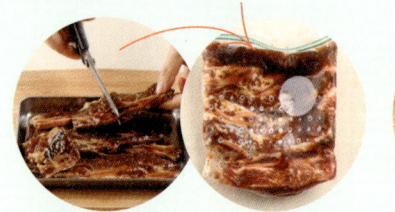

고기로 찜요리를 할 때는 미리 양념해서 먹을 만큼 소분하여 급속 냉동 보관해요. 채소도 손질해 냉동 보관해두면 요리 시간이 빨라져요.

⭐ 냉동 식품을 해동할 때는 사용 전날 냉장실에 쟁반을 받쳐 놓고 해동하세요. 급할 때는 비닐 팩에 한번 더 싸서 밀봉한 채 찬물에 담가 해동하세요. 실온에서 해동하면 식중독 균이 증가할 수 있으므로 유의하세요.

쉽고 빠른 집밥을 위한
수산물 보관 손질과 냉동법

1~2일 내에 사용할 것이라면 냉장 보관하고, 그 이상 보관해야 한다면 미리 손질해서 냉동 보관하세요.
해동할 때는 냉장실에서 쟁반 등을 받쳐 놓고 하거나 포장 상태로 찬물에 담가 해동하세요.
상온에서 해동하면 생선 고유의 수분이 빠져나가 육질이 질겨지고 영양분도 파괴되니 주의하세요.

생선 토막 난 생선을 구입해 손질한 다음 물기를 제거하고 1회분씩 비닐 팩에 담아 냉동 보관해요.

홍합 깨끗이 손질해 비닐 팩에 담아 냉동 보관해요.
(자세한 손질법은 p.425 참조)

전복 깨끗이 손질해 살과 내장을 분리하여 먹기 좋은 크기로 잘라 비닐 팩에 담아 냉동 보관해요.
(자세한 손질법은 p.256 참조)

오징어 깨끗이 손질해 먹기 좋은 크기로 썰어 비닐 팩에 담아 냉동 보관해요.
(자세한 손질법은 p.452 참조)

꽃게와 새우 깨끗이 손질해 알맞은 크기로 잘라 비닐 팩에 담아 냉동 보관해요.
(자세한 손질법은 p.312 참조)

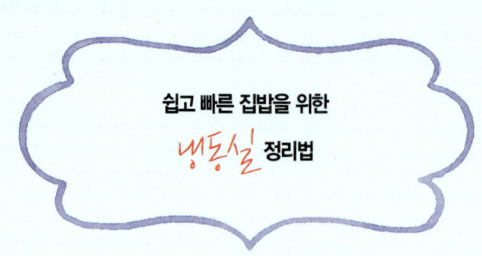

쉽고 빠른 집밥을 위한 냉동실 정리법

모든 보관 용기는 투명 용기로

한번 들어가면 빠져나올 수 없어 블랙홀이라 불리우는 냉동실. 제일 쉽게 정리하는 중요한 방법은 어떤 제품이 들어있는지 한눈에 확인할 수 있는 투명 용기를 사용하는 것이에요. 요즘에는 냉동실 전용의 다양한 밀폐 용기가 판매되고 있으니 개인의 냉장고에 맞는 사이즈로 구입해서 사용하면 좋아요.

냉동실 전용 바구니 사용하기

냉동실 바깥쪽의 제품은 눈에 쉽게 띄지만 안쪽 깊은 곳은 어떤 음식이 들어 있는지 모를 때가 많아요. 그래서 손질한 식재료를 전용 바구니에 넣어두면 바구니를 꺼내 속에 있는 제품들을 한눈에 알아볼 수 있고 또 종류별로 나누어 보관할 수도 있어 쉽게 찾을 수 있어요.

고기나 생선은 비닐 팩에 넣어 보관

개인 차이가 있겠지만 저는 고기류나 어패류, 생선은 비닐 팩에 보관합니다. 양념이나 기름기가 플라스틱 그릇에 배면 잘 닦이지 않고 특유의 냄새도 나기 때문에 가볍게 비닐 팩에 보관했다가 버리는 것이 뒤처리가 더 깔끔합니다. 또 고기나 생선은 되도록 급속 냉동시키는 것이 좋기 때문에 상대적으로 얇은 비닐 팩에 넣는 것이 냉동 시간을 단축시킵니다. 다만 환경을 생각해서 비닐 팩을 사용하는 게 걸리신다면 종이 호일에 싸서 전용 용기에 넣어 보관하는 것도 방법입니다.

라벨링 하기

투명 용기에 보관하지만 그래도 한 번 더 라벨링을 하면 좋아요. 냉동시키면 눈으로 보기에 어떤 부위인지 잘 구분이 안 갈 수도 있으니, 언제 구입해서 보관한 것인지 자세하게 적어 보관하면 식품의 신선도가 떨어지기 전에 제대로 사용할 수 있어요.

냉장고에 식재료를 보관할 때는 유통기한이 있어요

쇠고기	냉장 보관 3~5일 냉동 보관 3개월
돼지고기	냉장 보관 2~3일 냉동 보관 15일~1개월
닭고기	냉장 보관 1~2일 냉동 보관 6개월
생선류	냉장 보관 1~2일 냉동 보관 15일~1개월
햄/소시지 베이컨	냉장 보관 5~7일 냉동 보관 1~2개월
달걀	냉장 보관 15일~1개월
버터	냉장 보관 3개월 냉동 보관 1년
오이/호박	냉장 보관 3~7일
데친 채소	냉장 보관 1~2일 냉동 보관 2개월

쉽고 빠른 집밥을 위한
냉장실 정리법

칸마다 종류를 정해서 수납하기

냉장고에 칸마다 각각 종류를 정해서 수납하는 것이 좋아요. 예를 들어 맨 위 칸은 소스나 양념류, 가운데 칸은 자주 먹는 밑반찬류, 맨 아래 칸은 김치나 젓갈 등 보존식품 등 종류를 나누어 보관하면 한눈에 알 수 있어 쉽게 찾을 수 있어요.

냉장실 문 쪽 수납

음료수, 천연 양념류 등 길쭉한 모양의 수납용기를 보관하기에 좋아요.

전용 바구니에 수납하기

소스나 양념류는 전용 바구니에 넣어주면 한 번에 찾을 수 있어 편해요.

채소 과일 칸 수납

채소와 과일류는 소분하여 비닐 팩에 넣어 바구니에 보관하면 보존력도 좋고, 한 번에 찾을 수 있어 망가져서 버려지는 걸 막을 수 있어요. 유리 밀폐 용기에 보관하면 더 신선하게 유지됩니다.

냉장고 똑똑히 사용하기

1
가급적 유통기한을 지키고 장기간 보관은 피하세요.

2
뜨거운 내용물은 꼭 식혀서 보관하세요.

3
여름에는 강으로, 겨울에는 약으로 하면 전기를 아낄 수 있어요. 급속으로 냉동할 때는 온도를 별도로 설정하세요.

4
냉장고나 냉동실에 내용물이 가득하면 공기의 흐름이 막혀 냉장 또는 냉동 효과가 떨어지니 가급적 용량의 70%가 넘지 않도록 하세요.

5
같은 냉장고지만 위치에 따라 온도가 달라요. 아래로 갈수록, 문 뒤쪽 일수록 온도가 높아요. 고기나 생선류를 냉장고에 보관할 때는 가장 위 칸에 보관하세요.

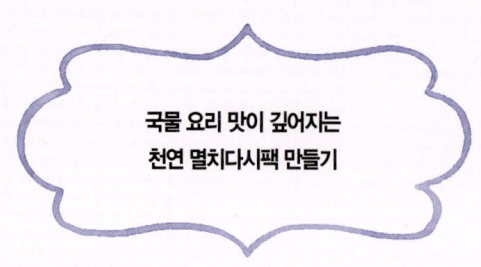

국물 요리 맛이 깊어지는
천연 멸치다시팩 만들기

집에서 국물용 천연 멸치다시팩 만들기

국물 요리를 할 때 매번 멸치와 다시마를 넣고 끓이기는 시간이 많이 걸리고 미리 국물을 만들어 끓이고 식혀 전용 용기에 보관하는 것도 번거롭지요. 맛국물을 내기 위해 집에서 다시팩만 미리 만들어 두면 국물 요리할 때 편하답니다. 국물 요리의 깊은 맛을 결정하는 다시팩을 만들어보세요.

재료 : 국물용 멸치·새우·다시마 적당량(기타 취향껏 해물류도 좋아요)

1. 멸치는 등 쪽을 갈라 검은 내장을 떼어 낸다.
2. 다시마는 5×5cm 크기로 자른다.
3. 새우와 멸치는 마른 팬에 가볍게 볶는다.
   ↳ **팬에 볶으면 해물 특유의 비린내가 날아가요.**
4. 멸치 7~8개, 새우 3~4개, 다시마 2쪽 정도로 소분하여 다시팩에 넣는다.
   ↳ **이 분량은 물 4~5컵 기준입니다.**
5. 소분한 다시팩을 비닐 팩에 넣어 밀봉하고 냉동실에 넣어 필요할 때마다 꺼내 쓴다.

집에 있으면 좋은 양념과 소스들

간장 책에서 사용한 간장은 양조간장이에요. 양조간장은 대두와 밀 등 곡물의 미생물을 이용하여 발효한 뒤 소금물과 함께 자연 숙성시킨 간장입니다. 짠맛이 덜하고 단맛이 약하게 돌아 조림, 무침, 볶음 등에 사용해요.

국간장 조선간장으로도 불리며, 메주를 이용하여 발효 숙성시킨 간장입니다. 간장보다 색깔은 옅지만 염도가 높아 국물 요리 등에 사용해요.

쯔유 가다랑어포와 다시마 국물을 우려낸 뒤 간장과 혼합한 일본식 간장이에요. 보통 진하게 농축해서 만들기 때문에 물에 희석해서 메밀국수나 일식요리에 사용하는 맛 간장으로 일반 간장보다 짠맛이 덜해요.

데리야키소스 일본 요리를 대표하는 간장 소스로, 육수에 간장, 설탕, 맛술 등으로 맛을 내고 걸쭉하게 끓여낸 소스예요. 주로 생선이나 육류에 달콤한 맛을 내고 윤기 나게 조리는 소스로 사용합니다.

된장 요즘에는 집된장을 직접 담그기 힘드니 입맛에 맞는 시판 된장을 사용하면 돼요. 취향에 따라 집된장과 시판 된장을 섞어 써도 좋아요.

고추장 집고추장이나 시판 고추장 등 입맛에 맞는 것으로 사용하세요. 요즘에는 매운맛의 정도도 고를 수 있도록 다양한 맛이 있어요.

고춧가루 고추를 햇빛에 말려 씨를 빼고 갈아서 사용하는 매운맛을 내는 조미료예요. 고운 고춧가루는 일반 요리에 양념이나 고추장에 사용하고, 굵은 고춧가루는 열무 김치 같은 김치를 담글 때 사용합니다.

소금 보통 요리에 쓰이는 소금은 미네랄이 풍부한 천일염을 사용하는 것이 좋아요. 굵은 천일염은 김치나 채소를 절일 때 사용하고, 곱게 간 천일염은 요리의 간을 맞추는 데 사용합니다.

설탕 단맛을 내는 요리에 사용합니다. 보통 흰설탕이나 유기농 설탕을 이용해서 깔끔한 단맛을 내는 것이 좋아요.

후춧가루 후추 열매를 말려 사용하는 향신료입니다. 가루로 분쇄된 것을 사용해도 되지만 통후추를 직접 갈아 사용하면 그 맛과 향이 더욱 좋아요. 고기의 누린내와 음식의 느끼함을 잡아 주고 풍미를 더해줍니다.

참깨 참깨는 말려 볶아 사용하는데 요리의 장식용으로 쓰이기도 하고 고소한 맛을 내는 데도 도움을 줍니다. 수입 참깨보다는 국산 참깨가 더 진한 맛과 향을 내줍니다.

다진 마늘 각종 요리에 들어가는 다진 마늘은 요리의 풍미를 진하게 해주고 잡내를 잡아주는 등의 역할을 해요. 한식에는 빠질 수 없는 재료입니다.

다진 생강 생강의 껍질을 벗겨 곱게 다져 사용합니다. 보통 고기나 생선 요리의 잡내를 잡아주고 특유의 향이 입맛을 돋우는 데 좋아요.

생강술 청주나 소주에 생강을 넣고 숙성시켜 사용하는 요리술의 일종이에요. 고기나 생선 요리의 잡내를 잡아주고 맛을 조화롭게 해주는 데 사용합니다.
(만드는 방법은 p.33 참조)

맛술 요리에 쓰이는 술로 쌀로 만든 술에 조미료를 첨가한 것을 말해요. 당분이 들어 있어 부드러운 단맛과 은근한 향미를 내주며 요리의 맛을 돋아줍니다. 생선이나 육류의 비린 맛을 없애줍니다.

식초 신맛을 가지는 대표적인 조미료로 발효시켜 양조한 것, 과일의 신맛을 이용한 것 등 다양한 종류의 식초가 있어요. 새콤한 맛을 내는 요리에 사용하며 그 맛이 입맛을 자극하여 돋우며 피로 해소와 미용에도 효과가 있습니다.

발사믹식초 포도와 와인을 숙성시켜 만든 식초로, 특유의 새콤한 맛과 향이 좋은 고급스러운 맛으로 이탈리아 요리나 샐러드드레싱 등에 사용해요.

발사믹크림 발사믹 식초를 꿀 등의 단맛을 내는 재료와 함께 걸쭉하게 조린 소스예요. 샐러드나 샌드위치에 뿌려 사용합니다. 발사믹글레이즈라고도 불러요.

레몬즙 레몬의 즙을 짜서 사용하는 것으로 레몬주스라고도 해요. 직접 레몬을 짜서 사용하면 맛이 더 좋지만 시판 제품으로 나온 것을 사용해도 좋아요. 보통 고기나 생선류의 잡내를 잡아주고 샐러드드레싱류에 넣어 맛의 풍미를 더해줍니다.

매실청 매실을 설탕에 재워 발효시켜 나온 액을 말해요. 진하고 걸쭉한 소스입니다. 새콤하면서도 달콤한 맛이 강해 요리에 단맛을 낼 때, 고기나 생선의 잡내를 없애줍니다.

올리고당 최근 설탕이나 물엿의 대용으로 많이 사용하고 있습니다. 올리고당은 포도당에 과당이 결합한 것으로 설탕과 비슷한 단맛을 내면서도 칼로리는 설탕의 75%밖에 안 돼 다이어트 식품으로도 알려져 있어요. 요리에 단맛과 윤기를 낼 때 사용합니다.

굴소스 굴을 소금물에 넣어 발효시켜 간장처럼 만든 중국 요리의 대표적인 소스로 짙은 갈색을 띠며 짠맛이 강합니다. 조림, 볶음 등의 요리에 넣거나 볶음밥에 넣으면 감칠맛이 나고 중화풍 맛을 낼 수 있어요.

새우젓 생새우에 소금을 뿌려 담근 젓갈입니다. 보통 김치의 양념으로 이용되는데 그중 가장 좋은 새우젓은 음력 6월에 잡은 새우로 담근 육젓이에요. 색깔이 희고 살이 통통하며 맛이 고소해서 주로 김치 양념에 사용해요. 또 국이나 나물의 양념으로 사용되기도 합니다.

멸치 액젓 멸치를 발효 숙성시켜 달인 것으로 끓이거나 발효시키는 음식에 넣으면 좋아요. 보통 김치에 많이 넣고 국이나 나물의 간을 할 때 넣으면 깊고 진한 맛을 내줍니다.

참치액 훈연 참치와 무, 다시마 등을 이용해 만든 소스입니다. 보통 간장처럼 진한 색의 액체로 비린 맛은 덜하면서 요리에 감칠맛을 더해줍니다. 국물 요리의 간을 맞출 때나 나물 무침, 볶음 요리 등에 사용해요.

참기름 참깨를 압착해서 만드는 식용유입니다. 특유의 향이 진해 한식 요리에 많이 사용해요. 국산 참깨로 한 번만 뽑아낸 것이 맛과 향이 좋아요. 나물을 무치거나 국을 끓일 때 또는 조리 마지막에 넣어 음식의 풍미를 더해줍니다.

들기름 들깨를 압착해서 만드는 식용유예요. 참기름에 비해 맑은 색을 띠며 불포화지방산이 풍부해요. 고유의 향이 좋아 나물을 무치거나 볶음 요리 등을 할 때 사용하면 풍미가 좋습니다.

올리브유 올리브나무의 과실을 압착해서 만드는 식용유예요. 올리브유의 추출 단계에 따라 제일 처음 뽑아낸 것을 엑스트라 버진이라고 합니다. 엑스트라 버진은 특유의 향과 맛이 좋아 샐러드의 드레싱으로 많이 쓰입니다. 다만 발열점이 낮아 튀김이나 높은 온도에서 데울 때는 사용하지 않는 것이 좋아요.

포도씨유 포도씨를 압착해서 얻는 식용유입니다. 발연점이 250℃ 정도로 높아서 튀김 요리나 볶음 요리에 사용하면 좋은 기름입니다.

고추기름 고추기름은 고추를 식용유와 함께 가열하여 매운맛 성분을 추출해낸 붉은 색의 기름입니다. 식용유에 마늘이나 대파 등의 향신채를 함께 넣고 끓여 음식의 깊은 맛을 내고 매콤한 맛을 낼 때 사용해요. 매콤한 볶음 요리나 찌개, 중화풍의 요리에 사용하면 좋아요.(만드는 방법은 p.89 참조)

버터 우유의 지방을 응고하여 만든 것으로, 보통 빵에 발라먹지요. 부드럽고 고소한 맛이 좋아 볶음 요리할 때 사용하면 요리의 풍미가 좋아져요.

마요네즈 마요네즈는 식용유와 계란 노른자를 이용해 만든 소스로 고소하고 부드러운 맛을 냅니다. 보통 샐러드드레싱 등에 쓰이며 샌드위치 빵에 발라서 많이 사용해요.

케첩 토마토케첩은 토마토의 과육을 갈은 토마토 퓌레를 조려서 농축시키고 설탕·소금·식초·향신료 등을 넣어 만든 소스입니다. 튀김 음식에 곁들여 먹거나 다양한 소스의 보조 양념으로 사용되기도 해요. 피자나 볶음밥 등에도 사용합니다.

머스터드소스 겨자의 열매나 씨로 만들어 매운맛이 나는 소스예요. 흔히 접하는 머스터드소스는 머스터드 씨를 갈아서 물이나 식초에 개어놓은 것입니다. 특히 화이트 포도주를 섞어 톡 쏘는 맛이 나면서 끝 맛이 부드러운 디종머스터드는 고급 드레싱용 프렌치 머스터드입니다. 고기류나 햄에 곁들이거나 샌드위치류에 많이 사용해요.

스테이크소스 토마토 퓌레와 포도주 등 다양한 조미료를 섞어 만든 소스로 구운 고기를 먹을 때 곁들이는 소스입니다. 각종 고기요리나 소스에 활용할 수 있어요.

돈가스소스 돈가스에 곁들일 수 있도록 만들어진 소스입니다. 다양한 시판제품이 있는데 취향에 따라 선택하세요.

우스터소스 토마토 퓌레, 양파, 당근, 마늘 등의 채소즙과 소금, 식초, 향신료 등의 재료로 만든 소스입니다. 달콤하면서 신맛, 짠맛 등이 어우러진 고유의 맛으로 고기 요리나 볶음밥, 떡볶이 요리 등에 사용하면 음식의 풍미를 돋워줍니다.

칠리소스 붉게 익은 칠레 고추인 칠리를 이용하여 만들어 매운맛이 나는 소스입니다. 보통 멕시코 음식이나 다른 양념과 섞어 생선 요리, 튀김 요리, 채소 요리 등에 함께 곁들여 매콤한 맛을 낼 때 사용해요.

★ 여기서 소개한 양념과 소스들은 각 주별 장 보기 목록(SHOPPING)에서는 제외했어요. 장 볼 때 유무를 확인하세요.

계량하기

★ 책에서 소개하는 레시피는 4인 가족 기준입니다.

책에서는 계량컵과 계량스푼을 이용해서 재료의 양을 계량했습니다. 정확한 계량을 위해서는 계량컵과 계량스푼을 사용하는 게 좋지만, 일반 밥숟가락과 종이컵을 이용해도 된답니다.

▶ 가루 계량하기

가루 1큰술(15ml) = 수북하게 1숟가락

가루 1작은술(5ml) = 1/2숟가락

▶ 액체 계량하기

액체 1큰술(15ml) = 2숟가락

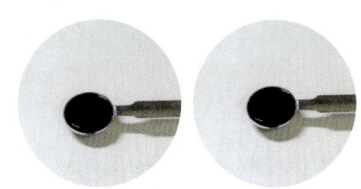

액체 1작은술(5ml) = 2/3숟가락

▶ 장류 계량하기

장류 1큰술(15ml) = 수북하게 1숟가락

장류 1작은술(5ml) = 1/2숟가락

▶ 종이컵 계량

액체 200ml = 종이컵 1개에 한가득

▶ '적당량'은 얼마만큼?

재료 중 소금, 후춧가루, 참깨, 참기름 등은 큰술이나 작은술로 표기하기에 소량일 경우 적당량으로 표기했어요. 샐러드 채소 등의 과채류 역시 적당량으로 표기했는데요, 가정마다 입맛대로 재료의 양을 가늠하면 됩니다.

계량컵

계량컵은 200ml, 240ml, 250ml로 용량이 다양해요. 책에서는 1컵=200ml 계량컵을 사용했습니다. 용량을 확인하세요. 종이컵의 경우 한가득 채우면 200ml 정도가 된답니다.

채소 썰기

양파

1. **채썰기**: 껍질을 벗겨 반으로 자른 뒤 채썬다.
2. **다지기**: 반으로 자른 양파를 눕힌 뒤 칼을 수평으로 눕혀 3~4번 썬다. 다시 칼을 세워 수직으로 채썰 듯 썬 다음 90도로 돌려 다시 채썰듯 썰면 잘게 다져진다.

대파

1. **송송썰기**: 동글동글하게 0.3~0.5cm 두께로 썬다.
2. **어슷썰기**: 필요한 길이만큼 칼을 어슷하게 각도를 조절해서 썬다.
3. **채썰기**: 대파를 필요한 길이만큼 썰어 반을 가르고 가운데 심 부분은 뺀다. 대파를 2~3번 접은 뒤 얇게 채썬다.
4. **다지기**: 대파를 돌려가면서 길이로 칼집을 여러 번 낸다. 그러고 나서 칼집 낸 부분을 송송썬다.

고추

1. **송송썰기**: 동글동글하게 0.3~0.5cm 두께로 썬다.
2. **어슷썰기**: 필요한 길이만큼 칼을 어슷하게 각도를 조절해서 썬다.
3. **다지기**: 반으로 갈라 씨를 뺀 뒤 채썬다. 채썬 고추를 다시 곱게 썬다.

오이

1. **채썰기**: 오이를 어슷하게 편으로 썬 다음 원하는 두께로 채썬다.
2. **돌려깎아 채썰기**: 오이를 5cm 길이로 자른 뒤 돌려 깎은 다음 가운데 씨 부분은 버리고 원하는 두께로 채썬다.

깻잎

채썰기
깻잎은 씻어서 물기를 빼고 줄기는 떼어낸다. 깻잎을 4~5장 모아 돌돌 말아서 곱게 채썬다.

파프리카

채썰기
파프리카를 반으로 잘라 씨는 빼내고 위, 아래 부분은 평평하게 썰어낸 뒤 반들반들한 부분을 도마 쪽으로 놓은 뒤 채썬다.

> 나와 내 가족에게
> 소박하지만 집에 있는 가장 좋은 그릇으로
> 정성껏 감성 식탁으로 대접하세요

저의 친정엄마 세대들만 해도 예쁜 그릇은 거의 없고 쓰기 편하고 깨지지 않는 그릇들 위주로 사용하셨어요. 간혹 좋은 그릇이 생기면 그릇장에 장식으로 놓으시거나 귀한 손님이 오셨을 때만 꺼내 쓰시곤 하신 것 같아요.

친정엄마는 그 시대에 구하기 어려운 그릇들을 모으는 취미가 있으셨던 것 같아요. 그래서인지 항상 예쁘고 좋은 그릇들로 저희의 밥상을 차려주셨던 기억이 납니다. 그때는 그런 그릇들이 무엇인지 몰랐는데 지금 와서 생각해보면 여러 나라의 그릇들, 지금 봐도 예쁜 그릇들을 많이 모으셨어요. 그래서 저도 시집 올 때 엄마의 그릇장에서 몇 가지 받아오기도 했답니다.

그런 엄마를 닮아서인지 저도 언젠가부터 그릇을 하나씩 모으는 재미에 빠져 살고 있어요. 남들은 옷이며 가방에 관심이 갈 때 저는 그렇게 그릇들에 손이 가더라고요. 지금도 그릇장 속 가득 모은 그릇들을 보기만 해도 뿌듯하고 배부른 기분이 들지요.

요즘엔 가족들이 함께 모여 식사하기도 바쁘고 소중한 시간이라 그런지 한 끼라도 제대로 차려 먹으려고 노력을 하는 것 같아요. 젊은 엄마들은 집에서도 카페처럼 차려 먹기도 하고요. 브런치가 일상화되면서 더 그런 분위기인 것 같아요.

사실 저도 예전에는 예쁘게 식탁을 차리는 것이 어렵기만 하고 자신이 없었는데 어느 순간부터 일상이 되고 나니 그렇게 어렵지 않은 일이 되었어요. 많은 분들이 좋은 그릇은 비싸고, 세트로 구입해야 하는 것 아닌가 하는 의문을 가지고 있으실 텐데요, 꼭 그렇지 않더라고요. 마트나 아울렛에서 쉽게 구할 수 있는 그릇들로도 충분히 예쁜 상차림이 가능해요. 또 좋은 그릇을 한 번에 세트로 구입하지 않아도 돼요. 물론 한꺼번에 모두 살 수 있다면 좋겠지만 생각보다 비싼 그릇들도 많기에 꽤 부담이 되거든요. 저는 가끔씩 꼭 사고 싶은 그릇을 내게 주는 선물로 구입하고 있어요. 같은 브랜드가 아니더라도 가지고 있는 그릇들과 믹스매치할 수 있는 것들 위주로 구입한답니다. 수입 그릇들은 백화점에서 구입하면 비싸기 때문에 세일 기간에 직구를 하는 것도 저렴하게 구입할 수 있는 방법이지요.

그렇게 모은 그릇들은 아끼지 않고 일상생활에서 늘 사용한답니다. 그러다 보면 반찬을 하나 담을 때도 예쁘게 담고 싶어지고 이왕이면 정성 들여 만들게 되고요. 아이들에게도 늘 말합니다. 엄마가 아끼는 그릇들로 사랑하는 너희를 위해 차린 것이니 아끼고 소중하게 대해달라고 하면 아이들의 식사 습관이 더 좋아진답니다.
소박한 찌개를 하나 끓였다면, 예쁜 냄비에 담아 가운데 메인 요리처럼 놓고, 밑반찬 등과 개인 접시 등 간략한 커트러리와 테이블 매트 등을 준비하면 식탁이 훨씬 풍성해 보여요.

저는 가끔 혼자서 식사를 하거나 티타임을 가질 때 좋은 그릇, 아끼는 그릇을 사용하려고 노력해요. 그러면 스스로 대접받는 느낌이 들게 되고 나를 아끼게 되는 느낌이 들어 생활에 활력소가 되거든요. 좋은 그릇으로 나, 그리고 우리 가족을 위해 상을 차리면 온 가족 모두가 대접받는 느낌, 사랑받는 느낌이 들게 될 거예요.

봄

Week 1
MENU PLAN

		아침		저녁	
월요일		규동 (일본식쇠고기덮밥)		달래간장두부구이	
화요일		클럽샌드위치		달래된장찌개	
수요일		두부샐러드김밥		게맛살감자샐러드	
목요일		포켓샌드위치		쇠고기마늘종볶음	
금요일		브로콜리수프		닭가슴살볶음밥	
토요일		치킨샐러드		뚝배기불고기	

★ 일요일에는 냉장고 속을 살펴 유통기한이 얼마 안 남은 식재료나 갑자기 생긴 외식 등으로 남은 식재료로 나만의 냉장고 정리용 메뉴를 만들어보세요.

SHOPPING

따뜻하고 나른한 이 계절에는 봄의 전령인 달래와 마늘종을 두부구이나 된장찌개 등에 넣어 식탁에 봄을
불러들여 가족들의 몸을 깨워주세요. 그리고 미리 양념해서 여러 가지 요리에 활용할 수 있고
시간도 절약되는 쇠불고기를 넉넉하게 만들어서 일본식 규동, 쇠고기마늘종볶음, 뚝배기불고기 등으로
부족한 영양분을 채워 가족들에게 힘이 되는 맛있는 식단을 준비해보세요.

채소/과일류
브로콜리 1개

감자 4개

달래 1단

고추 1개

양파 4개

양상추 1통

토마토 2개

마늘종 1단

당근 1개

팽이버섯 2봉지

오이 2개

대파 2대

가공식품
당면 50g

게맛살 150g

식빵 2봉지

두부 2모

슬라이스치즈 6장

시판 크림수프 1봉지

블랙올리브 10알

피클 8쪽

멸치다시팩 2개

고기/달걀류
쇠고기(불고기감) 1kg

달걀 6개

닭가슴살 8쪽(1kg 정도)

★ 상기 이미지는 이번 주 장 보기의 예시입니다. 각 재료는 상황에 맞게 구입하세요.

일주일이 편한 주말 재료 손질

일본식쇠고기덮밥, 쇠고기마늘종볶음, 뚝배기불고기용 쇠불고기 양념하기

재료 : 쇠고기 불고기감 약 1kg
양념 간장 : 간장 6큰술, 설탕 2큰술, 다진 마늘 2큰술, 다진 파 4큰술, 배즙 5큰술, 맛술 3큰술, 후춧가루 적당량

1 쇠고기는 먹기 좋은 크기로 썬 다음 키친타월로 눌러 핏물을 닦아낸다.

2 분량의 양념장 재료는 잘 섞어놓는다.

3 볼에 쇠고기를 넣고 양념장을 넣어 양념이 배도록 잘 버무린 뒤 1회 분량씩 (3개로 소분) 비닐 팩에 담아 냉동 보관해요.

4 간은 보통으로 했어요. 부족하다 싶은 간은 간장이나 소금으로 조절하세요.

닭가슴살볶음밥, 치킨샐러드용 닭가슴살 손질하기

볶음밥용 닭가슴살은 칼로 저며 소금과 후춧가루를 뿌려 밑간한 후 비닐 팩에 담아 냉동 보관해요.
치킨샐러드용 3개 분량은 통으로 소금과 후춧가루를 뿌려 밑간한 후 비닐 팩에 담아 냉동 보관해요.

	주말
주말 재료 손질은 선택 사항이므로 부담 갖지는 마세요. 미리 할 시간이 없다면 재료 손질만 참고하세요. 다만, 주말에 30~40분만 투자하면 일주일이 편하답니다.	30분 준비

달래간장두부구이와 달래된장찌개용 달래 손질하기

달래는 흙을 털어내고 깨끗이 씻어 둥근 뿌리의 껍질을 벗겨낸 뒤 뿌리 속에 있는 검은 부분을 떼어낸 다음 비닐 팩이나 밀폐 용기에 담아 냉장 보관해요.

생강술 만들기

생강술은 요리에 쓰이는 향신료의 일종이에요. 특히 고기나 생선, 해산물 요리에 사용하면 고기나 해산물 특유의 잡내를 없애는 데 탁월한 효과가 있어요. 한창 생강이 나오는 계절에 생강을 갈무리해 냉동시켰다가 필요할 때마다 꺼내 생강술을 만들어도 좋아요. 생강술은 꼭 냉장고에 넣어 보관하고 사용하세요.

1. 생강은 껍질을 벗기고 깨끗이 씻은 뒤 적당한 크기로 썬다.
2. 그릇에 생강과 청주를 넣고 핸드 믹서로 곱게 간다.
3. 소독한 유리병에 담고 냉장고에 넣어 하루 정도 숙성시킨 뒤 사용한다.

재료
생강 100g
청주 3컵

15 min

규동 (일본식쇠고기덮밥)

규동은 일본식쇠고기덮밥이에요. 원래는 쇠고기를 볶아 양념을 넣고 만들지만 바쁜 아침에는 주말이나 전날에 미리 양념해 보관했던 쇠불고기와 손질해둔 채소를 이용해서 뚝딱 만들 수 있어요. 부드러운 쇠고기와 가볍게 익힌 달걀의 조화로운 맛은 껄끄러운 아침 입맛에 먹기 좋답니다.

Week 1
봄

Ingredient

재료 — 양념한 쇠불고기 400g(p.32 참조), 양파 1/4개, 대파 1/2대, 달걀 2개, 팽이버섯 1/2봉지, 밥 4공기

양념 — 물 1.5컵+쯔유 1~2큰술

↳ 쯔유 대신 다시마국물 1.5컵, 진간장 2큰술, 맛술 4큰술, 설탕 2작은술, 생강가루·소금 적당량씩을 섞어서 넣으세요(진간장 대신 참치액젓을 넣으면 더 깊은 맛이 나요).

How to make

1. 양파는 채썰고 대파는 송송 썬다. 팽이버섯은 밑동을 잘라내고 반으로 자른다. 양념은 섞어둔다.
2. 달군 팬에 기름을 살짝 두르고 미리 양념한 쇠고기와 양파를 넣어 볶는다.
3. 쇠고기가 반쯤 익으면 물과 쯔유를 섞어둔 것을 넣고 완전히 익도록 끓인다.
4. 쇠고기가 다 익으면 팽이버섯을 올려 한소끔 끓인다.
5. 미리 풀어둔 달걀을 윗부분에 부운 뒤 젓지 않고 대파를 얹어 익히고 따뜻한 밥 위에 얹어 낸다.

↳ 미리 양념한 쇠고기지만 국물이 자작해야 하는 음식이라 시판 쯔유를 활용해서 간을 했어요. 입맛에 따라 쯔유의 양을 가감하세요.

달래간장두부구이

15 min

Week 1
봄

월요일

저녁

봄을 대표하는 나물 중의 하나인 달래는 쌉쌀한 맛과 향이 특징이지요. 특히 비타민 C와 칼슘이 풍부해 춘곤증을 물리치는 데 도움이 되니, 봄에는 꼭 챙겨 먹어야 한답니다. 평범하게 만들던 두부전도 달래와 함께 먹으면 샐러드처럼 더 맛있게 먹을 수 있어요. 노릇하게 구운 두부의 고소함과 쌉쌀하면서도 향긋한 달래가 잘 어우러져서 봄이 온 기분을 제대로 느낄 수 있지요. 두부구이는 활용도가 높은 음식으로 미역, 토마토 등 다른 식재료와 다양하게 활용해보세요.

Ingredient

재료 — 두부 1모, 달래 1/2단, 홍고추 1/2개, 소금 · 후춧가루 적당량씩

양념간장 — 간장 1.5큰술, 맛술 1큰술, 식초 1큰술, 다진 마늘 1/2작은술, 매실청 2작은술, 참깨 1작은술, 참기름 2작은술

How to make

1 두부는 반으로 잘라 도톰하게 썬 뒤 물기는 키친타월로 닦아내고 소금 · 후춧가루를 뿌려 잠시 둔다.
2 깨끗이 손질한 달래는 3cm 길이로 썰고 홍고추도 씨를 털어내고 다지듯 잘게 썬다.
→ 달래 손질은 p.33을 참조하세요.
3 분량의 양념간장 재료는 모두 섞어둔다.
4 달군 팬에 기름을 두르고 두부를 올려 노릇하게 구워낸다.
→ 두부 반 모 분량은 구워서 냉장 보관한 다음 수요일 아침 메뉴인 두부샐러드김밥(p.42 참조)에 사용하세요.
5 양념간장에 달래를 넣어 가볍게 섞은 뒤 접시에 두부를 담고 두부 위에 끼얹어 낸다.

★ 달래는 숨이 죽지 않게 먹기 바로 직전에 간장에 버무려 올리는 것이 좋아요.

15 min

클럽샌드위치

Week 1
봄

화요일
아침

클럽샌드위치는 양상추와 토마토, 닭가슴살을 넣어 만든 샌드위치를 말해요. 닭가슴살이 들어가서 든든하면서도 칼로리는 높지 않아 건강하게 먹을 수 있지요. 전날 재료들을 준비해서 냉장 보관했다가 아침에 닭가슴살만 구워 만들면 10분 안에 금방 만들 수 있어요. 신선한 주스와 함께 먹으면 바쁜 아침 영양 많고 든든한 식사가 된답니다.

Ingredient

재료 — 닭가슴살 4쪽, 식빵 8장, 양상추 1/4통, 토마토 1개, 양파 1개, 슬라이스치즈 4장, 피클 8쪽, 마요네즈 6큰술, 허니머스터드소스 4큰술, 소금·후춧가루 적당량씩

How to make

1 닭가슴살은 포를 뜨듯이 가운데 부분에 칼집을 넣고 펴준 다음 소금과 후춧가루를 뿌려 밑간한다.
→ 미리 손질해 냉동한 닭가슴살은 전날 냉장실에서 해동하세요.
2 달군 팬에 기름을 살짝 두르고 밑간한 닭가슴살을 올려 앞뒤로 노릇하게 굽는다.
3 양상추는 먹기 좋게 뜯어서 씻어 물기를 빼고 양파는 채썬다. 토마토는 동그란 모양을 살려 썬다. 슬라이스치즈와 피클도 준비한다.
4 구운 식빵의 한쪽 면에 마요네즈를 바른다.
5 빵 위에 양상추, 치즈, 토마토, 피클, 닭가슴살, 양파 순으로 올리고 허니머스터드소스를 뿌리고 다른 빵으로 덮어 샌드위치를 완성한다.
→ 닭가슴살을 굽는 것이 번거롭다면 요즘에는 굽거나 수비드(sous-vide) 조리법으로 익힌 닭가슴살을 쉽게 구입할 수 있어요. 그럼 좀 더 빠르고 쉽게 만들 수 있지요.

★ 닭가슴살만 손질되어 있으면 아침 준비가 빨라져요.

15 min

달래된장찌개

Week 1
봄

화요일
저녁

된장찌개는 특별한 반찬 없이도 밥 한 그릇은 문제없는 우리 식탁의 대표 메뉴지요. 봄에는 달래를 올려 끓이면 달래 향이 은은하게 올라와 더욱 입맛을 돋워요. 냉동실에 된장찌개용 재료를 한 번 끓일 분량만큼 준비해서 보관해두면 된장찌개를 후다닥 끓일 수 있어요. 달래처럼 그 날의 주재료를 넣어 맛있는 된장찌개를 끓여보세요.

Ingredient

재료 — 달래 1/2단, 애호박 1/4개, 감자 1개, 양파 1/3개, 대파 1/3대, 고추 1/2개, 두부 1/2모, 멸치다시팩 1개 (물 3컵), 된장 2.5큰술, 다진 마늘 1작은술, 국간장 1큰술

How to make

1. 양파, 애호박, 감자는 나박썰기하듯 네모난 모양으로 썰고 대파와 고추는 송송 썬다. 두부는 깍둑썰기하고 달래도 손질해서 3cm 정도의 길이로 자른다.
2. 냄비에 무와 멸치다시팩, 물을 붓고 끓이다 국물이 우러나면 멸치다시팩은 건져내고 애호박, 양파를 넣고 한소끔 끓인 뒤 된장을 넣고 풀어준다.
3. 5분 정도 끓여 채소가 다 익으면 다진 마늘과 국간장으로 간하고 두부를 넣어 한소끔 끓인다.
4. 된장찌개 맛이 우러나게 끓여지면 달래, 대파, 고추를 올려 완성한다.
    → 달래는 된장찌개를 먹기 직전 마지막에 올려야 맛과 향을 그대로 살릴 수 있어요.

★ 된장을 풀 때 거름망을 이용하면 곱게 풀 수 있어요.

20 min

두부샐러드김밥

Week 1
봄

수요일
아침

요즘엔 프리미엄 김밥이라고 해서 다양한 고급 재료들로 김밥을 만들기도 하지요. 두부샐러드김밥은 전날 만들었던 반찬을 활용해서 김밥을 싸서 먹는 간단한 요리랍니다. 두부전을 만들 때 미리 넉넉하게 구워두었다가 아침에 가볍게 소스에 조려 채소와 함께 김에 올려 돌돌 말면 담백하면서도 식감이 좋은 두부샐러드김밥이 완성되지요. 특별한 재료가 없어도 담백한 맛에 손이 멈춰지지 않는 맛있는 김밥이랍니다.

Ingredient

재료 — 두부 1/2모, 양상추 1/4통, 오이 1/2개, 밥 4공기, 구운 김 4장, 소금 · 참깨 · 참기름 · 마요네즈 적당량씩
두부 양념 — 간장 1.5큰술, 맛술 1큰술, 물엿 1큰술

↘ 월요일 저녁에 달래간장두부구이를 할 때 미리 구워 냉장실에 보관한 두부를 사용하면 좋아요.

How to make

1 양상추는 잘게 썰고 오이는 채 썬다.
2 두부 반 모에 소금 · 후춧가루로 밑간한 뒤 기름 두른 팬에 노릇하게 구은 다음 손가락 두께로 썬다.
   → 월요일 저녁에 미리 구워둔 두부가 있다면 달군 팬에 따뜻한 느낌으로 데워요.
3 2에 두부 양념을 넣고 약불에서 국물이 없어질 때까지 앞뒤로 소스가 잘 배도록 조린다.
4 따뜻한 밥에 소금, 참깨, 참기름을 넣고 버무려 밑간한다.
5 김발 위에 구운 김의 반들반들한 면이 아래로 가게 올린 다음 양념한 밥을 얇게 펴 올린다.
6 밥 위에 양념에 조린 두부와 양상추, 채썬 오이를 올리고 마요네즈를 살짝 뿌려 돌돌 말아 완성한다.

20 min

게맛살감자샐러드

Week 1
봄

수요일 저녁

감자샐러드에 게맛살과 브로콜리까지 넣어 푸짐하게 만든 샐러드예요. 샐러드로 만들어 밥반찬으로 먹어도 좋지만 넉넉하게 만들어서 빵 사이에 넣으면 샌드위치로도 먹을 수 있어 활용도가 높답니다. 감자와 달걀이 들어가 영양가도 풍부하고 든든해서 저녁에 가볍게 차려서 먹기 좋지요. 오이나 브로콜리를 싫어하는 우리 집 아이들도 잘 먹는답니다.

Ingredient

재료 — 브로콜리 1/2송이, 게맛살 150g, 오이 1/2개, 감자 2개, 달걀 2개

소스 — 마요네즈 5큰술, 씨겨자 1큰술, 꿀 1.5큰술, 소금 1/4작은술, 굵은소금 1작은술, 후춧가루 적당량

How to make

1. 브로콜리는 먹기 좋은 크기로 잘라 끓는 물에 굵은소금을 넣고 데친 다음 찬물에 헹궈 물기를 뺀다.
    > 데치는 것이 번거로울 때는 전기포트로 끓인 물을 붓고 소금을 넣어 1~2분 정도 두었다가 찬물에 헹구어도 좋아요.
2. 달걀과 감자는 삶아 껍질을 벗겨 각각 잘게 썰고 게맛살도 한입 크기로 썬다.
3. 오이는 동그란 모양을 살려 얇게 썬 다음 소금을 넣어 10분 정도 절이고 찬물에 가볍게 헹군 다음 물기를 꼭 짠다.
4. 볼에 준비한 브로콜리, 달걀, 감자, 맛살, 오이를 넣고 분량의 소스 재료를 모두 넣고 버무려 완성한다.
    > 넉넉하게 만들어 목요일 아침 포켓샌드위치 속재료로 사용할 거예요.

10 min

포켓샌드위치

Week 1
봄

목요일
아침

전날 미리 넉넉하게 만들었던 게살감자샐러드를 이용해서 바쁜 아침에 빠르게 만들 수 있는 샌드위치예요. 특히 동그란 모양을 살려 재료가 밖으로 삐져나오지 않게 만들었기 때문에 아침에 손에 들고 간단하게 먹기도 좋고 도시락으로 싸기에도 좋아요. 집에 있는 한두 가지 과일이나 우유 또는 주스와 함께 곁들이면 든든한 아침 식사가 됩니다.

★ 식빵을 잘라낸 테두리는 크루통으로 만들면 간식으로 좋아요.

Ingredient

재료 — 게맛살감자샐러드 2컵 정도(p.45 참조), 슬라이스치즈 2장, 식빵 8장, 딸기잼 4큰술

How to make

1. 슬라이스치즈는 4등분 하고 미리 만들었던 게맛살감자샐러드도 준비한다.
2. 식빵 위에 동그란 모양으로 딸기잼을 얇게 펴 바르고 그 위에 슬라이스치즈 2장을 올린다.
3. 치즈 위에 미리 만들었던 게맛살감자샐러드를 둥근 모양으로 올린다.
4. 다른 식빵으로 덮은 뒤 동그란 그릇으로 꾹 눌러 테두리는 잘라내고 샌드위치를 완성한다.

↪ 식빵이 너무 차가우면 동그란 모양으로 찍어낼 때 찢어져요. 냉동실에 보관했던 식빵이라면 전자레인지에 15초 정도 돌려 부드럽게 하면 예쁜 모양으로 만들 수 있어요.

크루통 만들기

남은 식빵 테두리를 먹기 좋은 크기로 자르고, 올리브유, 다진 마늘, 파마산치즈를 잘 섞어 식빵에 가볍게 버무린 후 200℃로 예열한 오븐에서 10~12분 정도 굽거나 달군 팬에 바삭하게 구워요.

쇠고기마늘종볶음

15 min

마늘종은 마늘의 꽃 줄기로 봄이 제철인 식재료예요. 보통은 무침으로 먹거나 건새우와 함께 볶아 밑반찬으로 만들어 먹는데 특유의 아삭한 식감이 입맛을 사로잡지요. 마늘종을 평소와 다르게 얇게 썰어 쇠고기와 함께 볶으면 쇠고기 특유의 잡내는 없애고 아삭한 식감이 좋은 특별한 쇠고기볶음이 만들어진답니다.

Week 1
봄

Ingredient

재료 — 양념한 쇠불고기 400g(p.32 참조), 양파 1/2개, 마늘종 150g(10대 정도), 소금·참깨·참기름 적당량씩

↘ 미리 양념해 냉동한 쇠불고기는 전날 냉장실에서 해동해서 준비하세요.

How to make

1 양파는 도톰하게 채썰고 마늘종은 10cm 정도의 길이로 자르고 세로로 가르듯이 자른다.
   ↳ 마늘종에 칼집을 열십자 모양으로 내서 잘라요.
2 달군 팬에 기름을 두르고 마늘종을 넣고 소금을 살짝 뿌린 다음 센 불에서 볶는다. 마늘종의 색이 선명하게 변할 정도로만 재빨리 볶아 다른 접시에 따로 둔다.
3 팬에 미리 양념해둔 쇠고기와 양파를 넣어 중불에서 볶는다.
4 쇠고기가 다 익으면 2에서 미리 볶아놓은 마늘종을 넣어 가볍게 볶은 뒤 참깨와 참기름을 뿌려 낸다.

15 min

브로콜리수프

수프는 버터와 밀가루를 냄비에 충분히 볶은 뒤 우유를 붓고 주재료를 곱게 갈아 넣어 끓이는 요리로 간단하게 먹기 좋아요. 아침에는 일일이 만들기가 번거로우니 시판 크림수프를 이용해서 만드는 것도 한 방법입니다. 주재료를 물과 함께 믹서기에 곱게 갈아 시판 수프에 넣고 함께 끓이면 집에서 만든 것처럼 맛있답니다. 빵을 곁들여 내면 좀 더 든든한 아침 식사가 되지요.

Week 1
봄

Ingredient

재료 — 시판 크림수프 80g, 브로콜리 1/2송이, 양파 1/2개, 물 4~6컵, 버터 1큰술, 소금·후춧가루 적당량씩

↳ 시판 수프의 제조사에 따라 물의 양이 달라요. 꼭 제품 뒷면의 물의 양을 확인하세요.

How to make

1. 브로콜리는 뜨거운 물에 약간의 소금을 넣고 살짝 데치고, 양파는 채썰어둔다. 달군 팬에 버터를 녹이고 양파를 넣어 약한 불에서 볶다가 양파가 투명해지면 데친 브로콜리를 넣어 볶는다.

2. 브로콜리와 양파를 가볍게 볶다가 불에서 내린 뒤 물을 붓고 믹서기로 곱게 간다.
   → 좀 더 진한 맛을 원한다면 물 대신 우유를 사용해도 좋아요.

3. 양파와 브로콜리를 간 물에 시판 수프를 넣고 멍울지지 않게 잘 풀어준 다음 다시 중불 위에 올려 끓인다.

4. 수프가 끓기 시작하면 약한 불로 줄여 저어가며 3분 정도 끓인 뒤 소금·후춧가루로 간을 해 완성한다.
   → 바쁠 때는 브로콜리, 물, 분말 수프를 믹서기에 함께 넣고 곱게 간 다음 냄비에 붓고 끓여 간단하게 만들 수도 있어요.

15 min

닭가슴살볶음밥

볶음밥은 그야말로 채소만 준비되어 있으면 후다닥 만들 수 있어요. 그래서 저는 냉동실에 볶음밥용 채소를 항상 보관해두고 있답니다. 양파, 감자, 당근 등의 기본 재료에 계절마다 나오는 특별한 채소를 함께 준비해서 넣으면 좋아요. 미리 다져 냉동한 채소는 별도로 해동할 필요 없이 바로 팬에 넣어 볶으면 순식간에 맛있는 볶음밥이 만들어져요. 냉동실에 두었던 채소는 수분이 빠져 불 위에서 익는 시간도 단축되어 더 빠르고 편하게 만들 수 있지요.

Week 1
봄

Ingredient

재료 — 닭가슴살 2쪽, 밥 3공기, 마늘종 70g, 양파 1/2개, 감자 1개, 당근 1/3개, 마늘 5쪽, 굴소스 2작은술, 소금·후춧가루 적당량씩

How to make

1. 양파, 감자, 당근은 잘게 다지고 마늘종도 1cm 길이로 송송 썬다. 마늘은 편으로 썬다.
2. 닭가슴살은 한입 크기로 네모나게 썰어 소금·후춧가루를 뿌려둔다.
   → 미리 손질해 냉동한 닭가슴살은 전날 냉장실에서 해동하고 냉동 채소는 요리에 바로 사용하세요.
3. 달군 팬에 기름을 두르고 마늘을 넣어 볶다가 마늘이 노릇해지면 닭가슴살을 넣어 볶는다.
4. 닭가슴살이 반쯤 익으면 나머지 채소도 넣어 완전히 익을 정도로 볶는다. 소금을 약간 넣어 미리 간을 해준다.
5. 채소가 다 익으면 밥을 넣고 볶다 굴소스를 넣고 모자라는 간은 소금·후춧가루로 한다.

★ 냉동 채소는 요리에 바로 사용하세요.

★ 미리 손질해두면 요리 시간이 빨라져요.

15 min

치킨샐러드

Week 1
봄

토요일 아침

토요일 아침만이라도 한가롭고 싶지요. 우리 집은 토요일에는 온 가족이 느지막이 일어나 여유로운 아침을 보내는데요, 저 또한 천천히 음식 준비를 하며 느긋함을 즐긴답니다. 닭가슴살을 가볍게 굽고 채소를 곁들여 준비한 아침. 샐러드와 과일, 빵만 있으면 주말 아침은 더없이 넉넉합니다.

Ingredient

- 재료 — 닭가슴살 2쪽, 양상추 1/4통, 토마토 1개, 달걀 2개, 오이 1/4개, 블랙올리브 10알 정도
- 드레싱 — 올리브유 2.5 큰술, 레몬즙 2큰술, 화이트와인식초 1작은술, 씨겨자 1작은술, 꿀 1.5큰술, 파슬리가루 · 소금 · 후춧가루 적당량씩

How to make

1. 닭가슴살은 소금 · 후춧가루로 간을 한 뒤 팬 위에 올려 앞뒤로 노릇하게 구운 다음 먹기 좋게 슬라이스한다.
   - 닭가슴살을 구울 때 뚜껑을 덮고 중약불에서 구우면 속까지 잘 익어요.
2. 토마토, 오이, 블랙올리브는 먹기 좋게 썰고 달걀은 반숙으로 삶아 반으로 자른다. 양상추는 먹기 좋은 크기로 뜯어 깨끗이 씻은 뒤 체에 밭쳐 물기를 뺀다.
3. 분량의 드레싱 재료는 모두 섞어둔다.
4. 접시에 준비한 재료를 모두 담고 드레싱을 뿌려 낸다.

뚝배기불고기

뚝배기에 양념한 쇠고기를 넣고 국물을 자작하게 부은 뒤 끓여 당면을 곁들여 먹으면 맛도 좋고 폼도 나지요.
국물이 있어서 저녁에 일품요리로 만들어 밥만 곁들이면 됩니다.
다양한 버섯과 배추 등의 채소와 함께 전골식으로 끓이면 푸짐한 저녁을 먹을 수 있어요.

Week 1
봄

토요일 저녁

Ingredient

재료 — 양념한 쇠고기 400g(p.32 참조), 당면 50g, 양파 1/3개, 당근 1/4개, 팽이버섯 1봉, 대파 1/2대, 국물용 멸치다시팩 1개(물 1.5컵), 쯔유 1.5큰술(p.35 참조)

↳ 미리 양념해 냉동한 쇠고기는 전날 냉장실로 옮겨 해동하세요.

How to make

1. 당면은 미리 미지근한 물에 30분 정도 담가 불려둔다.
2. 양파와 당근은 채썰고 팽이버섯은 밑동을 잘라 반으로 자르고 대파는 어슷하게 썬다.
3. 냄비나 뚝배기에 미리 양념한 쇠고기와 양파를 넣고 가볍게 볶는다.
4. 고기를 볶던 냄비에 육수와 쯔유를 붓고 중간 불에서 쇠고기가 익도록 끓인다.
5. 고기가 다 익어갈 때쯤 미리 불려둔 당면과 팽이버섯, 당근, 대파를 넣고 당면이 익을 정도로만 끓여 완성한다.

봄

Week 2
MENU PLAN

		아침		저녁	
월요일		멸치주먹밥		버섯아스파라거스덮밥	
화요일		수란+아스파라거스 베이컨말이		제육볶음	
수요일		냉이된장국		버섯베이컨볶음밥	
목요일		에그홀토스트		김치제육볶음덮밥	
금요일		옛날도시락		주꾸미냉이볶음밥	
토요일		버섯피자		주꾸미볶음 + 소면	

★ 일요일에는 냉장고 속을 살펴 유통기한이 얼마 안 남은 식재료나 갑자기 생긴 외식 등으로 남은 식재료로 나만의 냉장고 정리용 메뉴를 만들어보세요.

SHOPPING

본격적인 봄의 계절에는 단백질과 비타민이 풍부한 향긋한 냉이로 냉이된장국을 끓이고, 타우린이 풍부해 체력 보충에 좋은 제철 주꾸미와 함께 볶음밥을 만들면 상상 이상으로 맛있답니다. 어른이나 아이 모두 좋아하는 돼지고기볶음을 매콤하게 양념하고, 볶은 김치를 활용하여 만든 제육볶음, 김치제육볶음덮밥, 옛날도시락 등의 요리로 가족의 입맛을 채워주세요.

채소/과일류
- 양송이 200g
- 아스파라거스 18대 정도
- 팽이버섯 1봉지
- 표고버섯 200g
- 느타리버섯 200g
- 양파 3개
- 대파 1/2단
- 냉이 150g
- 고추 3개
- 마늘 5쪽

가공식품
- 베이컨 200g
- 분홍소시지 500g
- 토르티야 2장
- 소면 100g
- 슬라이스치즈 4장
- 식빵 8장
- 멸치다시팩 1개
- 모차렐라치즈 1.5컵
- 조미김 2장
- 딸기잼 적당량
- 피자소스 적당량

수산물
- 주꾸미 1kg
- 마른 멸치 150g

고기/달걀류
- 돼지고기(불고기감) 1kg
- 달걀 13개

★ 상기 이미지는 이번 주 장 보기의 예시입니다. 각 재료는 상황에 맞게 구입하세요.

일주일이 편한 주말 재료 손질

제육볶음, 김치제육볶음덮밥용 돼지고기 양념하기

재료 : 돼지고기 1kg
양념 : 고추장 4.5큰술, 고춧가루 2큰술, 간장 3큰술, 다진 마늘 1.5큰술, 다진 파 3큰술, 생강술 2큰술, 다진 생강 1/2작은술, 설탕 1.5큰술, 매실청 2큰술, 후춧가루 적당량

1. 돼지고기는 불고기감으로 준비해 먹기 좋은 크기로 썬다.
2. 분량의 양념장 재료는 모두 섞어둔다.
3. 볼에 돼지고기와 양념장을 넣고 잘 버무려 2개 분량(400g 1개, 600g 1개)으로 소분해 비닐 팩에 담아 냉동 보관한다.
4. 양념한 불고기는 가족의 한 끼 만큼 소분해도 좋다.

멸치주먹밥, 밑반찬용 멸치볶음 만들기

재료 : 잔멸치 150g, 다진 호두 40g, 참깨 1작은술, 물엿 2큰술
양념 : 간장 1큰술, 맛술 2큰술, 설탕 1큰술

1. 잔멸치는 체에 밭쳐 흔들어 잡티를 제거하고 호두는 잘게 다진다.
2. 달군 팬에 잔멸치를 넣고 기름 없이 볶아 잡내를 날린다.
3. 멸치의 잡내가 날아가면 호두를 넣고 식용유를 둘러 가볍게 한번 섞은 다음
4. 나머지 양념 재료를 모두 넣어 약한 불에서 타지 않게 볶는다.
5. 양념이 고루 배면 물엿을 넣고 센 불에서 바짝 볶은 뒤 참깨를 넣어 완성한다.

주말
30분 준비

주말 재료 손질은 선택 사항이므로 부담 갖지는 마세요.
미리 할 시간이 없다면 재료 손질만 참고하세요.
다만, 주말에 30~40분만 투자하면 일주일이 편하답니다.

✶ 버섯아스파라거스, ✶ 버섯베이컨볶음밥, ✶ 버섯피자용 - 버섯믹스 만들기

양송이버섯은 먹기 좋게 썰기, 표고버섯은 밑동을 잘라내고 썰기, 팽이버섯은 밑동을 잘라 2등분, 느타리버섯은 먹기 좋게 찢은 다음 먹을 만큼씩 골고루 섞어 비닐 팩에 담아 냉동 보관한다.

TIP 많은 양의 여러 가지 버섯을 낭비 없이 사용하는 방법
버섯은 여러 가지 종류를 구입해서 섞어 쓰면 각각의 맛과 식감이 어우러져 더 맛있게 먹을 수 있어요. 하지만 한 번에 많은 종류를 사게 되면 보관도 어렵고, 냉장고에 있다가 망가져서 버리곤 하지요. 버섯을 미리 손질해서 냉동시켜 볶거나 끓이는 요리에 넣으면 생버섯을 사용한 것과 똑같은 맛을 낼 수 있답니다. 버섯을 넉넉히 사서 미리 손질해서 여러 가지 버섯을 조금씩 믹스해서 비닐 팩에 담아 냉동시켰다가 필요할 때마다 사용하면 시간도 절약될 뿐만 아니라 많은 양의 버섯을 낭비 없이 사용할 수 있어요.

✶ 냉이된장국, ✶ 주꾸미냉이볶음밥용 냉이 손질하기

향긋한 냉이를 구입 즉시 바로 요리해서 먹으면 가장 좋지만 남은 냉이는 이틀 안에 먹을 거면 냉장실에, 그 이후라면 냉동 보관한다. 냉이는 뿌리 쪽의 잡티는 칼로 긁어 제거하고 누렇고 지저분한 잎은 떼어낸 뒤 깨끗이 씻는다.
끓는 물에 소금을 넣고 냉이를 넣어 가볍게 데친 다음 찬물에 헹궈 물기를 가볍게 빼고 비닐 팩에 넣어 냉동 보관한다.

TIP 나물 신선하게 냉동하기
나물류를 냉동할 때에는 물기를 꼭 짜지 않고 물기가 넉넉한 상태로 비닐 팩에 넣어 냉동시키는 것이 좋아요. 냉동하면 재료에 있는 수분이 빠져나오게 되는데 넉넉한 물기 덕분에 수분이 빠져나오는 것을 막아 재료 그대로의 상태로 신선하게 냉동된답니다.

✶ 주꾸미냉이볶음밥, ✶ 주꾸미볶음용 주꾸미 손질하기

주꾸미는 밀가루를 넣고 바락바락 문질러 깨끗이 씻은 다음 머리 쪽의 내장을 떼어내고 소분하여 비닐 팩에 담아 냉동 보관한다.

멸치주먹밥

15 min

Week 2
봄

월요일
아침

주먹밥은 바쁜 아침에 빠르게 만들 수 있고 간단히 먹기도 좋지요. 미리 만들어둔 밑반찬을 활용해 주먹밥을 만들어보세요. 호두를 넣어 만든 고소한 멸치볶음은 주먹밥을 만드는 데 제일 좋은 밑반찬이랍니다. 조미된 김을 넣어 주먹밥을 만들면 고소하면서도 김 특유의 감칠맛이 나는 초간단 아침 메뉴가 됩니다. 따뜻한 국물과 함께 곁들여 내면 먹기에 더 편하겠지요.

Ingredient

재료 — 호두를 넣어 만든 멸치볶음 30g(p.60 참조), 조미김 2장, 밥 3공기, 참깨 1작은술, 참기름 1큰술, 소금 적당량

How to make

1. 조미김은 비닐 팩에 넣어 잘게 부수고 멸치볶음도 준비한다.
2. 볼에 따뜻한 밥을 넣고 멸치볶음과 조미김을 넣어 가볍게 섞는다.
3. 참깨와 참기름을 넣고 소금을 섞어 간을 맞춘다.
   → 멸치볶음과 조미김이 간이 되어 있어 짭짤하므로 소금은 간을 보아 생략할 수 있어요.
4. 한입 크기로 뭉쳐 주먹밥을 만든다.

15 min

버섯아스파라거스덮밥

Week 2
봄

바쁜 일과를 마치고 저녁 식사를 준비할 때 특별한 반찬이 필요 없는 덮밥은 고마운 메뉴죠.
김치나 간단한 국 한 가지 정도만 있어도 맛있게 한 끼를 먹을 수 있으니까요. 봄에 나는 아스파라거스와
미리 손질해서 냉동 보관한 버섯믹스만 있으면 담백하면서도 맛있는 덮밥을 쉽게 만들 수 있어요.

Ingredient

재료 — 버섯믹스 150g(p.61 참조), 아스파라거스 4대, 양파 1/3개, 참깨·참기름 적당량씩
소스 — 다진 마늘 1작은술, 데리야끼소스 1.5큰술, 간장 1/2큰술, 맛술 1큰술, 후춧가루 적당량

↳ 미리 손질해 냉동한 버섯믹스는 따로 해동하지 않고 요리에 바로 사용하세요.

How to make

1 양파는 채썰고 아스파라거스는 밑동의 질긴 부분은 필러로 껍질을 벗기고 도톰하고 어슷하게 썬다.
2 달군 팬에 기름을 두르고 아스파라거스를 넣어 볶는다.
   ↳ 센 불에서 아스파라거스가 파래질 정도로 살짝만 볶아요.
3 아스파라거스가 파랗게 변하면 중불로 줄이고 버섯믹스와 양파를 넣고 분량의 소스 섞은 것을 넣어 볶는다.
4 버섯이 부드럽게 익으면 참깨와 참기름을 넣어 가볍게 섞은 뒤 따뜻한 밥 위에 얹어 낸다.

★ 버섯믹스는 정말 편리해요

15 min

수란+아스파라거스베이컨말이

Week 2
봄

아스파라거스는 아스파라긴산이라는 단백질이 풍부한 채소로 우리나라에서는 봄에 많이 나와요.
아삭한 식감과 풍부한 영양 덕분에 건강식품으로 사랑받고 있는데 외국에서는 아침 메뉴로 베이컨과 함께 구워서 즐겨 먹는답니다.
수란은 만들기가 어렵다고 생각하기 쉬운데 전자레인지를 이용해 간단하게 만들어보세요.
오늘 아침엔 호텔 조식처럼 즐겨볼까요?

Ingredient

재료 — 아스파라거스 12대, 베이컨 8장(80g 정도), 달걀 4개, 식초 2작은술, 후춧가루 적당량

소스 — 다진 양파 1큰술, 마요네즈 3큰술, 머스터드소스 1/2큰술, 식초 1.5큰술, 꿀 1큰술, 소금·후춧가루 적당량씩

How to make

1 아스파라거스는 밑동을 제거하고 필러로 껍질을 제거한다.
> 아스파라거스는 밑동 부분이 질기므로 살짝 자른 뒤 필러로 껍질을 벗겨 사용하세요.

2 아스파라거스에 베이컨을 돌돌 말아준다.

3 달군 팬에 **2**를 올리고 앞뒤로 노릇하게 구운 뒤 접시에 담는다.
> 베이컨의 끝부분이 아래쪽으로 오게 해서 구워야 베이컨이 풀리지 않아요.

4 내열 그릇에 물을 2~3큰술 넣고 식초를 1/2작은술 넣은 뒤 달걀의 노른자가 터지지 않게 조심스럽게 깨 넣고 내열 뚜껑을 덮은 다음 전자레인지에서 40초~1분 정도 돌려 수란을 만든다.
> 전자레인지에 따라 노른자가 금방 익을 수 있으니 30초가 지난 뒤부터는 10초 단위로 끊어 확인하세요.

5 아스파라거스구이, 수란, 소스를 함께 접시에 담아낸다.

15 min 제육볶음

Week2
봄

화요일
저녁

돼지고기를 매콤하게 양념해서 볶은 제육볶음은 쌈채소와 함께 곁들이면 온 가족이 푸짐하게 먹을 수 있지요. 돼지고기를 넉넉하게 구입해 미리 양념해서 냉동 보관해두면 급할 때 요긴하게 사용할 수 있답니다.

Ingredient

재료 — 양념한 돼지고기 400g(p.60 참조), 양파 1/2개, 대파 1대, 청·홍고추 1/2개씩, 참깨·참기름 적당량씩

↳ 미리 양념해 냉동한 돼지고기는 전날 냉장실로 옮겨 해동하세요.

How to make

1 양파는 채썰고 대파와 고추는 어슷어슷 썬다.
2 달군 팬에 기름을 두르고 미리 양념한 돼지고기와 양파를 넣어 타지 않게 중불에서 저어가며 볶는다.
   ↳ 고기가 잘 안 익으면 뚜껑을 덮어 익혀도 좋아요.
3 고기가 완전히 익으면 대파와 고추를 넣고 가볍게 섞어 볶는다.
4 마지막으로 참깨와 참기름을 넣어 완성한다.

★ 미리 손질해 두면
요리 시간이 빨라져요.

냉이된장국

15 min

Week 2
봄

수요일
아침

냉이는 단백질과 비타민이 풍부해서 자칫 나른하고 피곤할 수 있는 봄에 체력을 보충해주는 영양 식품이랍니다.
잔뿌리와 흙이 있어 손질하기 까다롭다 생각되지만 여유 있는 주말에 미리 손질해서 가볍게 데친 다음
냉동 보관한 뒤 필요할 때 사용하면 됩니다. 냉이 향 가득한 된장국을 끓여 봄의 맛을 느껴보세요.
두부나 모시조개, 바지락 등의 재료를 넣어 좀 더 푸짐하게 끓여도 맛있어요.

Ingredient

재료 — 냉이 100g(p.33 참조), 양파 1/4개, 대파 1/3대, 청·홍고추 1/2개씩, 멸치다시팩 1개(물 6컵), 된장 2큰술, 다진 마늘 1/2큰술, 국간장 1큰술, 소금 적당량

How to make

1 냉이는 미리 손질해두었던 것을 사용한다. 양파는 채썰고 대파와 고추는 어슷하게 썬다.
↪ 미리 손질한 냉동 냉이는 요리에 바로 사용하세요.

2 냄비에 멸치다시팩과 물을 넣고 끓인다. 5분 정도 끓여 육수가 우러나오면 된장을 풀어 끓인다.
↪ 된장의 양은 집마다 간이 다를 수 있으니 알맞게 조절하세요.

3 된장 푼 육수가 끓기 시작하면 냉이와 양파를 넣고 익도록 10분 정도 끓인다.

4 국물이 우러나면 다진 마늘을 넣고 국간장을 넣어 간을 한 뒤 대파와 고추를 넣어 한소끔 끓여 완성한다.
↪ 부족한 간은 소금으로 하세요.

15 min

버섯베이컨볶음밥

미리 손질해서 냉동해둔 버섯믹스는 버섯이 필요할 때마다 하나씩 꺼내 요긴하게 잘 쓴답니다.
다양한 종류의 버섯을 한꺼번에 사용하기 때문에 버섯 특유의 맛과 향, 식감을 충분히 느낄 수 있어요.
고소한 베이컨과 버섯을 함께 볶으면 담백하면서도 베이컨 특유의 고소함이 느껴져서
별다른 반찬 없이도 든든한 한 끼 식사가 되지요.

Week 2
봄

수요일
저녁

Ingredient

재료 — 버섯믹스 150g(p.61 참조), 베이컨 50g, 양파 1/4개, 대파 1/2대, 밥 3공기, 굴소스 1큰술, 참기름 2작은술, 소금·후춧가루 적당량씩

↘ 미리 준비해 냉동한 버섯믹스는 별도로 해동하지 않고 바로 사용하세요.

How to make

1 버섯은 손질해서 믹스한 것을 사용하고 대파는 송송 썰고 양파는 다진다. 베이컨은 1cm 정도의 길이로 썰어둔다.
2 달군 팬에 베이컨과 대파를 넣어 볶는다.

   베이컨에서 나오는 기름으로 볶아도 충분해요. 식용유는 넣지 않았어요.

3 베이컨이 노릇하게 익으면 양파와 버섯믹스도 넣어 함께 볶는다.
4 버섯이 부드럽게 익으면 밥을 넣고 밥과 재료들이 고르게 섞이도록 볶는다.
5 굴소스와 소금·후춧가루를 넣어 간을 하고 마지막에 참기름을 넣어 섞은 뒤 완성한다.

   어린잎채소를 올려 장식하면 식탁이 더 풍성해져요.

★ 버섯믹스는 정말 유용해요

15 min 에그홀토스트

Week 2
봄

식빵과 달걀만 있으면 든든한 아침 식사가 해결되는 에그홀토스트. 이름 그대로 식빵에 구멍을 낸 뒤 달걀을 넣고 구운 토스트를 말해요. 토스트를 굽는 동안 아침 출근 준비를 해도 되기 때문에 시간에 비해 간단하게 만들 수 있는 요리랍니다. 달걀 하나와 치즈까지 넣어서 한 개만 먹어도 든든한 아침이 될 거예요.

목요일
아침

Ingredient

재료 — 식빵 8장, 달걀 4개, 슬라이스치즈 4장, 딸기잼 4큰술, 소금·후춧가루·파슬리가루 적당량씩

How to make

1 한쪽 식빵의 가운데 부분을 둥근 모양의 컵이나 그릇으로 꾹 눌러 동그란 모양을 내어 떼어낸다.
2 다른 식빵의 한쪽 면 위에 딸기잼을 고루 펴 바르고 그 위에 슬라이스치즈를 한 장 올린다.
3 치즈 올린 식빵 위에 **1**에서 구멍을 낸 식빵을 올리고 그 구멍 안에 달걀 1개를 얌전히 깨 올리고 소금·후춧가루·파슬리가루를 뿌린다.
4 180℃로 예열한 오븐에서 10분 정도 굽거나 전자레인지에 넣고 달걀이 익도록 2~3분 정도 돌려 굽는다.

↳ 전자레인지에 돌릴 때는 달걀의 노른자를 꼭 터트려서 넣어야 달걀이 폭발하지 않으니 주의하세요.

15 min

김치제육볶음덮밥

Week 2
봄

목요일
저녁

양념한 돼지고기를 볶아 그대로 제육볶음덮밥으로 먹는 것도 맛있지만 한국인이라면 역시 김치!
김치를 넣어 볶은 김치제육볶음덮밥은 좀 더 특별하고 맛있답니다.
김치가 돼지고기의 느끼함도 잡아주고 속까지 개운한 맛있는 제육볶음을 완성해줄 거예요.
따뜻한 밥 위에 김치제육볶음을 얹어 내면 반찬도 필요 없는 특별한 저녁상이 차려집니다.

Ingredient

재료 — 양념한 돼지고기 600g(p.60 참조), 김치 1/4포기, 양파 1/4개, 대파 1/2대, 물엿 1큰술, 밥 4공기, 참깨·참기름 적당량씩

↳ 미리 양념해 냉동한 제육볶음은 전날 냉장실로 옮겨 해동하세요.

How to make

1 김치는 먹기 좋은 크기로 썰고 양파는 채썰고 대파는 어슷하게 썰어둔다.
2 달군 팬에 기름을 두르고 김치를 넣어 볶다가 물엿을 1큰술 정도 넣고 볶는다.
  ↳ 금요일 아침 메뉴를 위해 볶은 김치는 1/3 정도 따로 담아 보관하세요.
3 김치가 부드럽게 볶아지면 접시에 따로 담아두고 김치를 볶던 팬에 양념한 돼지고기와 양파를 넣어 볶는다.
4 돼지고기가 다 익으면 볶은 김치를 넣고 가볍게 섞은 뒤 대파, 참깨, 참기름을 넣어 한 번 볶아 완성한 뒤 따뜻한 밥 위에 얹어 낸다.

15 min

옛날도시락

저에게 궁극의 밑반찬이란 역시 멸치볶음과 김치볶음이에요. 고소하게 볶은 멸치볶음은 별것 아닌데도 도시락 반찬에 들어가면 더 맛있게 느껴지는 마법이 있는 것 같아요.
바쁜 아침이지만 1인분씩 도시락처럼 차려 주면 아이들도 좋은 대접을 받는 양 즐겁게 먹는답니다.

Week 2
봄

Ingredient

재료 — 분홍소시지 500g, 달걀 5개, 볶은 김치 1컵 분량, 멸치볶음 50g, 김가루 약간, 밥 4공기

How to make

1 달걀 4개는 반숙으로 프라이를 해서 준비한다. 달걀 1개는 달걀물로 준비한다.
2 분홍소시지는 동그란 모양을 살려 썬 다음 달걀물에 넣어 옷을 입힌다.
3 기름을 두른 팬에 달걀옷을 입힌 분홍소시지를 올리고 앞뒤로 노릇하게 굽는다.
4 미리 만들어둔 볶은 김치와 멸치볶음도 준비한다.
5 그릇에 따뜻한 밥을 담고 볶은 김치, 멸치볶음, 소시지구이를 담고 달걀프라이와 김가루를 올려 낸다.

15 min

주꾸미냉이볶음밥

Week 2
봄

주꾸미는 해마다 봄이면 주꾸미 축제가 열릴 만큼 대표적인 제철 식재료 중 하나예요. 특히 타우린이 풍부해서 피로한 봄에 체력을 보충하는 데 좋은 식품이지요. 역시 봄에 제철인 냉이까지 함께 해서 만드는 주꾸미볶음밥은 상상 이상으로 맛이 좋아 봄이면 우리 집 식탁에 자주 올라오는 대표 메뉴예요. 여유 있는 주말에 주꾸미와 냉이를 손질해두었다면 10분 안에 뚝딱 만들 수 있답니다.

Ingredient

재료 — 밥 3공기, 주꾸미 300g 정도(p.61 참조), 냉이 50g, 양파 1/3개, 대파 1/2대, 마늘 5쪽
양념장 — 간장 1큰술, 맛술 1큰술, 설탕 1/2작은술, 굴소스 1작은술

↳ 미리 손질해 냉동한 주꾸미는 전날 냉장실로 옮겨 해동하세요.

How to make

1. 주꾸미는 손질해서 깨끗이 씻은 것을 먹기 좋은 크기로 썬다. 분량의 양념장 재료는 모두 섞어둔다.
2. 냉이도 손질한 것을 먹기 좋게 2cm 정도의 길이로 썰고 양파는 다지고 대파는 송송 썬다. 마늘은 편으로 썬다.
3. 달군 팬에 기름을 두르고 마늘을 올려 노릇하게 구워지면 양파와 대파도 올려 함께 볶아 향을 낸 다음 양파가 투명하게 볶아지면 밥을 넣어 고슬고슬하게 볶는다.
4. 볶던 밥을 팬의 한쪽으로 몰고 나머지 공간에 주꾸미를 넣고 센 불에서 빠르게 저어가며 1분 정도 볶는다.

   ↳ 주꾸미는 너무 오래 볶으면 질겨지고 수분이 나와 맛이 없어요. 센 불에서 재빨리 볶아주세요.
5. 주꾸미가 익으면 밥과 함께 섞은 뒤 미리 준비한 양념을 넣고 잘 섞어가며 1분 정도 더 볶는다.
6. 마지막에 냉이를 넣고 가볍게 섞어 완성한다.

버섯피자

Week 2
봄

토르티야로 쉽게 만드는 버섯피자입니다. 건강에 좋은 버섯을 듬뿍 넣어 담백하고 맛있답니다.
사 먹는 피자와는 다르게 담백한 맛과 식감도 좋아 브런치 메뉴로 추천합니다.
갓 구운 피자의 맛을 제대로 느껴보세요.

토요일 아침

Ingredient

재료 — 토르티야 2장, 버섯믹스 100g(p.61 참조), 피자소스 1/2컵, 모차렐라치즈 1.5컵, 달걀 1개, 베이컨 50g, 아스파라거스 2대

버섯소스 — 발사믹식초 1큰술, 발사믹크림 1작은술, 소금·후춧가루 적당량씩

↘ 미리 손질해 냉동한 버섯믹스는 요리에 바로 사용하세요.

How to make

1. 아스파라거스는 밑동을 잘라내고 필러로 껍질을 벗긴 뒤 어슷어슷 썰고, 베이컨은 1cm 길이로 썬다.
2. 달군 팬에 기름을 두르고 버섯믹스를 올려 볶는다. 버섯이 부드러워지면 발사믹식초와 크림, 소금·후춧가루를 넣어 가볍게 볶아둔다.
   → 발사믹크림이 없으면 생략하고 약간의 올리고당을 넣어주세요.
3. 토르티야에 모차렐라치즈를 얇게 뿌린 다음 그 위에 다시 토르티야를 올리고 토르티야의 윗면에 피자소스를 펴 바른다.
4. 3 위에 볶은 버섯, 베이컨, 아스파라거스를 올린다.
5. 토핑 위에 모차렐라치즈를 듬뿍 올리고 가운데 부분에 달걀을 하나 깨트려 올린다. 200℃로 예열한 오븐에서 10분~15분 정도 모차렐라치즈가 녹을 정도로 구워 낸다.

주꾸미볶음+소면

20 min

매콤하게 볶은 주꾸미볶음은 입맛을 돋우는 메뉴지요. 여기에 소면까지 볶아 함께 섞어 먹으면 밥반찬으로도 좋고 가벼운 술안주로도 좋아요. 미리 손질해서 냉동했던 주꾸미를 해동해서 양념에 버무려 볶으면 온 가족이 푸짐하게 즐길 수 있는 봄날의 저녁 메뉴로 좋답니다. 조금 더 매운맛을 원한다면 청양고추를 다져서 넣어주세요.

Week 2
봄

토요일 저녁

Ingredient

재료 — 주꾸미 400g, 양파 1/2개, 대파 1/2대, 청·홍고추 1/2개씩, 소면 100g, 참깨·참기름 적당량씩

양념 — 고춧가루 3큰술, 고추장 1큰술, 간장 1.5큰술, 다진 마늘 1작은술, 다진 파 1큰술, 설탕 2작은술, 물엿 1큰술, 생강가루·후춧가루 적당량씩

↳ 미리 손질해 냉동한 주꾸미는 전날 냉장실로 옮겨 해동하세요.

How to make

1 분량의 양념장 재료는 모두 섞어두고 양파는 채썰고 대파와 고추는 어슷하게 썬다.
2 소면은 끓는 물에 넣고 삶아 부르르 끓으면 불을 끄고 찬물에 헹구고 사리를 지어 놓는다.
   ↳ 면을 더 맛있게 삶으려면 끓어 올랐을 때 찬물 한 컵 정도 부은 다음 다시 끓어 오를 때 불을 끄세요.
3 주꾸미는 밀가루를 넣어 박박 문질러 씻은 뒤 눈과 내장, 입을 떼어내고 먹기 좋은 크기로 썬다.
4 달군 팬에 기름을 두르고 분량의 양념을 팬에 올려 약한 불에서 타지 않게 가볍게 볶는다.
   ↳ 미리 주꾸미에 양념을 버무려 볶는 것보다 양념을 한 번 팬에 볶으면 불맛도 나고 주꾸미의 수분도 적게 빠져나와요.
5 양념에서 매운 향이 올라오면 양파와 주꾸미를 넣고 센 불에서 양념이 타지 않게 잘 저어가며 볶은 뒤 주꾸미가 다 익으면 대파와 고추를 넣고 가볍게 섞어 볶는다.
6 마지막으로 참깨와 참기름을 넣어 완성한다. 접시에 담고 소면을 함께 담아낸다.

봄

Week 3
MENU PLAN

	아침		저녁	
월요일	장조림주먹밥		취나물두부밥	
화요일	양송이수프		바지락순두부찌개	
수요일	꼬마김밥		어묵채소볶음	
목요일	강원도식순두부 + 양념장		매콤새우볶음덮밥	
금요일	장조림버터 비빔밥		바지락와인찜	
토요일	크로크무슈		새우까수엘라 (감바스 알 아히요)	

★ 일요일에는 냉장고 속을 살펴 유통기한이 얼마 안 남은 식재료나 갑자기 생긴 외식 등으로 남은 식재료로 나만의 냉장고 정리용 메뉴를 만들어보세요.

Week 3
SHOPPING

한식뿐만 아니라 간단하면서도 맛있게 만들 수 있는 다양한 서양 요리를 만들어봅니다. 거창하지 않고 간단한 재료로 만들지만 폼 나게 먹을 수 있는 양송이수프, 바지락와인찜, 크로크무슈, 새우까수엘라 등으로 식탁을 차려보세요. 밑반찬으로 만들어두면 요긴하게 쓰이는 장조림으로 주먹밥이나 장조림버터비빔밥도 쉽게 만들 수 있답니다.

가공식품	채소/과일류	수산물	고기/달걀류
어묵 500g	양송이버섯 300g	바지락 500g	쇠고기(장조림용) 600g
시판 수프 2봉지	양파 2개	새우살(칵테일새우) 800g	달걀 4개
순두부 3봉지	당근 1개		
단무지 1팩	취나물 300g		
두부 1모	고추 3개		
식빵 8장	대파 1/2단		
슬라이스치즈 4장	페페론치노 8개 (또는 건고추)		
슬라이스햄 8장	깻잎 2묶음		
구운 김 1팩	브로콜리 1개		
하드볼 4개	마늘 20쪽		
모차렐라치즈 2컵	청양고추 1~2개		
월계수잎 2장			

★ 상기 이미지는 이번 주 장 보기의 예시입니다. 각 재료는 상황에 맞게 구입하세요.

일주일이 편한 주말 재료 손질

★ 장조림주먹밥, 장조림버터비빔밥, 밑반찬용 쇠고기장조림 만들기

재료 : 쇠고기(장조림용) 600g, 마늘 4쪽, 대파 1대, 생강 2쪽, 청주 1/4컵, 물 3컵, 간장 6큰술, 설탕 1.5큰술, 맛술 2큰술, 물엿 2큰술, 참깨·통후추 적당량씩

1. 쇠고기는 찬물에 1시간 정도 담가 핏물을 뺀다.
2. 냄비에 쇠고기를 넣고 물을 부은 뒤 마늘 3쪽, 대파, 생강, 통후추, 청주를 넣고 끓인다.
3. 쇠고기가 부드럽게 익도록 20분 정도 끓인 뒤 체에 밭쳐 육수는 다시 냄비에 붓는다.
4. 고기는 먹기 좋은 크기로 찢고 육수를 부은 냄비에는 간장, 설탕, 맛술을 넣어 끓인다.
5. 육수가 한소끔 끓어오르면 찢은 고기와 통마늘, 물엿을 넣어 간장 양념이 고기에 배도록 15분 정도 센 불에서 끓인 뒤 참깨를 넣어 완성한다.

★ 취나물두부밥, 밑반찬용 취나물볶음 만들기

재료 : 취나물 300g, 다진 파 2작은술, 다진 마늘 1/2큰술, 액젓 2작은술, 국간장 1/2큰술, 참깨·참기름·소금 적당량씩

1. 취나물은 손질해서 깨끗하게 씻은 다음 끓는 물에 소금을 넣고 데친다. 데친 취나물은 찬물에 헹군 뒤 꼭 짜 물기를 뺀다.
2. 데친 취나물은 먹기 좋은 크기로 썰어 볼에 담고 다진 마늘, 다진 파, 국간장, 액젓을 넣어 잘 버무린다.
3. 달군 팬에 기름을 두르고 취나물을 넣어 볶는다. 간을 보아 모자라는 간은 소금으로 한 뒤 취나물이 부드럽게 볶아지면 참깨와 참기름을 넣어 완성한다.
4. 밀폐 용기에 담아 냉장 보관한다.

주말 재료 손질은 선택 사항이므로 부담 갖지는 마세요.
미리 할 시간이 없다면 재료 손질만 참고하세요.
다만, 주말에 30~40분만 투자하면 일주일이 편합니다.

주말 30분 준비

고추기름 만들기

고추기름은 시중에서 구입할 수 있지만 집에서 직접 만드는 고추기름의 맛과 향을 따라올 수가 없어요. 그래서 조금 귀찮더라도 고추기름은 항상 직접 만든답니다. 마늘과 대파로 향을 낸 향신기름을 이용해 고추기름을 만들면 요리를 할 때마다 매콤하면서도 맛있는 향이 올라와 훨씬 더 고급스러운 요리를 할 수 있어요.

1. 마늘, 생강은 편으로 썰고 대파는 10cm 길이로 잘라 반으로 가른다.
2. 냄비에 위에 1의 향신채소를 넣고 포도씨유를 넣은 뒤 중약불로 가열한다. 기름이 데워져 거품이 올라오기 시작하면 5분 정도 중약불에서 충분히 끓인 뒤 불에서 내린다.
3. 체 위에 커피필터나 거즈를 대고 그 위에 고춧가루 1컵을 담는다.
4. 한 김 식은 향신기름을 고춧가루 위에 천천히 부어 내려오는 맑은 기름을 유리병에 담아 사용한다.

재료

포도씨유 3컵
마늘 5쪽
생강 2쪽
대파 1대
고춧가루 1컵

TIP 너무 뜨거운 기름을 갑자기 부으면 고춧가루가 탈 수 있어요. 1분 정도 식힌 기름을 천천히 부어주세요.

★ **고추기름을 사용한 요리**

바지락순두부찌개	p.96
간단버섯육개장	p.276
매콤만두짬뽕	p.316
대패삼겹살덮밥	p.332
해물볶음덮밥	p.344

15 min

장조림주먹밥

Week 3
봄

월요일
아침

장조림은 한번 만들어두면 든든한 밑반찬이에요. 밥에 반찬으로 먹어도 좋지만 주먹밥을 만들 때 활용하면 주먹밥이 훨씬 맛있어져요. 특히 장조림 국물을 꼭 넣어주어야 따로 간을 하지 않아도 맛있게 먹을 수 있어요. 김 대신 깻잎을 감싸 먹으면 깻잎 특유의 향이 자칫 느끼할 수 있는 장조림의 냄새를 잡아줘서 더 맛있어요. 깻잎을 잊지 마세요!

Ingredient

재료 — 장조림 고기 30g(p.88 참조), 후리가케 1봉지, 깻잎 12장, 밥 3공기, 참기름 2작은술

How to make

1. 장조림 고기는 잘게 찢어둔다.
2. 깻잎은 깨끗이 씻어서 물기를 완전히 빼고 줄기는 잘라낸다.
3. 볼에 따뜻한 밥과 장조림 고기, 장조림 국물을 넣고 한 봉지 분량의 후리가케와 참기름을 넣어 잘 버무린다.
4. 양념한 밥을 삼각형 모양으로 잘 잡아 뭉친다.
5. 완성된 주먹밥에 깻잎을 한 장씩 감싼다.

취나물두부밥

취나물두부밥은 고소한 맛 때문인지 아이들에게도 인기가 좋답니다. 제철 나물을 손질해서 솥에 밥을 하면 김치 하나만 있어도 한 그릇 뚝딱이지요. 봄이 제철인 취나물에 두부까지 더해 칼로리는 낮추고 영양과 맛은 한층 더한 맛있는 취나물 두부밥. 양념간장에는 버섯을 다져 넣어 버섯의 향도 감돌아 아주 건강한 밥 요리가 된답니다.

Week 3
봄

Ingredient

재료 — 쌀 2컵, 취나물볶음 1컵 분량(p.88 참조), 두부 1모, 물 2컵

양념간장 — 양송이버섯 2개, 간장 2.5큰술, 다진 파 2큰술, 다진 마늘 1작은술, 식초 1작은술, 맛술 1큰술, 설탕 1/2작은술, 참깨 1/2작은술, 참기름 1큰술, 고춧가루 1작은술

↳ 양념간장은 전날 만들어두면 편해요.

How to make

1 쌀은 씻어서 불린 다음 체에 밭쳐 물기를 뺀다.

2 두부는 칼등으로 으깬 뒤 면보에 싸서 물기를 꼭 짠다.

   ↳ 물기를 꼭 짜야 밥의 물양이 맞고 밥을 다 지어도 두부가 너무 으깨지지 않아요. 두부에 수분이 많으면 밥물의 양을 줄이세요.

3 냄비에 불린 쌀과 두부를 올린 뒤 뚜껑을 덮어 센 불에서 끓인다. 물이 끓어오르면 중약불로 줄여 10~15분 정도 밥을 짓는다.

4 밥 익는 냄새가 나면 뚜껑을 열어 취나물볶음을 올리고 뚜껑을 덮어 5분 정도 약한 불에서 뜸을 들여 밥을 완성한다.

   ↳ 취나물볶음의 양은 취향껏 조절하셔도 좋아요.

5 볼에 다진 양송이버섯, 다진 대파와 마늘, 나머지 재료를 모두 넣어 양념간장을 만든 뒤 밥에 곁들인다.

15
min

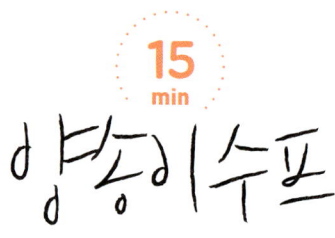

양송이수프

우리 집 아이들이 제일 좋아하는 양송이수프는 아침부터 제대로 끓이기는 부담스러워요. 그래서 전 시판 수프를 활용해서 양송이를 볶아 끓여준답니다. 그러면 양송이의 맛이 우러난 부드러운 수프를 쉽게 끓일 수 있지요. 또 어떤 날은 특별하게 하드볼을 그릇 삼아 담아주면 온 가족이 든든하고 폼 나는 아침 식사를 할 수 있답니다.

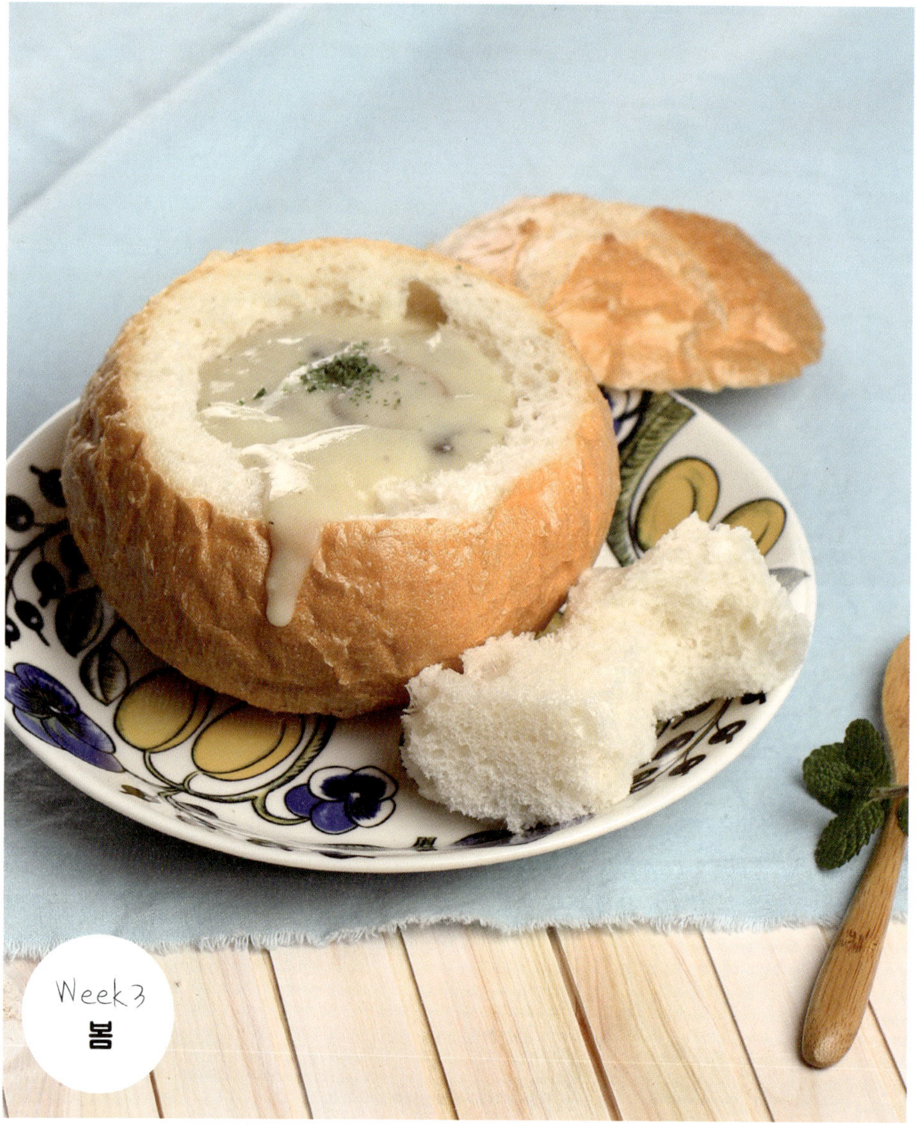

Week 3
봄

화요일
아침

★ 하드볼이 없다면 수프볼에 담고 빵을 곁들여도 좋아요.

Ingredient

재료 — 양송이버섯 10개, 양파 1/4개, 버터 1.5큰술, 시판 수프 80g, 물 4~6컵, 하드볼 4개
↘ 시판 수프의 제조사에 따라 물의 양이 다릅니다. 꼭 제품 뒷면의 물의 양을 확인하세요.

How to make

1 양파는 잘게 다지고 양송이버섯은 모양을 살려 썬다.
2 냄비에 버터를 녹이고 양파를 넣어 타지 않게 볶다가 양송이버섯도 넣어 함께 볶는다.
3 양송이버섯이 충분히 볶아지면 미리 물에 개어둔 시판 수프를 넣어 약한 불에서 끓인다.
4 하드볼은 윗부분을 칼로 자른 뒤 속을 파내어 그릇으로 만든 뒤 완성된 수프를 담아낸다.

20 min

바지락순두부찌개

Week 3
봄

화요일 저녁

몽글몽글한 순두부가 맛있는 순두부찌개. 따뜻한 밥 한 그릇에 쓱싹 비벼 먹으면 속까지 따뜻해져서 온 가족이 좋아하는 찌개랍니다. 오늘은 바지락만 넣어 시원하고 가볍게 끓여봤어요. 여러 가지 해물, 쇠고기나 돼지고기, 달걀 등 취향에 따라 다양한 재료를 추가하면 맛있는 순두부찌개를 만들 수 있답니다.

Ingredient

재료 — 순두부 1봉지, 바지락 100g, 양파 1/4 개, 김치 50g, 청·홍고추 1/2개씩, 대파 1/3대, 고추기름 1큰술, 멸치다시팩 1개 (물 1컵)

양념장 — 고추기름 2큰술, 다진 마늘 1큰술, 고춧가루 2.5큰술, 맛술 1큰술, 국간장 1큰술, 새우젓 1/2큰술, 후춧가루·소금 적당량씩

How to make

1. 순두부는 체에 밭쳐 물기를 빼고 바지락은 해감해서 깨끗이 씻어둔다.
    ↳ 바지락 해감은 보통 소금을 넣고 어두운 곳에서 3시간 정도 두어야 하는데, 좀 더 짧은 시간에 해감하는 방법은 바지락이 잠길 정도의 물을 붓고 식초 2큰술가량 넣은 다음 10~20분 정도 후 찬물에 깨끗하게 씻어내는 것이랍니다. 물이 담긴 봉지에 든 바지락은 해감된 것으로 따로 할 필요 없어요.

2. 양파는 채썰고 김치는 먹기 좋게 썬다. 고추와 대파는 송송 썰고 분량의 양념장 재료는 모두 섞어둔다.

3. 냄비에 고추기름을 두르고 양파와 김치를 넣어 볶는다. 김치가 부드러워지면 물과 멸치 다시팩을 넣어 한소끔 끓인다.

4. 육수가 끓기 시작하면 물기 뺀 순두부와 바지락, 양념장을 넣어 끓인다.
    ↳ 순두부는 생각보다 간이 잘 안 배기 때문에 모자라는 간은 소금으로 해주세요.

5. 육수가 팔팔 끓고 고추기름이 돌면 대파와 고추를 올려 완성한다.
    ↳ 마지막에 달걀을 얌전히 깨 올려 뚝배기의 남은 열로 익혀 먹어도 좋아요.

강원도식 순두부 + 양념장

10 min

Week 3
봄

수요일
아침

바쁜 아침에 입맛이 없을 때도 많지요. 그럴 때 그냥 빈속으로 나가면 속이 더 안 좋아질 수 있어요.
무언가 후루룩 부드러운 음식을 가볍게 먹고 싶을 때 안성맞춤인 아침 식사입니다. 순두부를 따뜻하게 데우고
양념간장만 곁들이면 된답니다. 특히 몸이 좋지 않은 날 먹으면 부담도 없고 든든한 건강식이에요.

Ingredient

재료 — 순두부 2봉지(600g), 물 2컵

양념간장 — 양송이버섯 2개, 간장 2.5큰술, 다진 파 2큰술, 다진 마늘 1작은술, 식초 1작은술, 맛술 1큰술, 설탕 1/2작은술, 참깨 1/2작은술, 참기름 1큰술, 고춧가루 1작은술

↳ 양념간장은 전날 만들어두면 편해요. 월요일 저녁 취나물두부밥 하면서 만들어둔 양념간장을 사용해도 좋아요.

How to make

1 초당 순두부는 냄비에 붓고 물과 함께 따뜻하게 끓인다.
 ↳ 물 대신 멸치다시팩 국물 등을 이용해서 끓이면 더 맛있어요.
2 분량의 양념장 재료는 모두 섞어 만든다.
3 순두부를 그릇에 담고 양념간장을 곁들여 낸다.

15 min
어묵채소볶음

Week 3
봄

수요일 저녁

반찬으로 만들기 쉽고 만만한 것 중 하나인 어묵채소볶음이에요. 먼저 어묵을 뜨거운 물에 가볍게 데쳐 기름기는 쏙 빼요. 좀 더 담백하고 맛있는 어묵과 집에 있는 기본 채소들을 함께 볶으면 밥반찬으로 그만이지요. 넉넉히 만들어 반찬으로도 먹고 간단한 김밥을 만들 때 사용해도 좋아요.

Ingredient

재료 — 어묵 500g, 당근 1/2개, 양파 1/2개, 대파 1/3대, 참깨·참기름 적당량씩
양념 — 간장 2큰술, 다진 마늘 1작은술, 설탕 1작은술, 물엿 1큰술, 맛술 1큰술, 후춧가루 적당량

How to make

1. 어묵은 채썰듯 길쭉하게 썰어 뜨거운 물에 가볍게 데쳐둔다.
   → 어묵은 한번 데쳐서 사용하는 것이 좋아요. 튀기면서 산화된 기름기와 식품첨가물이 빠진답니다.
2. 양파와 당근은 채썰고 대파는 어슷어슷 썬다.
3. 달군 팬에 기름을 두르고 양파, 당근을 넣어 가볍게 볶다가 어묵도 넣어 함께 볶는다.
4. 양파가 투명해지면 간장, 다진 마늘, 설탕, 후춧가루, 맛술을 넣어 볶는다.
5. 물기가 거의 없이 볶아지면 대파와 물엿을 넣어 한 번 더 볶은 뒤 참깨와 참기름을 넣어 완성한다.
   → 목요일 아침의 꼬마김밥을 위해 100g 정도 따로 보관하세요.

★ 주말에 미리 손질해서 썰어두면 요리 시간이 빨라져요.

15 min
꼬마김밥

Week 3
봄

목요일 아침

꼬마김밥은 아이들이 빠른 시간에 잘 먹고 갈 수 있는 메뉴 중 하나로 우리 집 아침 단골메뉴예요.
꼭 제대로 된 김밥 재료를 준비할 필요 없이 그날 냉장고에 있는 나물 한 가지와 단무지에
한두 가지 재료만 첨가해도 맛있는 꼬마 김밥을 쉽게 만들 수 있거든요. 맛살이나 햄,
또는 달걀 정도만 추가해서 만들어도 맛있는 김밥이 되니 냉장고의 반찬을 적극 활용해보세요.

Ingredient

재료 — 밥 2공기, 구운 김 4장, 어묵볶음 100g(p.100 참조), 취나물볶음 50g(p.88 참조),
단무지 100g, 소금 1/4작은술, 참깨·참기름 적당량씩

How to make

1 볼에 따뜻한 밥을 담고 소금, 참깨, 참기름을 넣고 섞어 밑간을 한다.
2 구운 김은 4등분으로 잘라 준비한다.
3 미리 만들었던 어묵볶음, 취나물볶음을 준비하고 단무지도 김 크기에
맞추어 반으로 자른다.
   → 어묵볶음에 당근을 함께 넉넉히 넣어주세요. 김밥이 더 맛있어져요.
4 구운 김에 밥을 얇게 펴 올린다.
5 밥 위에 준비한 재료를 올리고 돌돌 말아 김밥을 만든 뒤 김 윗면에
붓으로 참기름을 살짝 바른다. 작게 썰어서 담아낸다.

20 min
매콤새우볶음덮밥

Week 3
봄

새우는 특유의 탱글한 식감과 맛으로 온 가족이 좋아하는 식재료 중 하나입니다. 생새우로 요리하면 더 좋겠지만 바쁠 때는 손질해서 냉동한 제품을 사용하면 가볍게 씻어서 요리에 바로 사용하면 된답니다. 냉장고에 있는 다양한 채소와 함께 매콤한 소스에 볶아 밥에 얹기만 하면 근사한 한 끼 저녁 식사가 준비될 거예요.

Ingredient

재료 — 밥 4공기, 새우살 400g, 양파 1/2개, 양송이버섯 6개, 브로콜리 1/3송이, 마늘 5쪽, 참깨·참기름 적당량씩, 생강술 1큰술
양념 — 케첩 5큰술, 칠리소스 1.5큰술, 간장 2큰술, 설탕 1/2큰술, 맛술 2큰술, 물엿 1큰술, 후춧가루 적당량

How to make

1. 새우는 손질된 것으로 구입해 생강술을 뿌려 잠시 둔다.
2. 양파는 한입 크기로 썰고 양송이버섯은 모양을 살려 썬다. 브로콜리는 한입 크기로 썰고, 마늘은 편으로 썬다.
3. 분량의 양념장 재료는 모두 섞어둔다.
   > 매운맛은 칠리소스의 양으로 조절하고 좀 더 강한 매운맛을 원하면 청양고추를 다져 넣어도 좋아요.
4. 달군 팬에 기름을 두르고 마늘을 넣어 노릇하게 굽다가 마늘이 노릇하게 익으면 새우와 양파, 버섯, 브로콜리를 넣고 센 불에서 볶는다.
5. 새우가 반쯤 익으면 양념장을 모두 넣어 타지 않게 볶는다.
6. 새우가 다 익고 양념이 걸쭉해지면 참깨와 참기름을 뿌리고 따뜻한 밥 위에 얹어 낸다.

★ 미리 손질해 냉동한 채소가 있다면 요리에 바로 사용하세요.

장조림버터비빔밥

10 min

Week 3
봄

금요일
아침

분식점 인기 메뉴인 장조림버터비빔밥은 바쁜 아침 간단하게 준비해서 먹고 가기 좋은 요리랍니다.
미리 만들어둔 장조림을 활용해서 달걀과 버터만 있으면 한 그릇 뚝딱 만들어지는 아주 쉬운 요리지요.
짭짤한 장조림과 고소한 버터로 밥을 비비면 어른, 아이 할 것 없이 모두가 좋아하는 맛있는 비빔밥이 됩니다.

Ingredient

재료 — 장조림 100g(p.88 참조), 밥 4공기, 버터 4큰술, 달걀 4개, 후리가케 4봉지, 장조림 국물 적당량

How to make

1. 장조림은 잘게 찢어둔다.
2. 달걀은 미리 풀어두고 기름을 살짝 두른 팬에 올려 스크램블에그를 만든다.
  ↳ 달걀은 완전히 익히지 않고 80% 정도 익었을 때 불에서 내려야 부드럽고 촉촉해요.
3. 그릇에 따뜻한 밥을 반 담은 뒤 그 위에 버터를 올리고 다시 밥을 반 담는다.
4. 밥 위에 스크램블에그, 장조림을 올리고 장조림 국물을 뿌린 뒤 후리가케를 뿌려 완성한다.

20 min

바지락와인찜

Week 3
봄

금요일 저녁

바지락은 사시사철 구할 수 있지만 제철인 봄에 먹으면 살이 통통하게 올라 맛이 더 좋아요.
봄에는 가격도 싸기 때문에 넉넉하게 구입해서 다양한 요리에 활용하세요. 바지락와인찜은 만들기도
쉽고 재료도 많지 않아 특별한 날 와인과 함께 곁들이며 저녁으로 먹기에 좋은 메뉴랍니다.
그냥 먹어도 좋고 좀 더 든든하게 먹고 싶을 때는 스파게티 면을 삶아 함께 볶아 먹어도 좋아요.

Ingredient

재료 — 바지락 400g(p.97 해감하기 참조), 마늘 5쪽, 브로콜리 1/3송이, 청양고추 1~2개, 페페론치노 4개, 올리브유 3큰술, 버터 1큰술, 화이트와인 1컵

(페페론치노는 이탈리아 요리에 쓰이는 매운 고추예요. 마트에서 쉽게 구할 수 있어요. 없을 때는 베트남 고추나 우리나라 건고추를 사용해도 좋아요.)

How to make

1. 바지락은 해감을 한 뒤 깨끗하게 씻어둔다.
    → 물이 담긴 봉지에 든 바지락은 따로 해감이 필요 없어요.
2. 브로콜리는 먹기 좋은 크기로 잘라 깨끗하게 씻어두고 고추는 송송 썰고 페페론치노는 반으로 잘라둔다.
3. 팬에 올리브유를 두르고 마늘을 넣어 노릇하게 굽는다.
4. 마늘이 구워지면 페페론치노와 바지락을 넣고 센 불에서 한 번 볶은 다음 화이트와인을 넣고 뚜껑을 덮어 중약불에서 조개가 입을 벌릴 때까지 익힌다.
5. 조개가 입을 벌리면 뚜껑을 열고 브로콜리와 고추, 버터를 넣고 후춧가루를 뿌린 뒤 1~2분 정도 더 익혀 완성한다. 부족한 간은 소금으로 조절하세요.

15 min
크로크무슈

Week 3
봄

토요일
아침

프랑스식 샌드위치의 일종인 크로크무슈는 화이트소스를 발라 구운 샌드위치를 말해요.
화이트소스를 만드는 것이 자칫 번거로울 수 있기 때문에 시판 수프를 이용해서 간단하게 만드는
방법을 소개해드려요. 크로크무슈에 반숙 달걀을 올린 것을 크로크마담이라고 부른답니다.
취향에 따라 만들어 주말 아침 여유로운 브런치로 즐겨보세요.

Ingredient

재료 — 식빵 8장, 슬라이스치즈 4장, 슬라이스햄 8장, 시판 수프 40g, 양파 1/4개, 우유 1.5컵, 모차렐라치즈 2컵, 버터 1큰술,
후춧가루·파슬리가루 적당량씩

How to make

1 냄비에 버터를 녹이고 잘게 다진 양파를 넣어 볶는다.
2 양파가 투명하게 볶아지면 미리 우유에 개어둔 수프를 넣고 저어가며 약한 불에서 끓인다.
  걸쭉한 상태가 되면 후춧가루를 뿌려 불에서 내린다.
3 식빵에 2의 수프를 바르고 그 위에 슬라이스치즈와 슬라이스햄을 올리고 식빵으로 덮는다.
4 식빵 위에 다시 2의 수프를 듬뿍 바르고 피자치즈를 올리고 파슬리가루를 뿌린 뒤 200℃로
  예열한 오븐에 5분 정도 굽는다.
    ↪ 오븐이 없을 경우에는 치즈가 녹을 정도로만 전자레인지에 돌려주세요. 취향에 따라 반숙 달걀프라이를 올려도 좋아요.

새우까수엘라 (깜바스 알 아히요)

25 min

Week 3
봄

까수엘라는 스페인어로 '작은 냄비'라는 뜻이에요. 스페인 요리로 올리브유에 마늘, 새우, 고추 등을
넣고 끓인 요리를 말하지요. 올리브유가 넉넉하게 들어가는 요리라서 맛이 어떨까 궁금하시죠?
빵을 찍어 먹으면 상상했던 것과는 전혀 다른 고소하면서도 특유의 감칠맛을 느낄 수 있답니다.
맛있는 새우까수엘라로 스페인의 맛을 느껴보세요.

Ingredient

재료 — 올리브유 2컵, 마늘 7~8쪽, 페페론치노 4개(또는 건고추), 새우살 400g, 양송이버섯 4개, 월계수잎 2장,
생강술 1큰술, 소금·후춧가루 적당량씩

↳ 미리 손질해 냉동한 새우는 전날 냉장실로 옮겨 해동하거나 요리에 바로 사용하세요.

How to make

1 새우살은 가볍게 씻어서 생강술을 뿌려 잠시 둔다.
2 마늘은 편으로 썰고 양송이버섯도 모양을 살려 썬다. 페페론치노는 반을 자른다.
3 무쇠 팬에 올리브유를 붓고 마늘, 페페론치노, 월계수잎을 넣어 중약불에서 끓인다.
   ↳ 올리브유는 발연점이 낮기 때문에 센 불에서 급하게 끓이면 좋지 않아요. 약한 불에서 서서히 끓여요. 올리브유의
   맛이 요리의 맛을 좌우하기 때문에 질 좋은 올리브유를 사용하는 것이 좋아요.
4 기름이 끓기 시작하면 새우와 양송이버섯을 넣어 약한 불에서 끓인다.
5 새우가 익을 때쯤 소금, 후춧가루를 뿌려 간을 하고 허브가루가 있다면 뿌려도 좋다.
   완성된 까수엘라에 빵을 곁들여 먹는다.

봄

Week 4
MENU PLAN

아침 **저녁**

| 월요일 | 딸기뮤즐리 요거트  | 봄동된장국  |

| 화요일 | 양상추쇠고기쌈밥  | 더덕무침  |

| 수요일 | 과일오픈샌드위치  | 더덕구이  |

| 목요일 | 쇠고기연근밥전  | 오징어덮밥  |

| 금요일 | 쇠고기떡볶이  | 통오징어구이  |

| 토요일 | 봄동무침 + 오징어숙회  | 더덕비빔밥  |

★ 일요일에는 냉장고 속을 살펴 유통기한이 얼마 안 남은 식재료나 갑자기 생긴 외식 등으로 남은 식재료로 나만의 냉장고 정리용 메뉴를 만들어보세요.

Week 4
SHOPPING

하얀 접시에 담기만 해도 식탁 위를 화사하게 해주는 봄 딸기를 마음껏 즐겨보세요. 딸기를 듬뿍 넣은 딸기뮤즐리, 과일샌드위치 등으로 화사한 식탁이 펼쳐집니다. 제철에만 먹을 수 있는 고소한 봄동으로는 봄동된장국, 봄동무침도 만들었답니다. 한창 향이 좋은 더덕은 더덕무침과 구이로도 먹고, 더덕무침을 활용한 더덕비빔밥까지 간단하면서도 풍성한 식탁을 차려보세요.

채소/과일류		가공식품	고기/달걀류
딸기 1팩	어린잎채소 1팩	가래떡 400g	다진 쇠고기 400g
봄동 450g	피망 1개	식빵 6장	달걀 2개
양상추 1/2통	청오이 1개	뮤즐리 1팩	
연근 500g	바나나 1개	플레인 요거트 4팩	수산물
더덕 600~700g	키위 2개	크림치즈 1통	오징어 4마리
양파 2개	귤(또는 오렌지) 2개	멸치다시팩 1팩	바지락 100g
당근 1개	대파 2대		
애호박 1개	청·홍고추 1개씩		
표고버섯 4개	블루베리 적당량		

★ 상기 이미지는 이번 주 장 보기의 예시입니다. 각 재료는 상황에 맞게 구입하세요.

일주일이 편한 주말 재료 손질

양상추쇠고기쌈밥, 쇠고기연근밥전, 쇠고기떡볶이, 더덕비빔밥용 다진 쇠고기볶음 만들기

재료 : 다진 쇠고기 400g
양념 : 간장 4큰술, 설탕 1큰술 + 1작은술, 생강술 2큰술, 다진 마늘 1큰술, 다진 파 2큰술, 물엿 1큰술, 참깨·참기름·후춧가루 적당량씩

1. 볼에 분량의 양념장과 다진 쇠고기를 넣어 버무린다.
2. 달군 팬에 양념한 쇠고기를 넣어 볶는다.
3. 고기가 다 익으면 물엿을 넣고 물기가 없이 바싹 볶은 뒤 참깨와 참기름을 뿌린다.
4. 볶은 쇠고기는 완전히 식힌 뒤 밀폐 용기에 담아 냉동 보관한다.

더덕무침, 더덕구이, 더덕비빔밥용 더덕 손질하기 (500g 정도)

1. 더덕은 겉에 묻은 흙은 가볍게 흐르는 물에 씻은 뒤 뜨거운 물에 20초 정도 담갔다가 꺼내 찬물에 헹군다.
2. 사과 깎듯이 칼로 돌려가며 껍질을 벗기고 깨끗하게 씻는다.

   더덕은 진액이 나오기 때문에 껍질을 벗길 때 장갑을 끼는 것이 좋아요. 뜨거운 물에 잠시 담갔다가 까면 진액도 안 나오고 훨씬 쉽게 껍질을 벗길 수 있어요.
3. 더덕은 길이로 반을 잘라 방망이로 가볍게 두드리듯 문질러 넓게 편다.

   더덕을 너무 세게 두드리면 부스러지기 때문에 방망이로 가볍게 두드리다가 문지르듯이 펴주는 것이 좋아요.
4. 손질한 더덕에 간장과 참기름을 1:1로 섞은 것을 붓으로 바른다.
5. 밀폐 용기에 담아 냉장 보관한다.

주말
30분 준비

주말 재료 손질은 선택 사항이므로 부담 갖지는 마세요.
미리 할 시간이 없다면 재료 손질만 참고하세요.
다만, 주말에 30~40분만 투자하면 일주일이 편합니다.

☆쇠고기연근밥전, 밑반찬용☆ 연근조림 만들기

재료 : 연근 500g, 식초 2큰술, 물엿 3큰술, 참깨·참기름 적당량씩
양념 : 물 2컵, 간장 5큰술, 설탕 2큰술, 맛술 2큰술, 식용유 1큰술

1. 연근은 껍질을 벗기고 동그란 모양을 살려 썬다.
2. 냄비에 물을 붓고 식초를 뿌린 뒤 연근을 넣고 삶는다. 물이 끓기 시작하면 1분 정도 데친 뒤 찬물에 헹궈 연근만 체에 밭쳐둔다.
   식초를 넣어야 색이 변하는 것을 막고 탄닌 성분도 빠져 아린 맛이 없어져요.
3. 냄비에 분량의 양념장을 모두 넣고 데친 연근을 넣어 1시간 정도 약불에서 푹 조린다.
4. 국물이 거의 남지 않게 조려지면 물엿과 참깨, 참기름을 넣고 센 불에서 조려 완성한다.
5. 밀폐 용기에 담아 냉장 보관한다.

☆오징어덮밥, 통오징어구이, 오징어숙회용☆ 오징어 손질하기

오징어는 내장을 빼고 손질해서 깨끗이 씻어 용도별로 비닐 팩에 담아 냉동 보관한다.

딸기뮤즐리요거트

5 min

Week 4
봄

월요일

아침

뮤즐리(muesli)는 스위스에서 먹는 통귀리와 다른 곡류, 생과일이나 말린 과일, 견과류를 혼합해 만든 아침 식사용 시리얼을 말해요. 요즘에는 우리나라에서도 시리얼 코너에 다양한 종류가 있답니다. 보통의 시리얼에 비해 다양한 곡류가 들어 있기 때문에 좀 더 영양이 풍부하고 건강하게 먹을 수 있지요. 우유 대신 플레인 요거트와 산뜻한 딸기를 곁들여 먹으면 영양 가득하고 간편한 아침 식사가 된답니다.

1 2 3

Ingredient

재료 — 뮤즐리 4컵, 딸기 1/3팩, 플레인 요거트 4팩, 꿀 4큰술(생략 가능)

How to make

1 딸기는 깨끗이 씻어서 물기를 닦아내고 꼭지는 떼어낸 다음 먹기 좋은 크기로 썬다.
2 그릇에 플레인 요거트를 담고 꿀을 뿌린다.
3 요거트에 뮤즐리와 딸기를 얹어 낸다.

봄동된장국

20 min

Week 4
봄

추운 겨울 노지에서 찬바람을 맞으며 자란 봄동은 단맛이 강해 생채로 만들거나
국으로 끓여 먹는 봄철 대표 채소 중 하나입니다. 특히나 봄동으로 국을 끓이면 달콤한 맛이 우러나와
맛있는 된장국이 끓여져요. 봄동된장국으로 봄 향기 가득한 식탁을 차려보세요.

Ingredient

재료 — 봄동 250g, 바지락 100g, 양파 1/4개, 대파 1/3대, 청·홍고추 1/2개씩, 멸치다시팩 1개(물 6컵), 된장 2큰술, 국간장 1큰술, 다진 마늘 1작은술, 고춧가루 1큰술

↳ 미리 손질해 냉동한 봄동과 바지락은 요리에 바로 사용하세요.

How to make

1. 봄동은 한 잎씩 떼어 깨끗이 씻고 먹기 좋은 3cm 정도의 길이로 썬다.
2. 양파는 채썰고 대파와 고추는 어슷 썬다. 바지락은 해감한 뒤 깨끗이 씻어둔다.
3. 냄비에 물과 멸치다시팩을 넣고 끓인다. 5분 정도 끓여 육수가 우러나오면 된장을 풀어 끓인다.
4. 육수가 끓기 시작하면 손질한 봄동과 양파를 넣어 10분 정도 끓인다.
5. 봄동이 무르게 익으면 바지락을 넣고 다진 마늘, 고춧가루, 국간장을 넣어 간한다. 마지막으로 대파와 청·홍고추를 넣어 완성한다.

↳ 달래를 마지막에 넣어 함께 끓여도 좋아요.

양상추쇠고기쌈밥

15 min

Week 4
봄

화요일
아침

양념해서 볶아 다진 쇠고기는 미리 넉넉하게 만들어서 소분해 냉동해두면 바쁜 아침에 요긴하게 쓰인답니다.
가볍게 주먹밥을 만들어도 좋고 다양한 요리에 활용하기 좋아 저는 늘 냉동실에 준비해두고 있지요.
양상추쇠고기쌈밥은 아삭한 양상추에 다진 쇠고기볶음을 곁들여 먹는 건강요리예요. 상추에 싸는 쌈밥과는
다르게 양상추의 아삭함과 쇠고기의 감칠맛이 잘 어우러져 특별한 아침 식사가 된답니다.

Ingredient

재료 — 양상추 1/4통, 양파 1/4개, 피망 1/4개, 다진 쇠고기볶음 100g(p.116 참조), 밥 2공기,
참깨 · 참기름 · 소금 적당량씩

How to make

1. 양파와 피망은 잘게 다지듯 네모난 모양을 살려 썬다. 양상추는 씻어서 한입 크기로 동그란 모양을 살려 뜯는다.
2. 달군 팬에 기름을 두르고 센 불에서 양파와 피망을 넣어 30초만 볶은 뒤 미리 만들었던 볶은 쇠고기를 넣고 섞은 뒤 불에서 내린다.
   ↪ 양파와 피망은 물이 나오지 않게 센 불에서 가볍게 볶아주세요.
3. 따뜻한 밥에 소금과 참깨, 참기름을 넣고 섞어 밑간을 한다.
4. 양상추 위에 밥을 한입 크기로 올린 뒤 볶은 쇠고기를 올려 낸다.

Week 4
봄

더덕무침 15 min

화요일
저녁

꼭 특별한 요리가 아니더라도 주말에 만들었던 연근조림과 미리 손질해두었던 더덕을 매콤한 양념에 버무리면 소박한 한 끼 식사가 준비되지요. 특히 봄철에 나오는 더덕은 맛과 향이 좋아 다양한 요리로 자주 만들어 먹어요. 오이와 함께 매콤한 양념에 버무려두면 입맛 돋우는 맛있는 반찬이 된답니다.

Ingredient

재료 — 손질한 더덕 200g(p.116 참조), 청오이 1개, 굵은소금 1/2큰술, 참깨·참기름 적당량씩

양념 — 고춧가루 2큰술, 고추장 2큰술, 간장 1.5큰술, 식초 3큰술, 설탕 1작은술, 매실청 2큰술, 다진 마늘 1/2큰술, 다진 파 1큰술

How to make

1. 청오이는 깨끗하게 씻어 길이로 반을 갈라 어슷 썬다.
2. 1에 소금을 뿌린 뒤 물을 1~2큰술 뿌려 10분 정도 절인 다음 물기를 꼭 짜서 둔다.
3. 미리 손질했던 더덕은 먹기 좋은 크기로 찢어둔다.
4. 분량의 양념장 재료는 모두 섞어둔다.
5. 볼에 더덕, 절인 오이를 넣고 양념장을 넣어 버무려 양념이 고루 배면 참깨와 참기름을 뿌려 완성한다.

★ 연근조림(p.117 참조)도 함께 내면 좋아요.

과일오픈샌드위치

10 min

Week 4
봄

수요일
아침

빵과 함께 맛있는 과일을 먹을 수 있는 과일샌드위치예요. 과일을 빵 사이에 넣지 않고 빵 위에 올린
오픈 샌드위치라 보기만 해도 알록달록하고 예쁜 모습이 눈길을 사로잡지요.
부드러운 크림치즈를 듬뿍 바르고 다양한 과일을 함께 먹을 수 있어 바쁜 아침에 간단하게 먹을 수 있는 영양식이에요.

Ingredient

재료 — 식빵 6장, 크림치즈 6큰술, 딸기 6개, 키위 2개, 바나나 1개, 귤(또는 오렌지) 2개, 블루베리 적당량

How to make

1 딸기는 씻어서 꼭지를 따고 1cm 두께로 썬다. 바나나와 키위도 껍질을 벗겨 동그란 모양을 살려 1cm 두께로 썬다.
2 식빵은 토스터나 팬으로 노릇하게 굽는다.
3 구운 식빵의 한쪽 면 위에 크림치즈를 펴 바른다.
4 크림치즈 바른 식빵 위에 과일을 골고루 올린 뒤 질긴 테두리 부분은 잘라내고 먹기 좋게 썰어 낸다.

↳ 레시피 이외의 다양한 과일을 활용하세요. 호두나 아몬드 등 견과류를 곁들여도 좋아요.

더덕구이 20 min

Week 4
봄

더덕구이는 향긋한 더덕의 맛을 그대로 맛볼 수 있는 요리로 제철인 봄에는 고기보다 더 맛이 좋아 자주해 먹는 요리랍니다. 주말에 밑간해둔 더덕은 일주일 정도는 냉장실에 보관해도 문제가 없기 때문에 미리 넉넉히 만들어두었다가 식사 전에 구워 먹으면 좋아요. 구울 때는 식용유에 참기름을 더하면 고소한 맛이 더 풍부해져요.

Ingredient

재료 — 손질한 더덕 300g(p.116 참조)
양념 — 고추장 2.5큰술, 고춧가루 1큰술, 간장 2작은술, 매실청 1큰술, 다진 파 2큰술, 다진 마늘 1작은술, 설탕 1/2큰술, 물엿 1큰술, 참기름 1/2큰술, 깨소금 1작은술

How to make

1 분량의 양념장은 미리 섞어둔다.
2 미리 밑간한 더덕에 만들어둔 양념장을 앞뒤로 넉넉히 바른다.
    → 양념장 바른 더덕은 냉장고에 2~3일 정도 두고 먹어도 좋아요.
3 팬에 식용유와 참기름을 섞어 두르고 양념한 더덕을 올려 앞뒤로 노릇하게 굽는다.
    → 더덕의 양념이 타지 않게 약한 불에서 구우세요. 석쇠에 올려 직화로 구우면 더 맛있어요.

15 min
쇠고기연근밥전

Week 4
봄

목요일
아침

가끔씩 아침에 찬밥밖에 남아 있지 않아 난감할 때가 있지요. 밥을 새로 하자니 시간은 없고 찬밥을 먹자니 마음이 편치 않을 때 냉동실에 있는 볶은 쇠고기와 자투리 채소를 이용해 밥전을 만들어보세요.
특히 냉동실에 쟁여둔 볶음밥 채소를 활용하면 맛있고 영양 가득한 밥전을 만들 수 있답니다.
먹기 간편하고 맛과 영양은 최고인 아침 식사가 될 거예요.

Ingredient

재료 — 다진 쇠고기볶음 50g(p.116 참조), 연근조림 60g, 양파 1/4개, 당근 1/4개, 애호박 1/4개, 밥 2공기, 달걀 2개, 소금·후춧가루 적당량씩

How to make

1. 연근조림, 양파, 당근, 애호박은 잘게 다진다.
2. 볼에 밥, 다진 쇠고기볶음, 다진 채소를 모두 넣고 가볍게 섞는다.
3. 2에 달걀과 소금, 후춧가루를 넣고 잘 섞는다.
4. 달군 팬에 기름을 넉넉히 두르고 중약불에서 3의 반죽을 한 수저씩 떠 올려 한입 크기로 전을 부친다.

★ 다진 채소는 주말을 이용해서 미리 손질해 냉동해두면 아침 준비가 빨라져요. 냉동한 채소는 요리에 바로 사용하세요.

오징어덮밥

영양 많고 맛도 좋은 오징어는 우리 집 식탁에 자주 오르는 단골 식재료입니다. 그중에서도 매콤하게 볶은 오징어를 따뜻한 밥 위에 얹어 비벼 먹는 오징어덮밥은 인기가 최고이지요. 쫄깃한 오징어를 표고버섯과 함께 볶아 버섯의 향까지 더해 맛있답니다. 오늘 저녁에는 매콤한 오징어덮밥으로 가족들 입맛을 저격해보세요.

Week 4
봄

목요일
저녁

Ingredient

재료 — 밥 4공기, 오징어 2마리(p.117 참조), 양파 1/2개, 표고버섯 2개, 대파 1/3대, 물엿 1큰술, 참깨 · 참기름 적당량씩
양념장 — 고추장 2큰술, 고춧가루 1.5큰술, 다진 마늘 2작은술, 다진 파 2큰술, 설탕 2작은술, 간장 1.5큰술, 생강술 2큰술

How to make

1 오징어는 동그란 모양을 살려 썬다. 분량의 양념장 재료는 모두 섞어둔다.
2 양파는 채썰고 표고버섯은 밑동을 잘라 썰고 대파는 어슷하게 썬다.
3 달군 팬에 기름을 두르고 오징어를 넣어 센 불에서 가볍게 볶다가 양파와 표고버섯을 넣고 살짝 볶는다.
4 오징어의 껍질 색이 변하면 양념장을 넣어 타지 않게 잘 섞어가며 볶는다.
5 오징어가 다 익으면 대파, 참깨, 참기름을 넣어 섞어 불에서 내리고 따뜻한 밥 위에 얹어 낸다.

→ 오징어는 너무 오래 볶으면 수분이 빠져나와 질겨지고 국물이 흥건해집니다. 센 불에서 재빠르게 볶는 것이 좋아요.

★ 미리 손질해 냉동한 오징어는 전날 냉장실에서 해동하세요.

15 min

쇠고기떡볶이

'아침부터 떡볶이를?'이라고 생각하겠지만 각종 채소와 양념해서 볶아둔 쇠고기를 이용하면 바쁜 아침에도 맛있는 궁중떡볶이를 만들 수 있답니다. 매운맛이 아니라 속에 부담되지 않고 각종 채소와 떡까지 골고루 먹을 수 있는 영양 가득한 아침 식사예요. 아침에 밥을 먹기 싫어하는 아이들을 위한 특별식으로도 좋답니다.

Week 4
봄

Ingredient

재료 — 가래떡 400g, 다진 쇠고기볶음 70g(p.116 참조), 양파 1/3개, 당근 1/4개, 애호박 1/4개, 표고버섯 2개, 참깨·참기름 적당량씩

양념장 — 간장 3큰술, 설탕 2작은술, 다진 파 2큰술, 다진 마늘 1/2큰술, 맛술 1큰술, 후춧가루 적당량

How to make

1 가래떡은 찬물에 살짝 담갔다 꺼내 물기를 빼고 미리 볶아두었던 쇠고기도 준비한다.
   → 냉동 가래떡은 뜨거운 물에 데쳐서 사용하세요.
2 양파는 도톰하게 채썰고 당근과 애호박은 반달 모양으로 썬다. 표고버섯도 밑동을 자르고 썬다.
3 분량의 양념장 재료는 모두 섞어둔다.
   → 바쁠 때는 시판 불고기나 갈비찜 양념을 사용해도 좋아요.
4 달군 팬에 기름을 두르고 채소를 넣어 센 불에서 가볍게 볶는다.
5 양파가 투명하게 볶아지면 가래떡과 볶은 쇠고기, 양념장을 넣어 양념이 타지 않게 볶다가 떡이 부드럽게 볶아지고 양념이 배면 참깨와 참기름을 넣어 완성한다.

통오징어구이

15 min

Week 4
봄

금요일 저녁

통오징어구이는 오징어를 자르지 않고 통으로 매콤한 양념에 재워 굽는 요리로 특별할 것 없지만 막상 만들고 보면 꽤 그럴싸해 보이는 요리랍니다. 주말에 넉넉하게 구워서 밥반찬으로 먹어도 맛있고 술안주로 먹어도 좋아요. 간단한 샐러드 채소나 버섯을 구워 곁들여도 좋아요.

Ingredient

재료 — 오징어 1마리, 버터 1큰술, 참깨·참기름 적당량씩, 샐러드 채소 적당량
  ↳ 미리 손질해 냉동한 오징어는 전날 냉장실로 옮겨 해동하세요.

양념장 — 고추장 2큰술, 고춧가루 1큰술, 간장 1큰술, 설탕 2작은술, 다진 파 1큰술, 다진 마늘 1작은술, 물엿 1큰술, 생강술 1큰술, 후춧가루 적당량
  ↳ 양념장은 중간 크기의 오징어에 조금 넉넉한 양입니다. 작은 크기의 오징어 2마리까지 가능해요.

How to make

1. 오징어는 내장을 빼고 손질해서 씻은 다음 몸통에 양옆으로 칼집을 낸다.
2. 분량의 양념장 재료를 모두 섞어둔다.
3. 손질한 오징어에 미리 만들어둔 양념장을 넣고 버무려 잠시 재워둔다.
4. 팬에 버터를 녹이고 양념한 오징어를 올리고 타지 않게 양념을 끼얹어가며 굽는다.
   ↳ 식용유에 굽는 것보다 버터에 굽는 것이 고소한 향까지 더해져 훨씬 맛있어요. 버터가 없을 때는 마요네즈를 팬에 올려 구워주는 것도 좋아요.
5. 오징어가 다 익으면 참깨와 참기름을 뿌려 완성하고 접시에 담은 뒤 샐러드 채소를 곁들여 낸다.

봄동무침＋오징어숙회

20 min

Week 4
봄

토요일
아침

주말 아침에 조금 여유가 있다면 그럴싸한 집밥을 차려보는 건 어떨까요?
엄마의 정성이 가득한 따뜻한 밥상을 받아보는 것도 가족들에게 큰 행복이 될 거예요.
봄동이 한창 나올 때 양념에 무쳐 내면 달큼한 봄동의 맛이 입맛을 돌게 합니다.
여기에 오징어를 숙회로 데쳐 함께 곁들여 먹으면 봄 느낌 물씬 풍기는 정성스러운 밥상이 차려집니다.

Ingredient

재료 — 봄동 200g, 오징어 1마리, 참깨·참기름 적당량씩

양념 — 고춧가루 1.5큰술, 까나리액젓 1.5큰술, 매실청 2큰술, 다진 마늘 1/2큰술, 식초 2작은술

↳ 미리 손질해 냉동한 오징어는 전날 냉장실로 옮겨 해동해서 사용하세요.

How to make

1. 봄동은 한 잎씩 떼어 깨끗이 씻고 먹기 좋은 크기로 썬다.
2. 봄동을 볼에 담고 분량의 양념을 넣고 가볍게 버무린 다음 참깨와 참기름을 뿌려 접시에 담는다.
3. 오징어는 껍질을 벗기고 가로와 세로 방향으로 칼집을 낸다.
4. 뜨거운 물에 손질한 오징어를 넣고 데친다. 한 김 식힌 후 한입 크기로 썰어서 봄동 무침과 곁들여 낸다.

↳ 오징어는 오래 데치면 질겨집니다. 익으면 바로 꺼내서 씻지 않고 그대로 식힙니다.

더덕비빔밥

25 min

Week 4
봄

토요일 저녁

주말에 간단히 저녁을 해결하고 싶다면 냉장고에 있는 반찬을 활용해서 비빔밥을 만들어보는 것도 좋은 방법이에요. 꼭 다양한 나물이 아니더라도 주재료 한 가지를 강조한 비빔밥을 만들어도 좋답니다. 특히 이번 주에는 주초에 만들어둔 맛있는 더덕무침과 어린잎채소를 곁들여보세요. 냉장고에 있는 나물과 달걀프라이를 더하면 좀 더 푸짐한 비빔밥이 되겠지요.

Ingredient

재료 — 밥 4공기, 더덕무침 1컵 정도(p.116 참조), 어린잎채소 50g, 다진 쇠고기볶음 70g(p.116 참조), 참깨·참기름·고추장 적당량씩

How to make

1. 어린잎채소는 씻어서 체에 밭쳐 물기를 뺀다.
2. 미리 만들어두었던 더덕무침과 볶은 쇠고기도 준비한다.
3. 그릇에 밥을 담고 더덕무침과 준비한 재료를 모두 올리고 참깨와 참기름을 뿌린다. 고추장을 곁들여 낸다.

   → 더덕무침에 양념이 되어 있기 때문에 고추장은 취향에 따라 넣어 드세요.

여름

Week 1
MENU PLAN

	아침		저녁	
월요일	깻잎쌈밥		연어구이덮밥	
화요일	채소카레라이스		돼지불고기	
수요일	감자샐러드토스트		카레소스목살구이	
목요일	감자달걀국		마파가지덮밥	
금요일	돼지불고기 토마토소스덮밥		가지양념찜	
토요일	브로콜리샐러드+ 토스트		연어스테이크	

★ 일요일에는 냉장고 속을 살펴 유통기한이 얼마 안 남은 식재료나 갑자기 생긴 외식 등으로 남은 식재료로 나만의 냉장고 정리용 메뉴를 만들어보세요.

Week 1
SHOPPING

더운 여름이 시작되면 입맛을 잃고 체력도 약해지기 마련이에요. 그래서 몸의 기력에 도움이 될 수 있도록 단백질이 풍부한 연어와 돼지불고기로 식단을 짰답니다. 여름이면 한창 맛있는 감자와 가지 등의 채소를 풍부하게 이용하는 감자샐러드, 감자달걀국, 채소카레, 마파가지덮밥, 가지양념찜 등 영양 많고 다양한 이 계절을 풍성하게 만나보세요.

채소/과일류	가공식품	수산물	고기/달걀류
감자 6개	카레가루 2봉지	연어 1.2kg	돼지 목살 400g
브로콜리 2개	토마토소스 1병		돼지고기 불고기감 600g
깻잎 100장 정도	식빵 8장		다진 돼지고기 100g
가지 4개	베이컨 4줄		달걀 3개
어린잎채소 1팩	치즈 2장		
양파 3개	모차렐라치즈 1컵		
당근 1개	멸치다시팩 1개		
대파 1/2단	케이퍼 적당량		
레몬 1개			
마늘 6쪽			

★ 상기 이미지는 이번 주 장 보기의 예시입니다. 각 재료는 상황에 맞게 구입하세요.

일주일이 편한 주말 재료 손질

카레소스목살구이용 돼지목살 손질

재료 : 돼지 목살 400g, 소금·후춧가루 적당량씩

돼지 목살을 고르게 펴서 소금과 후춧가루로 밑간하여 비닐 팩에 담아 냉동 보관하세요.

돼지불고기, 돼지고기토마토소스덮밥용 돼지고기 양념하기

재료 : 돼지고기 600g
양념 : 간장 5큰술, 다진 마늘 1큰술, 생강술 2큰술, 설탕 2큰술, 후춧가루 적당량

양념을 잘 섞어 돼지고기에 간이 잘 배도록 골고루 버무린 다음 400g, 200g으로 소분하여 비닐 팩에 담아 냉동 보관하세요.

연어구이덮밥, 연어스테이크용 연어 손질하기

연어구이덮밥용은 먹기 좋은 크기로 잘라 레몬즙을 뿌리고 비닐 팩에 담아 냉동 보관하세요.
연어스테이크용은 레몬즙을 뿌리고 비닐 팩에 담아 냉동 보관하세요.

마파가지덮밥용 다진 돼지고기 손질하기

다진 돼지고기는 고르게 펴서 비닐 팩에 담아 냉동 보관하세요.

주말 재료 손질은 선택 사항이므로 부담 갖지는 마세요.
미리 할 시간이 없다면 재료 손질만 참고하세요.
다만, 주말에 30~40분만 투자하면 일주일이 편하답니다.

주말 30분 준비

깻잎쌈밥, 밑반찬용 깻잎절임 만들기

재료 : 깻잎 100장, 마늘 3쪽, 대파 1/2대, 건고추 1개
양념 : 간장 1/2컵, 물(또는 멸치다시국물) 1컵, 식초 1/4컵, 설탕 2.5큰술, 맛술 1큰술

1. 깻잎은 깨끗이 씻은 뒤 차곡차곡 정리해서 물기를 빼둔다.
2. 마늘은 편으로 썰고 대파는 4cm 길이로 썰어 반을 가른다. 건고추는 가볍게 씻은 뒤 반을 갈라 속의 씨는 털어낸다.
3. 냄비에 분량의 간장 양념 재료를 모두 넣고 한소끔 끓인다.
4. 내열 용기에 씻은 깻잎을 담고 마늘, 대파, 고추를 넣은 다음
5. 4에 양념장을 붓는다.
6. 깻잎이 떠오르지 않게 그릇으로 눌러 반나절 실온에 두었다가 냉장 보관해서 먹는다.

감자샐러드토스트, 밑반찬용 감자샐러드 만들기

재료 : 감자 3개, 달걀 1개, 브로콜리 1/4송이, 마요네즈 4큰술, 설탕 1/2큰술, 소금 1/4작은술

   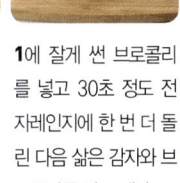  

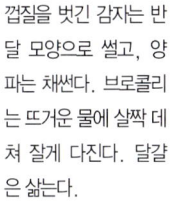

1. 껍질을 벗긴 감자는 반달 모양으로 썰고, 양파는 채썬다. 브로콜리는 뜨거운 물에 살짝 데쳐 잘게 다진다. 달걀은 삶는다.
2. 감자는 내열 그릇에 넣고 랩을 씌워 전자레인지에서 3분 정도 익힌다.
3. 1에 잘게 썬 브로콜리를 넣고 30초 정도 전자레인지에 한 번 더 돌린 다음 삶은 감자와 브로콜리를 잘 으깬다.
4. 삶은 달걀은 칼로 잘게 으깬다.
5. 볼에 으깬 감자와 브로콜리, 달걀을 넣은 다음 마요네즈, 소금, 설탕을 넣고 잘 버무린다.
6. 밀폐 용기에 담아 냉장 보관한다.

5 min

깻잎쌈밥

Week 1
여름

월요일

아침

여름에 많이 나는 깻잎은 활용도가 높은데요, 특히 양념장에 재워 밑반찬으로 먹어도 맛있고, 살짝 삶아 들기름에 볶아 먹어도 맛있지요. 그냥 쌈으로 싸 먹어도 맛있어요. 깻잎절임을 간장양념으로 깔끔하게 만들어 바쁜 아침에 밥에 싸서 먹으면 특별한 반찬 없이도 든든해 여름철 아침 메뉴로 좋답니다.

Ingredient

재료 — 깻잎절임 20장(p.145 참조), 밥 2공기, 약고추장(p.424 참조) 적당량(또는 고추장), 참깨·참기름 적당량씩

How to make

1. 따뜻한 밥에 참깨와 참기름을 넣고 가볍게 섞는다.
2. 미리 만들어둔 깻잎절임 위에 밥을 한입 크기로 뭉쳐 올리고 약고추장을 조금 바른다.
3. 깻잎으로 돌돌 말아 쌈밥을 만들어 완성한다.

15 min

연어구이덮밥

Week 1
여름

월요일

저녁

연어는 담백하고 영양가가 많아서 누구나 좋아하는 생선이에요. 연어구이덮밥은 연어를 굽고 간장양념에 조려 밥에 얹어 일식 느낌으로 간단하게 먹는 덮밥이에요. 어린잎채소와 양파를 듬뿍 올리면 푸짐해 보이면서도 맛있는 밥상이 됩니다.

Ingredient

재료 — 연어 400g(p.144 참조), 양파 1/4개, 어린잎채소 10g, 밥 4공기, 마늘 4쪽

연어 밑간 — 올리브유 1.5큰술, 소금·후춧가루 적당량씩

깨소스 — 참깨 1큰술, 검은깨 1/2큰술, 진간장 4큰술, 설탕 2작은술, 청주 1큰술, 물 2큰술, 물엿 1.5큰술, 후춧가루 적당량

↳ 미리 손질해 냉동한 연어는 전날 냉장실에서 해동하세요.

How to make

1. 연어는 한입 크기로 썰어 소금, 후춧가루를 뿌리고 올리브유를 발라 밑간한다.
2. 마늘은 편으로 썰고 양파는 얇게 채 썬다.
3. 분량의 소스는 미리 섞어둔다.
4. 달군 팬에 기름을 두르고 마늘을 넣어 굽다가 밑간한 연어를 올려 노릇하게 굽는다.
5. 연어가 다 익으면 분량의 깨소스를 붓고 살짝 조린다.
6. 따뜻한 밥 위에 구운 연어와 소스를 올리고 양파와 어린잎채소를 곁들인다.

10 min

채소카레라이스

Week 1
여름

카레는 건강에 좋고 부드러워 아침 식사로도 제격입니다. 카레의 강황 성분은 아이는
물론 어른들에게 꼭 필요한 좋은 성분이니 최대한 음식을 통해 자주 먹으면 좋습니다.
보통은 고기를 넣거나 해물을 넣어서 만들지만 바쁜 아침에는 미리 준비해둔 채소만으로 뚝딱 만들 수 있답니다.
고기를 넣지 않아 담백하고 채소 고유의 맛을 느낄 수 있어서 건강식으로도 추천해드려요.
물론 아이들이 고기를 좋아한다면 고기를 넣어도 좋고요.

Ingredient

재료 — 감자 1개, 당근 1/2개, 양파 1/2개, 브로콜리 1/4송이, 카레가루 1봉지, 버터 1큰술, 밥 4공기, 물 7컵

↳ 미리 손질해 냉동한 채소는 요리에 바로 사용하세요.

How to make

1 감자, 당근, 양파를 먹기 좋게 썰어 냄비에 넣고 버터와 함께 볶는다.
   ↳ 바쁜 아침에 빨리 만들고 싶다면 채소를 작게 잘라 익히는 시간을 줄일 수 있어요.
   ↳ 전날 저녁에 채소를 손질해놓으면 아침 준비가 빨라져요.
2 양파가 부드럽게 볶아지면 물을 붓고 감자가 완전히 익을 때까지 끓인다.
3 감자가 완전히 익으면 브로콜리를 넣고 카레가루를 풀어 걸쭉하게 될 때까지
   끓인다.
4 그릇에 밥을 담고 카레를 얹어 낸다.

돼지불고기

Week 1
여름

화요일
저녁

돼지불고기는 보통 돼지의 앞다리나 뒷다리 등의 저렴한 부위로 만들지만
돼지고기의 목살 부분을 얇게 썰어 불고기를 만들면 고소하면서도 감칠맛이 나서 더 맛있답니다.
미리 양념해서 냉동해두었던 불고기를 전날 냉장실로 옮겨 해동하여 바로 볶기만 해도 맛있어요.
양념한 돼지불고기를 냉동실에 쟁여놓으면 비상시에 요긴하게 만들어 먹을 수 있어 좋답니다.

Ingredient

재료 — 양념한 돼지불고기 400g(p.144 참조), 양파 1/2개, 대파 1대, 굴소스 1큰술, 물엿 1큰술, 소금·참깨·참기름 적당량씩

↪ 미리 양념해 냉동한 돼지불고기는 전날 냉장실로 옮겨 해동하세요.

How to make

1 양념한 돼지불고기는 해동하여 준비한다.
2 양파는 채썰고 대파는 어슷어슷 썬다.
3 달군 팬에 약간의 기름을 두르고 중불에서 양념한 돼지불고기를 넣어 볶는다.
4 돼지불고기가 반쯤 익으면 양파도 넣어 함께 볶는다.
5 굴소스와 물엿을 넣고 소금으로 간을 더 해준다.
6 불고기가 완전히 다 익으면 대파를 넣고 가볍게 볶는다. 참깨와 참기름을 더해 완성한다.
↪ 깻잎이나 파채가 있다면 채썰어 함께 곁들이면 좋아요.

7 min

감자샐러드토스트

감자샐러드는 든든해서 샌드위치나 토스트 속 재료로 이용하면 좋지요. 감자샐러드는 만드는 시간이 들기 때문에 미리 만들어 두면 바쁜 아침에 맛있는 토스트를 금방 만들 수 있습니다. 식빵 위에 샐러드를 쓱쓱 바르고 치즈만 올려 가볍게 굽기만 해도 든든하고 맛있는 토스트가 완성된답니다.

Week 1
여름

수요일
아침

Ingredient

재료 — 감자샐러드 1컵 정도(p.145 참조), 식빵 4장, 마요네즈 2큰술, 슬라이스치즈 2장, 모차렐라치즈 1컵
↳ 미리 손질해 만든 감자샐러드를 준비하세요.

How to make

1 식빵 위에 마요네즈를 얇게 펴 바른다.
   ↳ 달콤한 맛을 좋아한다면 잼을 발라도 좋아요.
2 1위에 감자샐러드를 펴 바른다.
3 감자샐러드 위에 슬라이스치즈와 모차렐라치즈를 올린다.
4 팬에 식빵을 올리고 뚜껑을 덮은 뒤 약한 불에 올려 3분 정도 구워 낸다.
   ↳ 모차렐라치즈가 녹을 정도로만 구우면 됩니다.

카레소스목살구이

15 min

Week 1
여름

수요일
저녁

돼지 목살을 단순하게 구워 먹기만 했다면 오늘은 좀 더 우아하게 먹어보는 것은 어떨까요?
패밀리 레스토랑에서처럼 구운 목살을 접시에 담고 샐러드 채소와 간단하게 만든 카레소스만으로도
특별하고 근사한 밥상을 차릴 수 있어요.

Ingredient

재료 — 돼지 목살 400g(p.144 참조), 양파 1/2개, 카레가루 4큰술, 물 1/2컵, 물엿 1큰술, 버터 1큰술, 소금·후춧가루 적당량씩
↳ 미리 손질해 냉동한 돼지 목살은 전날 냉장실로 옮겨 해동하세요.

How to make

1 돼지 목살은 소금과 후춧가루를 살짝 뿌려 밑간한다.
   ↳ 조금 더 부드럽게 먹고 싶다면 칼등으로 두드리거나 잔 칼집을 넣으세요.
2 달군 팬에 버터를 녹이고 밑간한 목살을 올려 노릇하게 구워 접시에 담는다.
3 고기를 구운 팬에 양파를 넣고 볶는다.
   ↳ 고기를 구운 팬을 그대로 사용하면 고기의 육즙이 채소에 배여 더 맛있어요.
4 양파가 부드럽게 볶아지면 카레가루와 물을 붓고 걸쭉하게 끓인 뒤 마지막에
   물엿을 넣어 윤기를 낸다.
5 접시에 밥과 고기를 담고 카레소스를 곁들인다.

15 min 감자달걀국

Week 1
여름

색다른 반찬이 없어도 아침에는 감자달걀국 하나면 충분하답니다. 감자와 달걀만 있으면
그야말로 뚝딱 만들 수 있지요. 엄마에게는 고마운 초간단 국입니다.

Ingredient

재료 — 감자 2개, 양파 1/4개, 대파 1/2대, 달걀 2개, 멸치다시팩 1개(물 4컵), 국간장 1큰술,
　　　　소금·후춧가루 적당량씩

How to make

1 감자는 도톰하게 썰고 양파는 채썬다. 대파는 어슷하게 썬다.
2 달걀에 물 약간과 소금을 넣고 풀어둔다.
3 냄비에 감자와 멸치다시팩과 물을 넣고 끓으면 멸치다시팩은 건져낸다.
　　　감자달걀국 채소를 미리 손질해 냉동한 재료는 요리에 바로 사용하세요.
4 감자가 익어갈 때쯤 양파를 넣은 뒤 달걀을 붓고 젓지 않고 그대로 끓인다.
5 국간장과 소금으로 간을 하고 대파를 올려 완성한다.

마파가지덮밥

12 min

마파두부 대신 제철 채소인 가지를 이용해서 마파가지덮밥을 만들었어요.
두반장이 있다면 중화요리 맛이 나겠지만, 여기서는 된장과 고추장을 이용하여 비슷한 맛이 나도록
만들었답니다. 제철 가지를 듬뿍, 맛있게 먹을 수 있는 간단한 요리랍니다.

Week 1
여름

목요일
저녁

Ingredient

재료 — 가지 1.5개, 다진 돼지고기 100g(p.144 참조), 양파 1/2개, 대파 1대, 생강술 1큰술, 녹말물 2큰술
(물 2큰술: 녹말가루 1큰술), 물 1/2컵, 참깨·참기름 적당량씩

양념 — 고춧가루 2작은술, 된장 1/2큰술, 간장 1큰술, 다진 마늘 1/2큰술, 굴소스 1큰술, 고추장 1작은술(또는 두반장), 후춧가루 적당량

How to make

1 가지는 먹기 좋게 썰어 소금에 절였다가 물기를 살짝 짜고, 양파는 잘게 썰고, 대파는 송송썬다. 냉동한 다진 돼지고기는 해동해서 준비한다.

2 달군 팬에 기름을 두르고 다진 마늘과 대파를 넣어 볶다가 대파가 향이 나게 볶아지면 돼지고기와 다진 양파를 넣고 생강술을 넣어 볶는다.

3 고기가 다 익어갈 때쯤 먹기 좋은 크기로 썬 가지를 넣어 볶는다.

4 미리 섞어두었던 양념을 넣고 물 또는 육수를 부어 끓인다.

5 양념이 고루 섞이고 소스가 끓으면 녹말물을 붓고 잘 저어 걸쭉하게 만든다.

6 참깨와 참기름을 넣고 섞어 향을 더한 뒤 따뜻한 밥 위에 얹어 낸다.

10 min

돼지불고기토마토소스덮밥

Week 1
여름

금요일 아침

'돼지불고기는 보통 볶아서 밥반찬으로 먹는다'는 생각에서 벗어나게 하는 새로운 요리예요.
시판 토마토소스를 활용하면 좀 더 맛있는 요리로 변신한답니다. 브로콜리와 양파를 듬뿍 넣고
고기와 함께 볶은 뒤 토마토소스를 곁들이면 새로운 맛의 돼지불고기덮밥을 만들 수 있습니다.

Ingredient

재료 — 돼지불고기 200g(p.144 참고), 브로콜리 1/4개, 양파 1/4개, 마늘 2쪽(편으로 썰기), 시판 토마토소스 1컵,
소금·후춧가루 적당량씩

↳ 미리 양념해서 냉동한 돼지불고기는 전날 냉장실로 옮겨 해동하세요.

How to make

1. 달군 팬에 기름을 두르고 편으로 썬 마늘을 넣고 볶다가 돼지불고기를 넣어 볶는다.
2. 고기가 반쯤 익으면 한입 크기로 썬 양파와 브로콜리도 넣고 소금과 후추로 살짝 간을 한 뒤 같이 볶는다.
3. 고기가 거의 다 익어갈 때쯤 시판 토마토소스를 붓고 완전히 익도록 볶는다.
4. 고기가 다 익으면 따뜻한 밥에 함께 곁들여 낸다.

10 min

가지양념찜

Week 1
여름

금요일 저녁

가지는 보통 따로 쪄서 양념에 버무리게 되는데 아무래도 시간도 오래 걸리고 손이 많이 가는 번거로움이 있어요. 가지를 미리 팬에 가볍게 볶은 뒤 매콤한 양념을 넣고 찌면 시간도 오래 걸리지 않고 빠르게 가지 양념찜이 만들어진답니다. 국물을 자작하게 만들어 별다른 반찬이나 국 없이도 밥 한 그릇쯤은 맛있게 먹을 수 있어요.

Ingredient

재료 — 가지 2개, 양파 1/2개, 참깨·참기름 적당량씩

양념장 — 고춧가루 1큰술, 고추장 2작은술, 간장 1.5큰술, 맛술 2작은술, 설탕 1/2작은술, 다진 파 1큰술, 다진 마늘 2작은술, 후춧가루 적당량

How to make

1. 가지는 도톰하게 어슷어슷 썰고 양파는 채썬다.
2. 달군 팬에 기름을 살짝 두르고 가지를 올려 가볍게 볶는다.
    > 가지는 기름을 많이 흡수해요. 그래서 처음에 기름이 부족하다고 많이 넣으면 나중에 숨이 죽으면서 흘러나와 느끼해질 수 있어요. 이럴 때는 기름 대신 약간의 물을 추가해서 볶으면 됩니다.
3. 분량의 양념장은 미리 섞어둔다.
4. 가지가 볶아지면서 부드러워지면 양파와 양념장을 붓고 뚜껑을 덮은 뒤 약한 불에서 5분 정도 조린다.
5. 양념이 잘 배면 참깨와 참기름을 넣고 한 번 섞어 낸다.

20 min

브로콜리 샐러드 + 토스트

Week 1
여름

토요일
브런치

브로콜리가 오늘의 주인공! 브로콜리 하나만으로도 근사한 샐러드 한 접시가 금방 만들어집니다. 여기에 고소한 맛을 더해주는 베이컨을 넣고 만들어 바삭하게 구운 식빵만 곁들이면 주말 아침에 맛있는 브런치로 즐길 수 있어요.

Ingredient

재료 — 브로콜리 1송이, 양파 1/4개, 베이컨 4줄, 식빵 4장, 버터 2큰술
소스 — 마요네즈 3.5큰술, 화이트와인식초 1.5큰술, 꿀 2작은술, 소금·후춧가루 적당량씩

How to make

1. 양파는 최대한 얇게 채썰어 찬물에 담가 매운맛을 빼고, 브로콜리는 씻어 먹기 좋은 크기로 썬다. 베이컨은 1cm로 썬다.
2. 달군 팬에 기름을 살짝 두르고 브로콜리를 넣어 가볍게 볶은 뒤 소금, 후춧가루로 살짝 간을 하고 접시에 담아둔다.
   → 미리 손질해 냉동한 브로콜리는 요리에 바로 사용하세요.
3. 달군 팬에 베이컨을 바삭하게 구워 기름기를 닦아낸다.
4. 분량의 드레싱 재료를 모두 섞어 드레싱을 만든다.
5. 접시에 브로콜리, 양파, 베이컨을 담은 뒤 드레싱을 뿌리고 버터를 발라 구운 토스트를 곁들여 낸다.

★ 채소만 미리 손질되어 있어도 요리 시간이 짧아져요

연어스테이크
10 min

Week 1
여름

토요일
저녁

요즘에는 스테이크용으로 손질되어 있는 연어를 마트에서 쉽게 구할 수 있어요.
구입한 연어를 냉동해두었다가 주말 저녁에 꺼내 가볍게 굽고 소스만 곁들여도 외식하는 기분을
충분히 느낄 수 있답니다. 특별한 기분을 내고 싶은 주말 저녁에 좋은 메뉴입니다.

Ingredient

재료 — 연어 4쪽(200g×4 / p.144 참조), 어린잎채소 2줌(50g), 레몬 1개, 올리브유 4큰술, 소금·후춧가루 적당량씩

소스 — 마요네즈 3큰술, 다진 양파 1.5큰술, 다진 피클 1큰술, 레몬즙 2큰술, 꿀 1큰술 + 다진 케이퍼 1/2작은술, 소금·후춧가루 적당량씩

How to make

1 미리 손질한 연어에 소금, 후춧가루를 뿌리고 올리브유를 발라 잠시 둔다.
  ↳ 미리 손질해 냉동한 연어는 전날 냉장실로 옮겨 해동하세요.
2 분량의 소스 재료는 모두 섞어 소스를 만들어둔다.
3 달군 팬에 올리브유를 두르고 밑간한 연어를 올려 굽는다.
  ↳ 연어가 부서지지 않도록 처음에는 센 불에서 겉면이 노릇해지도록 굽다가 불을 살짝 줄여 속까지 익혀요.
4 앞뒤로 노릇하게 구운 연어를 접시에 담고 어린잎채소와 함께 소스를 곁들여 낸다.

여름

Week 2
MENU PLAN

	아침		저녁	
월요일	오이냉국 + 밥		시금치참치볶음밥	
화요일	미니햄버거		참치고추장찌개	
수요일	가래떡치즈구이		오이냉국메밀면	
목요일	스팸무수비		햄버거떡조림	
금요일	오이롤초밥		두부참치조림	
토요일	메밀국수+튀김		햄버거하이라이스	

★ 일요일에는 냉장고 속을 살펴 유통기한이 얼마 안 남은 식재료나 갑자기 생긴 외식 등으로 남은 식재료로 나만의 냉장고 정리용 메뉴를 만들어보세요.

SHOPPING

날씨가 더워질수록 입맛도 없어지고 불 앞에서 요리하는 아내들도 힘들어집니다. 그래서 이번 주에는 미리 햄버거스테이크를 넉넉하게 만들어요. 간단한 미니햄버거로, 가래떡과 함께 입맛 살리는 햄버거떡조림을, 지친 가족들에게 고급 레스토랑 기분이 나도록 근사한 접시에 햄버거스테이크를 준비해서 여름 식탁을 꾸며보세요. 수분이 많은 오이를 이용해서 시원한 오이냉국, 오이롤초밥, 메밀면 등 시원한 음식으로 더위를 잊을 수 있게 준비했습니다.

가공식품	채소/과일류	견과류	고기/달걀류
가래떡 15cm 길이 12쪽	양파 3개	땅콩 20g	다진 쇠고기 400g
슬라이스치즈 8장	감자 3개	호두 20g	다진 돼지고기 400g
참치 통조림 2개	애호박 1개		새우 12마리
냉면 육수 2봉지	대파 1/2단		달걀 5개
소바간장 1병(쯔유)	오이 3개		
메밀면 600g	시금치 1단		
스팸 1통	양송이 5개(50g 정도)		
하이라이스가루 1봉지	어린잎채소 1팩(50g)		
모닝빵 4개	토마토 1개		
두부 2모	청·홍고추 2개씩		
건미역 적당량	마늘 5쪽		
고추냉이 적당량	무 1/4개		
멸치다시팩 1개			
구운 김(김밥용) 4장			

★ 상기 이미지는 이번 주 장 보기의 예시입니다. 각 재료는 상황에 맞게 구입하세요.

일주일이 편한 주말 재료 손질

가래떡치즈구이, 햄버거떡조림용 가래떡 소분하여 냉동 보관

재료 : 가래떡 15cm 길이 12쪽

가래떡 8쪽은 구이용으로, 햄버거떡조림용 4쪽은 2cm 길이로 잘라 소분하여 비닐 팩에 담아 냉동 보관하세요.

미니햄버거, 햄버거떡조림용 햄버그스테이크 만들기

재료 : 다진 돼지고기 400g, 다진 소고기 400g, 다진 양파 1개 분량, 빵가루 1컵, 다진 마늘 1큰술, 간장 2큰술, 소금 1/2작은술, 달걀 1개, 후춧가루 적당량

1. 양파는 잘게 다져 기름을 살짝 두른 팬에 넣고 약한 불에 충분히 볶아 식힌다.
2. 볼에 분량의 모든 재료를 넣고 끈기가 생길 정도로 치댄다.
3. 반죽을 8등분 해서 나눈 다음 4개는 동그랗게 모양을 잡는다. 나머지 반죽은 8개로 동일하게 나누어 미니 햄버거를 만든다.
4. 한 개씩 랩으로 싸서 냉동 보관한다.

주말 재료 손질은 선택 사항이므로 부담 갖지는 마세요.
미리 할 시간이 없다면 재료 손질만 참고하세요.
다만, 주말에 30~40분만 투자하면 일주일이 편하답니다.

| 주말 |
| 30분 준비 |

시금치참치볶음밥용 시금치는 데쳐서 냉동 보관

시금치의 뿌리 부분은 잘라내고 누런 잎은 떼어내고 여러 번 흔들어 씻어요. 냄비의 물이 끓기 시작하면 굵은소금을 1작은술 넣고 시금치를 넣어 30초 정도 데친 뒤 찬물에 헹궈 물기를 짜지 않고 흥건한 상태로 비닐 팩에 넣어 냉동 보관합니다. 1~2일 내로 사용할 것은 냉장 보관해도 좋아요.

냉동실에서는 수분이 증발하기 때문에 시금치를 냉동할 때 물기가 흥건한 상태로 냉동하면 시금치의 수분이 빠져나가지 않아 해동 후에도 맛이 변하지 않아요.

10 min
오이냉국+밥

Week 2
여름

월요일
아침

아침부터 푹푹 찌는 더운 여름에는 입맛이 없을 때가 많아요. 이럴 때 오이와 미역으로 냉국을 만들어 시원하게 한 그릇 아침 밥상을 차려보세요. 국물 맛 내기가 어려울 때는 시판 냉면 육수를 이용하면 만들기도 쉬울 뿐더러 시원한 국물이 더위까지 싹 가시게 해줘서 상쾌한 하루를 시작할 수 있도록 도와줍니다.

Ingredient

재료 — 오이 2/3개, 건미역 20g, 청·홍고추 1/2개씩, 냉면 육수 2봉지, 참깨 적당량

↳ 미역은 전날 불려놓으면 좋아요.

How to make

1 오이는 깨끗이 씻어 곱게 채썬다.
2 미역은 물에 불려 먹기 좋은 크기로 잘라 물기를 뺀다.
3 볼에 오이, 미역, 고추를 넣고 냉면 육수를 붓고 참깨를 뿌린다.
   → 2배 정도의 분량으로 만들어 냉장 보관했다가 냉국메밀면에 그대로 사용해도 좋아요.

10 min
시금치참치볶음밥

Week 2
여름

월요일
저녁

시금치는 먹기는 편하지만 나물 종류가 그렇듯 끓는 물에 데치는 과정이 필요하지요. 그러나 주말을 이용해 시금치도 미리 손질해서 데쳐 냉동 보관했다가 먹으면 방금 데친 것처럼 먹을 수 있답니다.
시금치를 참치와 함께 볶아 볶음밥을 만들면 영양 가득하면서도 쉽고 빠르게 준비할 수 있어요.

Ingredient

재료 — 시금치 1/4단(p.173 참조), 참치 통조림 1개, 마늘 3쪽, 양파 1/2개, 밥 3공기, 소금·후춧가루 적당량씩

How to make

1 양파는 옥수수알 크기로 썰고 마늘은 편으로 썬다. 참치는 체에 밭쳐 기름기를 빼둔다. 시금치는 손질해서 뜨거운 물에 데쳐 물기를 빼고 먹기 좋은 크기로 썬다.
2 달군 팬에 기름을 두르고 마늘을 올려 노릇하게 굽는다.
3 마늘이 노릇하게 구워지면 양파도 넣어 볶는다.
4 양파가 노릇해지면 참치와 미리 데친 시금치를 넣어 볶는다.
   → 미리 손질해 냉동한 시금치는 요리에 바로 사용하세요.
5 밥을 넣고 볶은 뒤 소금과 후춧가루를 넣어 간을 해 완성한다.

★ 나물류는 미리 손질해 보관해두면 편해요.

미니햄버거 10 min

Week 2
여름

화요일
아침

햄버거 패티는 미리 시간이 날 때 넉넉히 만들어 냉동해두면 언제나 든든한 먹거리가 된답니다.
특히 아이들이 좋아하는 햄버거도 패티만 미리 만들어두면 순식간에 만들어낼 수 있어요.
엄마의 정성이 가득한 미니햄버거를 10분 만에 뚝딱 만들어보세요.

Ingredient

재료 — 작은 햄버거 패티 4장(p.172 참조), 모닝빵 4개, 슬라이스치즈 4장, 토마토 1개,
어린잎채소 2줌(50g), 마요네즈 4큰술, 돈가스소스 적당량

↳ 미리 준비해 냉동한 햄버거 패티는 전날 냉장실로 옮겨 해동해서 사용하세요.

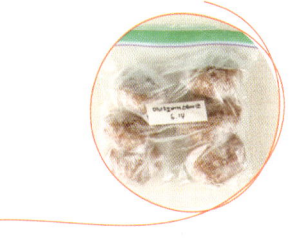

How to make

1 햄버거 패티는 미리 해동 후 달군 팬에 기름을 살짝 두르고 완전히 익힌다.
   → 속까지 완전히 익히는 것이 어렵다면 뚜껑을 덮고 약한 불에서 익히세요.
2 모닝빵은 마른 팬에 가볍게 구운 다음 마요네즈를 바른다.
3 빵 위에 어린잎채소, 토마토, 치즈, 패티, 소스 순으로 올린 뒤 빵을 덮어 완성한다.

참치고추장찌개

15 min

일명 캠핑찌개로 불리는 고추장찌개는 집에 있는 자투리 채소와 참치 통조림만 있으면 쉽게 만들 수 있는 찌개예요. 특히나 얼큰한 국물 덕에 특별한 반찬 없이도 밥과 함께 먹기에 딱 좋은 찌개랍니다. 주말에 미리 채소까지 손질해 냉동해두면 정말 쉽고 간단하게 만들 수 있어요.

Week 2
여름

화요일
저녁

Ingredient

재료 — 참치 통조림 1개, 감자 1개, 양파 1/2개, 애호박 1/3개, 대파 1/2대, 두부 1/2모, 청·홍고추 1/2개씩, 멸치다시팩 1개(물 2컵)

양념 — 고추장 2큰술, 고춧가루 2작은술, 국간장 1큰술, 다진 마늘 1/2큰술, 소금 1/3작은술

How to make

1 참치는 체에 밭쳐 기름기를 빼둔다.
2 감자, 양파, 애호박, 두부는 깍둑썰기해서 한입 크기로 썰고 대파와 고추는 송송 썬다.
   → 미리 손질해 냉동한 채소는 요리에 바로 사용하세요.
3 냄비에 기름을 살짝 두르고(통조림에 있던 기름을 써도 좋아요), 감자, 양파, 애호박을 볶는다. 이때 고춧가루를 넣고 함께 볶아 고추기름을 낸다.
4 채소를 볶던 냄비에 물과 멸치다시팩을 넣고 끓여 우러나면 멸치다시팩은 건져낸다.
5 국물이 한소끔 끓으면 고추장, 국간장, 다진 마늘을 넣어 간을 한다.
6 참치를 넣고 한소끔 끓인 뒤 두부, 대파와 고추를 넣고 한소끔 더 끓여 완성한다.

10 min

가래떡치즈구이

Week 2
여름

수요일 아침

쌀로 만들어진 떡은 먹으면 속도 편하고 든든해서 아침에 먹기 좋은 음식이지요.
요즘에는 떡과 치즈를 함께 어우러지게 먹는 것이 인기랍니다. 가래떡을 치즈와 함께 굽고
간단한 과일과 주스와 곁들이면 든든하고도 영양 많은 아침 식사가 된답니다.

Ingredient

재료 — 가래떡 15cm 길이 8쪽, 슬라이스치즈 4장, 파마산치즈가루 2큰술, 꿀 적당량

↳ 미리 손질해 냉동한 가래떡은 요리할 때 뜨거운 물에 해동해서 사용하세요.

How to make

1 가래떡은 꼬치에 꽂는다. 슬라이스치즈는 1/2 등분한다.
   ↳ 냉동한 가래떡은 뜨거운 물에 데쳐 부드럽게 한 후 사용하세요.

2 기름을 두르지 않은 팬에 가래떡을 올려 약한 불에서 3분 정도 굽는다.
   ↳ 뚜껑을 덮고 돌려가며 구우면 더 빨리 익어요.

3 가래떡의 겉면이 노릇하게 구워지면 가래떡 위에 슬라이스치즈를 올리고
   뚜껑을 덮어 치즈가 녹을 정도로 1분 정도만 더 굽는다.

4 치즈가 녹으면 접시에 담고 파마산치즈가루와 꿀을 뿌려 낸다.
   ↳ 호두나 아몬드 등 견과류를 곁들여 내도 좋아요.

1

2

3

4

10 min
오이냉국메밀면

Week 2
여름

수요일
저녁

오이냉국은 미리 넉넉히 만들어 냉장 보관해두면 먹기에 좋아요. 특별한 반찬이 없어도 시원한 맛이 입맛을 돋우게 되지요. 오이냉국에 메밀면을 삶아 곁들이면 여름 더위를 잊게 해주는 별미가 된답니다.
저녁 메뉴로 만들 때는 간단한 주먹밥 등을 곁들이면 다른 반찬 필요 없이 시원하고도 맛있는 한 끼 식사가 됩니다.

Ingredient

재료 — 오이냉국 4컵 분량(오이 2/3개, 건미역 20g, 청·홍고추 1/2개씩, 냉면 육수 2봉지, 참깨 적당량), 메밀면 280g(소면 또는 냉면도 가능), 달걀 2개

How to make

1. 달걀은 풀어 약한 불에서 기름을 조금 두른 팬에 지단을 부쳐 곱게 채썬다.
2. 메밀면은 끓는 물에 삶아 찬물에 헹군 뒤 체에 밭쳐 물기를 빼고 1인분씩 돌돌 말아둔다.
    → 메밀면을 삶을 때는 제품 포장에 제시한 시간대로 삶으세요.
3. 볼에 메밀면을 담고 오이냉국을 부은 뒤 지단을 함께 올려 낸다.

15 min

스팸무수비

Week 2
여름

목요일
아침

스팸무수비는 하와이 사람들이 즐겨 먹는 주먹밥의 일종으로 스팸을 넣어 짭조름하면서도 맛있어서 간단한 아침 식사로 좋아요. 스팸이 짜기 때문에 끓은 물에 데쳐 사용하면 짠맛을 줄일 수 있어요. 밥에 시금치를 넣어 아이들이 편식하지 않도록 도와줄 수 있답니다.

Ingredient

재료 — 스팸 1통, 달걀 2개, 시금치 1/4단(p.173 참조), 밥 3공기 정도, 구운 김(김밥용) 4장, 소금 1/2작은술, 참기름·참깨 적당량씩

양념 — 간장 1.5큰술, 물엿 1큰술, 맛술 2큰술

How to make

1 뜨거운 물에 살짝 데친 시금치는 물기를 빼고 잘게 다진다. 그런 다음 따뜻한 밥에 넣고 소금, 참깨, 참기름을 넣고 잘 섞는다.
   → 미리 데쳐 냉동한 시금치는 해동해서 준비하세요.

2 스팸은 끓는 물에 데쳐 짠맛을 없앤 후, 기름을 두르지 않은 팬에 올려 구운 다음 맛술, 간장, 물엿을 넣어 함께 조린다.

3 달걀은 풀어 약한 불에서 기름을 조금 두른 팬에 지단을 얇게 부쳐 스팸 크기로 자른다.

4 스팸 통에 랩을 깔고 밥 → 스팸 → 달걀 → 밥 순으로 넣은 뒤 꾹 눌러 모양을 잡은 뒤 랩째로 잘 꺼낸다.

5 4의 밥을 구운 김으로 감싸 말아 먹기 좋게 자른다.

12 min

햄버거떡조림

햄버거 패티를 미리 넉넉히 만들어두면 꼭 햄버거나 스테이크가 아니더라도 여러 가지 반찬에 응용할 수 있답니다. 냉동실에 있던 가래떡과 견과류를 함께 넣고 볶아 아이들이 좋아할 만한 반찬으로 만들어봤어요. 이렇게 만든 반찬은 한 접시에 밥과 함께 담아 소스와 곁들이면 밥을 먹기에 딱 좋답니다.

Week 2
여름

목요일 저녁

Ingredient

재료 — 미니햄버거 패티 4장(p.172 참조), 가래떡 15cm 길이 4쪽, 땅콩 20g, 호두 20g, 검은깨 1큰술

소스 — 케첩 3큰술, 간장 1큰술, 물 2큰술, 맛술 2큰술, 다진 마늘 1작은술, 설탕 1/2큰술, 물엿 1큰술, 식초 2작은술

↳ 미리 만들어 냉동한 햄버거 패티는 전날 냉장실로 옮겨 해동하세요.

How to make

1 햄버거 패티는 한입 크기로 썰고, 가래떡도 먹기 좋게 2cm 정도로 썬다.
   ↳ 냉동 가래떡은 끓는 물에 데쳐 부드럽게 만들어요.
2 달군 팬에 기름을 살짝 두르고 햄버거 패티를 올려 골고루 익도록 굽는다.
3 패티의 겉면이 노릇하게 거의 다 익어갈 때쯤 가래떡도 올려 함께 볶듯이 굽는다.
4 가래떡이 부드러워지면 분량의 소스 재료를 모두 넣어 소스가 타지 않게 끼얹으면서 조린다.
5 소스가 걸쭉하게 조려지면 땅콩, 호두, 검은깨를 넣고 국물이 거의 없이 바싹 조려 완성한다.

오이롤초밥

오이는 아삭한 식감과 수분으로 더운 여름에 입맛을 살려줍니다.
맛있게 양념한 초밥에 미리 준비한 참치샐러드를 올리기만 하면 금세 만들어지는 간단한 오이롤초밥입니다.
바쁜 아침에 후다닥 만들어서 한입에 쏙쏙 넣어 먹기 좋은, 여름을 책임지는 맛있는 밥이에요.

Week 2
여름

Ingredient

재료 — 오이 2개, 밥 3공기, 참치샐러드(참치 1캔 분량)

초밥소스 — 식초 3큰술, 설탕 1.5큰술, 소금 1작은술

(초밥소스는 내열 용기에 담고 전용 뚜껑을 덮거나 랩을 씌운다. 전자레인지에 1분 정도 돌려 설탕과 소금을 다 녹인 뒤 식혀 사용합니다.)

참치샐러드 — 참치 통조림 1개, 다진 양파 1/4개 분량, 다진 피클 1.5큰술, 마요네즈 4큰술, 소금·후춧가루 적당량씩

↘ 참치샐러드는 냉장 보관하여 샌드위치를 만들어 먹으면 좋아요.

How to make

1. 참치는 체에 받쳐 기름기를 빼고, 볼에 모든 재료를 넣고 섞은 다음 소금, 후춧가루로 간해 놓는다.
2. 손질한 오이는 필러로 얇게 썰어둔다.
3. 따뜻한 밥에 초밥소스를 넣고 잘 섞은 뒤 한입 크기로 뭉쳐둔다.
4. 3의 밥에 얇게 썬 오이를 감아준다.
5. 오이롤초밥 위에 참치샐러드를 올려 완성한다.

↘ 날치알이나 연어알을 올리면 좀 더 고급스러운 초밥이 됩니다.

15 min 두부참치조림

Week 2
여름

두부는 냉장고에 비상용으로 하나씩은 꼭 쟁여놓게 되는 식재료 중의 하나이지요. 두부와 참치에 매콤한 양념장을 더해 보글보글 끓이면 그야말로 밥도둑이에요. 온 가족이 둘러앉아 밥을 먹기에 딱 좋은 쉽고 간편한 요리랍니다.

Ingredient

재료 — 두부 1모, 참치 통조림 1개, 양파 1/2개, 대파 1대, 참깨·참기름 적당량씩
양념장 — 고춧가루 2큰술, 다진 마늘 2작은술, 간장 1.5큰술, 설탕 1/2큰술, 맛술 1큰술, 물엿 1큰술, 물 1/2컵, 후춧가루 적당량
  ↳ 물 대신 멸치다시마 국물을 넣으면 좀 더 깊은 맛이 나요.

How to make

1 두부는 먹기 좋게 잘라 소금을 살짝 뿌려 밑간한다.
2 참치는 체에 받쳐 기름기를 빼두고 양파는 채썰고 대파는 어슷하게 썬다.
3 분량의 양념장 재료는 모두 섞어둔다.
4 냄비에 두부를 깔고 참치, 양파, 양념장을 부어 중불에서 뚜껑을 덮어 5분 정도 끓인다.
5 양념이 두부에 잘 배면 대파를 올리고 참깨와 참기름을 뿌려 완성한다.

Week 2
여름

메밀국수 + 튀김 40 min

여름 하면 생각나는 음식 중 하나인 메밀국수는 원래 가쓰오부시 육수를 내서 만들지만
요즘에는 집에서도 간편하게 만들어 먹을 수 있도록 시판 쯔유가 잘 나오고 있어요.
그래서 면만 삶고 차가운 얼음물에 쯔유를 섞어 내기만 해도 근사한 메밀국수가 만들어집니다.
여기에 엄마의 솜씨를 더해 간단한 튀김을 곁들이면 주말의 멋진 식탁이 완성될 거예요.

토요일

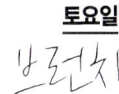

Ingredient

재료 — 메밀면 300g, 쯔유 1컵, 물 3컵, 무 1쪽, 대파 1대, 고추냉이·김 가루 적당량씩, 새우 12마리, 감자 2개
　↳ 미리 손질해 냉동한 새우는 전날 냉장실로 옮겨 해동하세요.

튀김 반죽 — 튀김가루 1컵, 물 1/3컵, 얼음 1컵 분량

How to make

1　시판 쯔유는 1:3 또는 1:4 정도의 비율로 물을 섞고 냉장고에 넣어 차갑게 식힌다.
2　무는 강판에 갈고 대파는 송송 썰어둔다. 튀김에 쓰일 감자도 동그란 모양을 살려 썬다.
3　새우는 머리를 떼고 껍질을 벗기고 등 쪽의 내장은 제거한다.
　↳ 손질하기 어렵다면 냉동 새우를 구입하셔도 좋아요.
4　끓는 물에 소금을 넣고 메밀면을 넣어 삶는다. 완전히 익은 메밀면을 찬물에 헹구어 물기를 빼고
　　1인분씩 그릇에 담는다.
5　볼에 튀김가루와 얼음물을 넣고 가볍게 섞어 튀김옷을 만든다(가루가 보일 정도로 가볍게 섞어줍니다).
6　튀김 반죽에 새우와 감자를 넣어 옷을 입히고 미리 180℃ 정도로 가열한 튀김 기름에 바삭하게 튀겨 낸다.
　↳ 튀김을 할 때는 작은 소스냄비를 이용하면 적은 양의 기름으로 튀김을 할 수 있어요. 나무젓가락을 넣어 보아 젓가락에서 방울방울 거품이 일기
　　시작하면 튀길 온도가 된 것입니다.
7　그릇에 쯔유와 삶은 면을 담고 튀김, 무즙, 고추냉이를 곁들여 낸다.

20 min

햄버거헬리라이스

Week 2
여름

토요일
저녁

미리 만들어둔 햄버거 패티로 근사한 햄버거스테이크를 즐길 시간이에요.
집에서 좋은 재료로 만든 햄버거스테이크는 육즙이 가득하고 부드러워 사 먹는 것과는 비교할 수 없는 맛이랍니다.
시판 하이라이스 가루를 이용해서 소스를 만들면 간편하면서도 맛있는 소스를 만들 수 있어요.

Ingredient

재료 — 햄버거 패티 4장(p.172 참조), 양파 1/4개, 양송이버섯 5개

소스 — 하이라이스 가루 4큰술, 물 6큰술, 케첩 3큰술, 간장 1큰술, 물엿 1.5큰술

↳ 미리 손질해 만들어 냉동한 햄버거 패티는 전날 냉장실로 옮겨 해동하세요.

How to make

1. 달군 팬에 기름을 두르고 햄버거 패티를 올려 겉이 노릇하게 굽는다.
   ↳ 냉동시켰던 패티는 꼭 해동해서 구워야 속까지 잘 익어요. 해동할 시간이 없다면 전자레인지에 1~2분 돌린 후 돌려 구워주세요.

2. 양쪽 면을 노릇하게 구운 뒤 불을 줄이고 뚜껑을 덮어 속까지 완전히 익도록 구워 접시에 담는다.

3. 패티를 구운 팬에 양파와 양송이를 넣어 볶는다.

4. 양파가 부드럽게 볶아지면 물에 갠 하이라이스 가루와 케첩, 간장, 물엿을 넣고 걸쭉하게 끓인다. 패티를 담은 접시에 밥과 소스를 함께 곁들여 낸다.
   ↳ 반숙으로 익힌 달걀프라이를 곁들이면 좋아요.

여름

Week 3
MENU PLAN

	아침		저녁	
월요일	북어국밥		갈치구이+부추무침	
화요일	가래떡베이컨구이		닭다리곰탕	
수요일	메추리알삼각김밥		양배추쌈밥+두부쌈장	
목요일	북어만둣국		갈치조림	
금요일	누룽지닭죽		비빔만두	
토요일	바나나핫케이크+토마토주스		양배추스파게티	

★ 일요일에는 냉장고 속을 살펴 유통기한이 얼마 안 남은 식재료나 갑자기 생긴 외식 등으로 남은 식재료로 나만의 냉장고 정리용 메뉴를 만들어보세요.

SHOPPING

본격적으로 더워지는 이 계절에 자칫 약해질 수 있는 체력을 위해 몸보신 할 수 있도록 닭고기 탕을 끓여볼까요?
닭곰탕으로 체력도 보강하고 간단하게 아침 식사로 먹기 좋은 누룽지 닭죽도 끓여보세요.
여름에 한창인 갈치로는 갈치구이나 갈치조림을 만들면 특별한 반찬 없이도 한 끼 식사를 차릴 수 있어요.
국물이 시원한 북어는 영양 보충에 좋은 북어국밥과 북어만둣국으로 만들어 시원하게 가족의 속풀이도 해주세요.

가공식품	채소/과일류	수산물	고기/달걀류
베이컨 14줄	무 1/2개	북어포 60g	닭다리 10개
물만두 300g 2봉지	대파 1/2단	갈치 2마리	달걀 4개
누룽지 150g	양배추 1/2통	다시마 1쪽	메추리알 60개
가래떡 10cm 길이 8쪽	바나나 2개		
스파게티면 280g	토마토 6개		
핫케이크 믹스 1봉지	양파 2개		
두부 1모	꽈리고추 100g 정도		
멸치다시팩 3개	부추 1/2단		
후리가케 1봉지	당근 1개		
구운 김 2장	마늘 10쪽		
우유 500ml 1개			

★ 상기 이미지는 이번 주 장 보기의 예시입니다. 각 재료는 상황에 맞게 구입하세요.

일주일이 편한 주말 재료 손질

갈치구이, 갈치조림용 갈치 손질하기

씻은 갈치에 생강술을 뿌리고 소금과 후춧가루로 밑간한 다음 소분해서 냉동 보관하세요.

닭다리곰탕, 누룽지닭죽용 닭다리 손질하기

닭다리는 끓는 물에 살짝 데친 뒤 찬물에 헹궈 소분하여 비닐 팩에 담아 냉동 보관하세요.
누룽지닭죽용 채소는 곱게 다져서 비닐 팩에 담아 냉동 보관하면 편해요.

주말 재료 손질은 선택 사항이므로 부담 갖지는 마세요.
미리 할 시간이 없다면 재료 손질만 참고하세요.
다만, 주말에 30~40분만 투자하면 일주일이 편하답니다.

| 주말 |
| 30분 준비 |

메추리알삼각김밥, 밑반찬용 메추리알장조림 만들기

재료 : 메추리알 60개(껍질 벗긴 것), 마늘 3쪽, 꽈리고추 50g
양념 : 물 1.5컵, 간장 4큰술, 설탕 1/2큰술, 소금 1/4작은술, 물엿 2큰술, 후춧가루 적당량

1. 삶은 메추리알을 준비해둔다.
2. 꽈리고추는 씻어서 꼭지는 떼어내고 큰 것은 반으로 자른다.
3. 냄비에 물, 간장, 설탕, 후춧가루를 넣고 조린다.
4. 삶은 메추리알을 넣어 조린다.
5. 5분 정도 조린 다음 꽈리고추와 물엿을 넣고 센 불에서 1~2분 정도 더 조린 뒤 완성한다.

여름철 많이 먹는 토마토 냉동하기(토마토주스)

토마토는 완숙으로 익은 것을 골라 깨끗이 씻은 뒤 꼭지를 떼어 내고 4~6등분하여 비닐 팩에 넣고 냉동 보관한다. 껍질의 식감이 싫다면 토마토 윗부분에 열십자로 칼집을 낸 뒤 뜨거운 물에 10초 정도 데쳤다가 얼음물에 담그면 껍질이 잘 벗겨진다.

북어죽밥

Week 3
여름

해장국의 대표 재료로 쓰이는 북어! 해장에도 좋지만 단백질 함량이 높아 아침에 속을 든든히 채워주고 아이들 성장에도 좋은 음식이에요. 물론 끓이기도 쉽고 간편해서 한 그릇 후루룩 밥에 말아 먹으면 바쁜 아침의 한 끼 식사로도 최고랍니다.

Ingredient

재료 — 북어포 30g, 무 150g, 대파 1대, 두부 1/2모, 달걀 1개, 멸치다시팩 1개(물 5컵), 다진 마늘 2작은술, 국간장 1큰술, 소금·후춧가루·참기름 적당량씩

How to make

1 북어포는 먹기 좋게 찢어두고 무는 나박나박 썰고, 대파는 어슷어슷 썬다.
   ↪ 전날 저녁에 재료를 손질해두면 아침 준비가 빨라요.
2 냄비에 참기름을 두르고 무와 북어포를 넣어 볶는다.
3 무에 기름이 돌면 물과 멸치다시팩을 넣고 끓인다.
4 국물이 끓어 우러나면 멸치다시팩은 건져내고 다진 마늘, 국간장을 넣고 소금과 후춧가루로 간한다.
5 두부와 대파를 넣고 미리 풀어둔 달걀을 넣은 뒤 한소끔 끓인다.
   ↪ 달걀을 붓고 휘젓지 않아요. 그대로 두어야 국물이 탁해지지 않고 맑아요.
6 그릇에 밥을 담고 황태국을 같이 담아낸다.

10 min

갈치구이＋부추무침

Week 3
여름

월요일
저녁

여름철 대표 생선인 갈치는 비린내가 많이 나지 않아 온 가족이 좋아하는 생선 중에 하나입니다.
주말에 미리 손질해서 냉동해두었다가 꺼내 구우면 번거롭지 않게 한 끼 식사의 메인 메뉴로 손색없지요.
갈치구이에 부추무침을 곁들여 내면 훨씬 푸짐하고 맛있게 먹을 수 있어요.

Ingredient

재료 — 갈치 (대) 1마리, 생강술 1큰술, 부추 60g, 소금·후춧가루 적당량씩

부추양념 — 고춧가루 1/2작은술, 식초 1작은술, 까나리액젓 1작은술, 매실청 2작은술, 참깨 1작은술,
참기름 1작은술

↳ 미리 손질해 냉동한 갈치는 전날 냉장실로 옮겨 해동하세요.

How to make

1 갈치에 생강술을 뿌리고 소금과 후춧가루로 밑간한다.
2 달군 팬에 기름을 넉넉히 두르고 앞뒤로 노릇하게 굽는다.
3 부추는 깨끗이 씻어 4cm 길이로 썰어 분량의 양념에 버무린다.
  → 부추무침은 숨이 죽지 않도록 먹기 직전에 바로 버무려요.

10 min
가래떡베이컨구이

Week 3
여름

화요일
아침

가래떡은 소분해서 냉동실에 넣어두면 바쁜 아침에 식사용으로 쉽게 사용할 수 있어 넉넉히 구비해두는 편이에요.
가래떡만 구워 먹어도 든든한 아침 식사로 좋지만 베이컨에 말아 함께 구워내면 고소한 맛이 추가되지요.
간단한 과일과 함께 곁들여 내면 순식간에 맛있는 아침 식사가 준비됩니다.

Ingredient

재료 — 가래떡 10cm 길이 8쪽, 베이컨 8줄, 스윗칠리소스 적당량(생략 가능)

How to make

1 가래떡은 먹기 적당하게 5cm 길이로 썬다.
　↪ 냉동 가래떡은 뜨거운 물에 데쳐 부드럽게 한 후 사용하세요. 가래떡은 말랑말랑할 때 냉동시킨 뒤 1~2시간 정도 자연 해동하면 야들야들하게 먹을 수 있어요.

2 베이컨은 반을 잘라 가래떡에 돌돌 만다.
3 달군 팬에 가래떡을 올리고 앞뒤로 노릇하게 구운 뒤 스윗칠리소스를 곁들여 낸다.

25 min

닭다리곰탕

여름철이면 더위에 지친 가족의 건강을 위해 삼계탕을 자주 하게 되는데요. 닭다리만을 이용해서 삼계탕 같은 곰탕을 끓여 먹는 것도 맛있답니다. 삼계탕 못지않게 진한 국물맛이 나면서 끓이는 과정은 간단하지요. 미리 넉넉히 만들어서 닭다리의 살을 발라 육수와 함께 냉동 보관했다가 바쁜 아침에 죽으로 끓여도 좋아요.

Week 3
여름

화요일
저녁

Ingredient

재료 — 닭다리 8개, 마늘 4쪽, 다시마 1쪽, 물 6컵, 부추 30g, 국간장 1큰술, 소금·후춧가루 적당량씩

How to make

1 닭다리는 끓는 물에 살짝 데친 다음 찬물에 씻어낸다.
　↳ 미리 손질해 냉동한 닭다리는 전날 냉장실에서 해동하세요.

2 냄비에 닭다리와 물을 붓고 다시마, 마늘을 넣어 끓인다.

3 중간중간 떠오르는 거품을 걸어내고 중약불에서 20분 정도 끓인다.

4 닭이 부드럽게 익으면 국간장과 소금, 후춧가루로 간을 한다.
　↳ 닭다리 2개와 육수 2컵은 따로 남겨 금요일 아침 누룽지닭죽에 사용하세요.

5 부추는 3~4cm 길이로 썰어 곰탕 위에 올려 낸다.
　↳ 곁들이면 좋은 양념 소스(부추나 고기 찍어 먹는 소스) : 고춧가루 3큰술, 간장 2큰술, 식초 1큰술, 닭육수(닭곰탕 국물) 2큰술, 설탕 1작은술, 매실청 1/2큰술, 다진 마늘 1작은술, 연겨자 1작은술, 후춧가루 적당량

메추리알 삼각김밥

Week 3
여름

수요일
아침

메추리알 장조림은 미리 만들어두고 먹을 수 있는 좋은 밑반찬 중 하나입니다.
반찬으로만 먹던 메추리알 장조림을 삼각김밥 안에 넣어 쏙쏙 먹는 즐거움을 더했어요.
맛과 영양을 더 업그레이드한 맛있는 삼각김밥으로 사랑을 전해보세요.

Ingredient

재료 — 후리가케(비빔가루) 1봉지, 메추리알조림 8알(p.201 참조), 밥 4공기, 구운 김 2장, 참기름 1.5큰술, 참깨 1작은술

How to make

1 따뜻한 밥에 후리가케와 참깨, 참기름을 넣고 잘 섞어둔다. 구운 김은 1/8등분한다.
2 메추리알장조림에서 메추리알은 건져 물기를 뺀다.
　↪ 장조림 고기도 있다면 잘게 찢어 밥과 섞어도 좋아요.
3 밥을 동그랗게 뭉쳐 가운데를 눌러 메추리알을 하나 넣은 삼각김밥 모양으로 만든다.
　↪ 삼각김밥 틀을 이용할 때는 밥을 1/2 정도 채우고 가운데 부분에 메추리알을 하나씩 넣어요.
4 삼각형 모양으로 만든 다음 구운 김을 싸서 완성한다.

양배추쌈밥+두부쌈장

20 min

Week 3
여름

수요일 저녁

양배추는 미국 타임지에서 10대 건강식품으로 꼽을 정도로 좋은 식재료이지요. 특히 여성에게 좋답니다. 피부 미용, 골다공증 및 유방암 예방에 좋고, 칼로리가 낮아 다이어트를 하는 분들에게도 좋으니 우리 엄마들 많이 먹고 힘내자고요. 물론 남편과 아이들에게도 좋은 식재료이지요. 양배추로 쌈밥을 해서 먹으면 밥은 적게 먹으면서도 속은 든든해서 저녁 식사로 좋답니다. 두부를 듬뿍 넣어 담백한 쌈장과 함께 먹으면 건강한 저녁 밥상이 됩니다.

Ingredient

재료 — 양배추 1/3통, 밥 2공기
두부쌈장 — 두부 1/2모, 양파 1/4개, 대파 1/2대, 고추장 1큰술, 된장 2.5 큰술, 꿀 1큰술, 참깨 1작은술, 참기름 1큰술

How to make

1. 양배추는 한 장씩 떼어 깨끗이 씻은 뒤 내열 용기에 담고 물을 1~2큰술 넣고 랩을 씌운 뒤 전자레인지에 7분 정도 돌려 익힌다. 익은 양배추는 찬물에 살짝 헹궈 체에 밭쳐 물기를 뺀다.
2. 두부는 칼로 눌러 으깨고 양파는 다지고 대파는 송송썬다.
3. 팬에 기름을 두르고 대파와 양파를 넣어 볶다가 두부도 넣어 살짝 볶는다.
4. 두부에 고추장, 된장, 꿀, 물을 넣어 한소끔 끓인 뒤 참깨와 참기름을 넣어준다.
   → 쌈장을 볶을 때 다진 호두나 잣을 넣으면 훨씬 고소해요.
5. 양배추 한 장에 밥을 올리고 돌돌 말아 쌈밥을 만들고 쌈장을 곁들여 낸다.

15
min

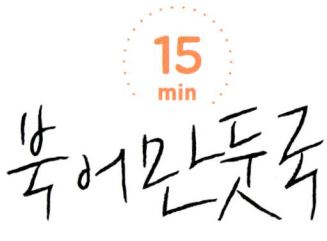

북어만둣국

북엇국은 대부분 밥과 함께 말아먹는데요, 만두를 북엇국에 넣어 먹으면 색다른 만둣국이 된답니다. 크기가 작아 먹기도 편하고 부드러운 물만두를 이용해서 북어만둣국을 끓이면 입맛 없는 아침에 좀 더 편하게 먹을 수 있어요. 먹다 남은 북엇국을 활용해 물만두만 넣어 끓여 활용해도 좋답니다.

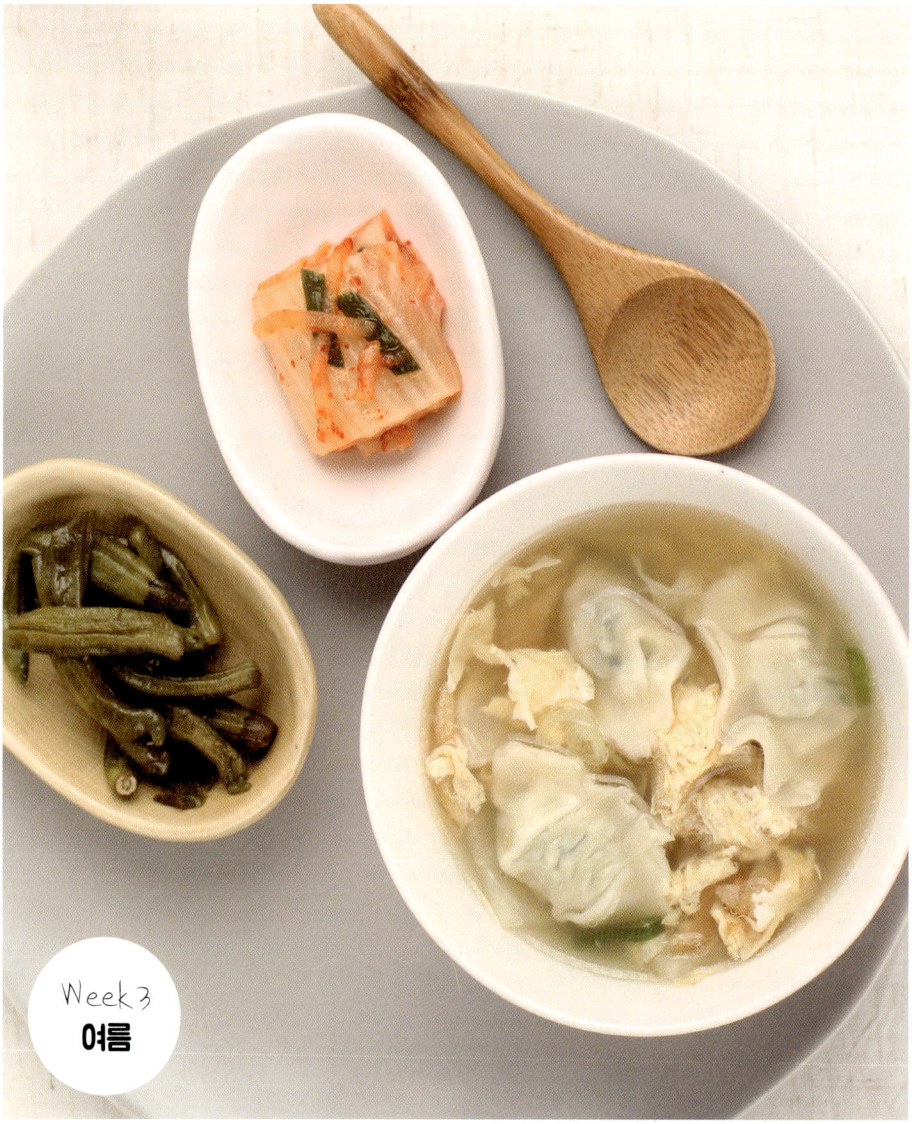

Week 3
여름

목요일 아침

Ingredient

재료 — 북어 30g, 물만두 300g, 달걀 1개, 무 150g, 대파 1/3대, 다진 마늘 1작은술, 국간장 1큰술, 부추 15g, 멸치다시팩 1개(물 6컵), 소금·후춧가루 적당량씩

How to make

1. 북어는 먹기 좋게 찢거나 가위로 자르고, 무는 나박나박 썰고, 대파는 어슷하게 썬다.
   > 재료는 전날 저녁에 준비하면 아침 준비가 빨라져요.
2. 달걀은 미리 풀어두고 부추는 송송썰어둔다.
3. 냄비에 참기름을 두르고 무와 북어포를 넣어 볶는다.
4. 무가 부드럽게 볶아지면 물 또는 육수를 부어 끓인다.
5. 무가 익으면 물만두를 넣고 끓으면 다진 마늘, 국간장, 소금, 후춧가루로 간한다.
6. 만두가 익어 떠오르면 대파를 넣고 미리 풀어둔 달걀을 넣어 한소끔 끓인 뒤 송송 썬 부추를 올려 낸다.
   > 해장용으로 끓일 때에는 바지락이나 모시조개를 넣어 더 시원하게 끓여도 좋아요.

20 min
갈치조림

Week 3
여름

목요일
저녁

갈치를 갖은 채소와 함께 매콤한 양념으로 조린 밥반찬이에요. 특히 부드럽게 익은 무는 갈치보다 더 인기가 좋을 때가 많아요. 양념에 밥을 비벼 먹어도 좋기 때문에 특별한 반찬 없이 갈치조림 하나만 있어도 맛있는 저녁 식사를 할 수 있답니다. 무 대신 감자를 넣어 조려도 맛있지요.

Ingredient

재료 — 갈치(대) 1마리(p.200 참조), 무 200g, 양파 1/2개, 대파 1/2대, 꽈리고추 10개, 물 2/3컵

양념 — 고춧가루 2큰술 + 1작은술, 다진 마늘 2작은술, 간장 1.5큰술, 다진 파 2큰술, 설탕 1작은술, 생강술 2큰술(또는 맛술), 물엿 1큰술

How to make

1 무는 도톰하게 네모지게 썰고 양파는 도톰하게 채썬다. 꽈리고추는 반으로 썰고 대파는 어슷하게 썬다. 갈치는 생강술을 뿌려 놓는다.
2 분량의 양념장 재료는 모두 섞어둔다.
3 냄비에 무와 양파를 깔고 그 위에 갈치를 올린다.
   → 미리 손질해 냉동한 갈치는 전날 냉장실로 옮겨 해동해서 사용하거나 요리에 바로 사용해도 좋아요.
4 물을 붓고 양념장을 올려 끓인다. 중간중간 양념장을 끼얹어 가며 조린다.
5 갈치와 무가 잘 익으면 대파와 고추를 올려 완성한다.

누룽지닭죽

15 min

Week 3
여름

금요일
아침

바쁜 아침에 누룽지를 끓이면 만들기도 쉽고 무엇보다 속이 편해 아침을 잘 먹지 않는 사람도 가볍게 먹기 좋아요. 누룽지는 그냥 끓여도 맛있지만 닭다리 곰탕을 만들어 먹고 남은 닭다리살을 다음 날 누룽지와 함께 끓이면 좀 더 든든하고 맛있는 누룽지닭죽이 만들어진답니다. 보양식이 필요한 아이들의 아침 식사로도 추천해드려요.

Ingredient

재료 — 닭다리 2개, 닭육수 2컵, 물 5컵, 누룽지 150g, 다진 채소(당근, 양파, 부추) 40g, 소금·후춧가루 적당량씩
↳ 화요일 저녁에 닭다리곰탕을 만들면서 따로 보관한 재료를 이용하면 편해요.

How to make

1. 닭다리살은 삶아 살만 발라 잘게 찢어두고 닭육수는 따로 준비해둔다.
2. 냄비에 참기름을 두르고 다진 채소를 넣어 볶는다.
    ↳ 미리 손질해 냉동한 채소는 요리에 바로 사용하세요.
3. 채소에 육수와 물을 붓고 누룽지를 넣어 푹 끓인다.
4. 누룽지가 부드럽게 풀어지면 닭다리살을 넣고 소금, 후춧가루로 간을 해서 완성한다.

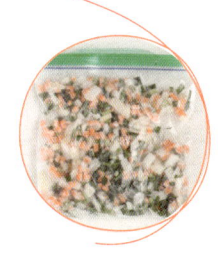

★ 채소만 미리 준비해둬도 아침 준비가 빨라져요.

15 min

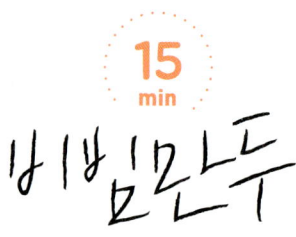

비빔만두

비빔만두는 바삭하게 구운 군만두와 신선한 채소를 매콤 새콤한 양념에 버무려 먹는 음식이에요.
보통 간식이나 야식으로 많이 먹지만 밥반찬으로도 최고랍니다. 집에 있는 자투리 채소들을 채썰고 바삭하게 만두를 굽기만 해도 금방 만들 수 있어 금요일 저녁 밥반찬 또는 가벼운 맥주 안주로도 좋아요.

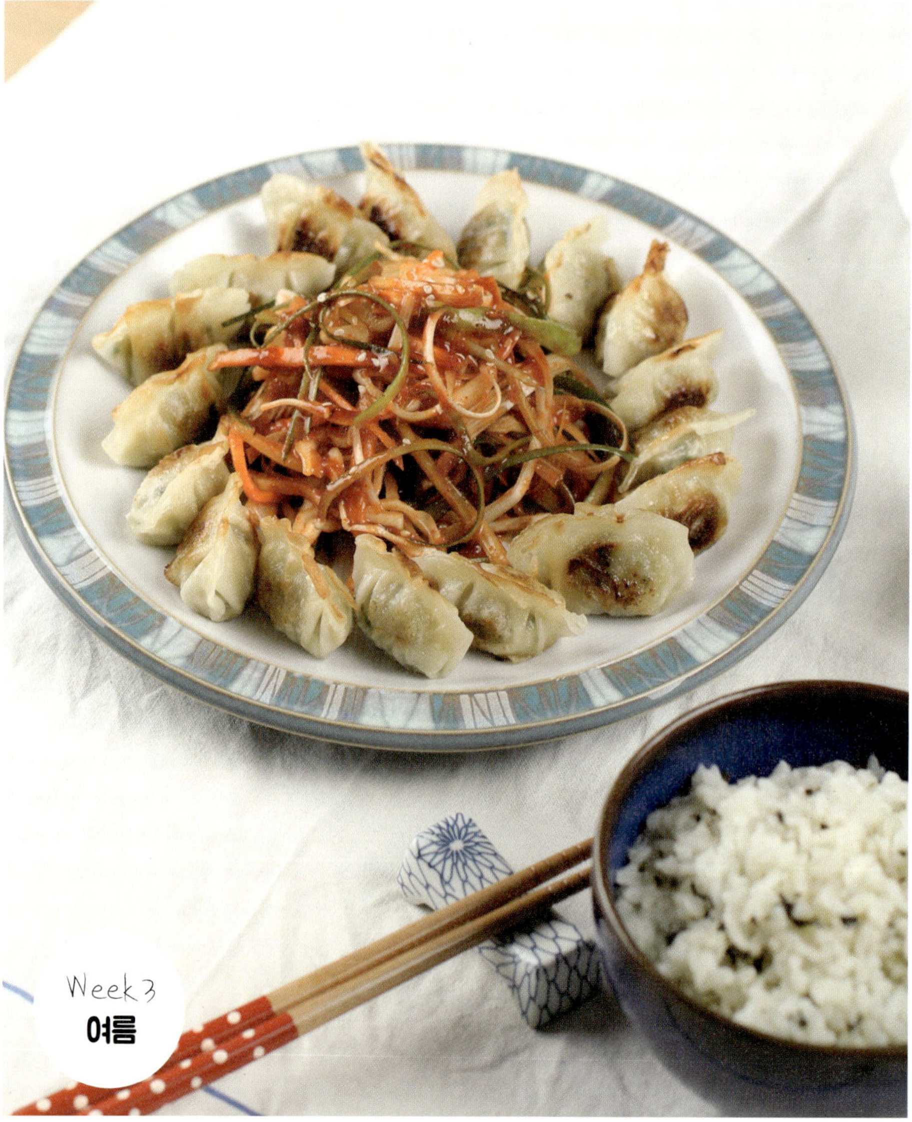

Week 3
여름

금요일

저녁

Ingredient

재료 — 물만두 20개, 대파 2대, 양배추 4장, 양파 1/4개, 당근 1/3개

양념장 — 고추장 2큰술, 고춧가루 1작은술, 식초 1큰술, 간장 4작은술, 다진 마늘 1작은술, 매실청 1.5큰술, 참깨·참기름·후춧가루 적당량씩

How to make

1 물만두는 기름을 넉넉히 두른 팬 위에 올려 바삭하게 굽는다.
2 양배추, 양파, 당근은 곱게 채썰고 대파도 곱게 채썬다.
  → 대파는 찬물에 잠시 담갔다 체에 밭쳐 물기를 빼서 쓰면 좋아요.
3 분량의 양념장 재료는 미리 섞어둔다.
4 볼에 채 썬 채소와 양념장을 넣고 버무려 접시에 담고 만두도 함께 담아낸다.

20 min

바나나핫케이크+토마토주스

Week 3
여름

토요일
브런치

요즘에는 핫케이크를 만들 수 있는 믹스 제품이 잘 나오고 있어서 집에서도 폼 나는 핫케이크를 쉽게 만들 수 있어요. 여기에 달콤한 바나나를 넣어 함께 구우면 바나나가 더 달콤해지면서 훨씬 고급스러운 핫케이크가 만들어진답니다. 여름에 제철인 토마토로 주스를 만들어 함께 곁들여 카페식 브런치로 즐겨보세요.

Ingredient

재료 — 핫케이크 믹스 500g, 달걀 2개, 우유 280g, 바나나 2개, 시럽 적당량, 토마토 6개(p.201 참조), 물 1컵, 얼음 2컵, 꿀 2큰술

How to make

1 볼에 핫케이크 믹스와 우유, 달걀을 넣고 거품기로 잘 저어둔다.
   ↳ 너무 오래 저으면 핫케이크 식감이 질겨져요. 가루가 보이지 않을 정도로만 섞어줍니다.
2 바나나는 껍질을 벗기고 동그랗게 썬다.
3 달군 팬에 기름을 두르고 키친타월로 기름기를 닦아낸 다음 약한 불에 반죽을 한 국자 떠 올리고 그 위에 바나나를 올린다.
4 반죽 전체에 기포가 올라오면 바나나가 떨어지지 않도록 조심해서 뒤집어 익힌다.
5 핫케이크를 접시에 담고 시럽을 곁들여 낸다.
6 믹서기에 적당한 크기로 자른 토마토, 얼음, 물을 붓고 돌려 주스를 만든다.
   ↳ 미리 손질해 냉동한 토마토는 바로 사용하세요.

20 min

양배추스파게티

Week 3
여름

보통 스파게티 하면 토마토소스나 크림소스를 생각하지만, 오일스파게티도 맛있고 먹기 좋답니다.
여름이 제철인 양배추를 듬뿍 넣어 만든 스파게티는 담백하면서도 베이컨의 감칠맛이 돌아 온 가족이 좋아할 만한 스파게티예요.
주말에 가족이 모두 모여 외식처럼 즐기기 좋은 메뉴랍니다.

Ingredient

재료 — 스파게티 면 280g, 양배추 6장, 베이컨 6줄, 마늘 6쪽, 올리브유 4큰술, 소금·후춧가루 적당량씩

How to make

1. 양배추는 먹기 좋은 크기로 네모지게 썰고, 마늘은 편으로, 베이컨은 10cm 정도로 썬다.
2. 스파게티 면은 끓는 물에 소금 1큰술을 넣고 10분 정도 삶아 체에 밭쳐둔다. 이때 스파게티 삶은 물은 1컵 정도 따로 남겨둔다.
3. 팬에 올리브유를 두르고 마늘을 넣어 볶다 마늘이 노릇하게 구워지면 베이컨과 양배추도 넣어 볶는다.
4. 삶은 스파게티 면과 삶은 물을 붓고 잘 저어가며 2~3분 정도 볶는다.
5. 마지막으로 소금과 후춧가루로 간을 한 뒤 완성한다.

여름

Week 4
MENU PLAN

	아침		저녁	
월요일	매실장아찌 다시마쌈밥		콩국수	
화요일	돈가스샌드위치		호박젓국	
수요일	오징어젓갈밥샌드		매실장아찌비빔면	
목요일	절편구이+콩국		애호박감자전	
금요일	카프레제샐러드+빵		오징어젓갈비빔밥	
토요일	토마토프리타타		돈가스정식	

★ 일요일에는 냉장고 속을 살펴 유통기한이 얼마 안 남은 식재료나 갑자기 생긴 외식 등으로 남은 식재료로 나만의 냉장고 정리용 메뉴를 만들어보세요.

Week 4
SHOPPING

입맛을 잃기 쉬운 여름, 조금만 시간을 투자해서 미리 주말에 돈가스를 만들어서 냉동 보관해두면 급할 때마다 요긴하게 사용되지요. 돈가스를 이용해서 돈가스샌드위치나 돈가스정식도 뚝딱 만들어 가족의 입맛도 살려주고 여름철 체력도 보강해주세요. 또 여름이면 빠질 수 없는 콩국물을 이용해서 콩국수를 하거나 아침에 간단한 음료로도 활용하면 더운 여름 식탁도 문제없답니다. 입맛 없는 이 시기에 비상상비약 같은 매실장아찌나 오징어젓갈처럼 저장 음식을 이용한 요리도 소개합니다.

가공식품
- 매실장아찌 200g
- 식빵 8장
- 소면 800g
- 두부 1모
- 절편 16개(2팩 정도)
- 콩국물 1인분 6봉지
- 생모차렐라치즈 150g
- 베이컨 4줄
- 볶은 땅콩 적당량
- 견과류(호두, 호박씨 등)
- 감자전분 적당량
- 우유 1컵
- 구운 김 2장
- 멸치다시팩 1개

채소/과일류
- 양배추 1/2통
- 오이 2개
- 애호박 2개
- 방울토마토 35개
- 감자 3개
- 바질잎 15장 정도
- 양송이버섯 6개
- 고추 1개

수산물
- 오징어젓갈 200g
- 생다시마 100g

고기/달걀류
- 돼지고기 등심 800g
- 달걀 9개

★ 상기 이미지는 이번 주 장 보기의 예시입니다. 각 재료는 상황에 맞게 구입하세요.

일주일이 편한 주말 재료 손질

절편꼬치용 절편 소분해서 냉동 보관

절편은 잘 떼어지도록 고르게 해서 비닐 팩에 넣어 냉동 보관하세요.

생다시마 손질하기

생다시마는 찬물에 담가 소금기를 빼고 뜨거운 물에 데쳐 냉장 보관하세요.

돈가스샌드위치, 돈가스정식용 돈가스 만들기

재료 : 등심 800g, 밀가루 1/2컵, 달걀 1개, 빵가루 1.5컵, 소금·후춧가루 적당량씩

1. 등심은 칼등이나 고기용 망치로 두드려준 다음 소금과 후춧가루를 뿌려 밑간한다.
2. 밑간 한 등심에 밀가루 → 달걀 → 빵가루 순으로 옷을 입힌다.
3. 한 장씩 잘 떨어지도록 종이 포일을 깔고 구분해서 냉동한 다음
4. 비닐 팩에 담아 냉동 보관한다.

주말 재료 손질은 선택 사항이므로 부담 갖지는 마세요.
미리 할 시간이 없다면 재료 손질만 참고하세요.
다만, 주말에 30~40분만 투자하면 일주일이 편합니다.

주말 | 30분 준비

매실청 담그기와 매실장아찌 만들기

일 년에 딱 한 달 5월에서 6월 사이에 나오는 매실. 이것으로 매실청을 담거나 장아찌를 만들면 일 년 내내 든든한 주방의 천연 조미료로 혹은 맛있는 밑반찬으로 사용되지요. 매실청과 장아찌를 담가 먹는 것은 우리집 연례 행사가 되었답니다. 매실청과 장아찌를 한 번에 담가 만들 수 있는 간편한 방법을 알려드립니다.

1 매실청을 담글 유리병은 깨끗이 씻어서 뜨거운 물에 넣고 삶아 소독한 뒤 완전히 말린다.

2 매실은 깨끗이 씻어서 채반에 올려 물기 없이 말린 뒤 윗면의 꼭지는 이쑤시개로 떼어낸다(물기를 완전히 말려야 만드는 중간 상하지 않아요).

3 도마 위에 매실의 꼭지 부분이 위로 가게 올려 방망이로 내리쳐 씨를 빼 낸다 (또는 칼로 과육만 잘라냅니다).

4 볼에 씨를 제거한 매실을 넣고 설탕 3kg을 넣어 골고루 버무린 뒤 소독한 유리병에 담는다.

5 유리병에 올리고당을 뿌려 넣고 남은 1kg의 설탕으로 윗면을 덮어준다(설탕 대신 올리고당을 넣으면 매실의 발효를 좀 더 빠르게 도와줍니다).

6 일주일이 지나 밑에 가라앉은 설탕은 소독한 나무주걱으로 저어 녹인다(100일 동안 발효시키는데 중간중간 뚜껑을 열어 미처 녹지 않은 설탕을 저어 녹여주고 동시에 발효되면서 발생되는 가스를 빼주어야 병이 터지지 않아요).

7 100일 후에 뚜껑을 열고 매실 과육을 건져 체에 받쳐 두고, 진액인 매실청은 다시 병에 담아두고 사용한다.

8 절여진 매실 장아찌는 그냥 먹어도 좋지만 적당량의 고추장과 매실청, 참깨, 참기름에 버무려 매실장아찌 무침으로 먹으면 된다. 매실장아찌를 고추장에 버무려 두면 맛이 잘 배고 오랫동안 두고 먹을 수 있다.

재료

매실 5kg
설탕 4kg
올리고당 1kg

10 min

매실장아찌다시마쌈밥

봄에 담갔던 매실장아찌가 맛있게 익을 무렵 밥과 함께 먹으면 밥도둑이 따로 없어요.
바쁜 아침 한입에 쏙 먹기 좋도록 다시마에 밥을 말아 쌈밥을 만들고 매실장아찌를 곁들이면 건강하고 상큼한 아침밥이 준비됩니다.

Week 4
여름

월요일
아침

Ingredient

재료 — 밥 2공기, 데친 다시마 100g(p.228 참조), 매실장아찌 100g(p.229 참조 또는 시판 매실장아찌), 참깨 1작은술, 참기름 1큰술

How to make

1 미리 손질한 다시마를 준비한다.
　↳ 다시마는 전날 찬물에 담가 소금기를 빼고 뜨거운 물에 데쳐 준비해두면 아침 준비가 빨라요.
2 밥에 참깨와 참기름을 넣고 잘 섞어둔다.
　↳ 매실장아찌가 짭조름해서 밥에 간을 하지 않았어요. 취향에 따라 소금 간을 해도 좋아요.
3 양념한 밥은 한입 크기로 주먹밥을 만든다.
4 데친 다시마 위에 주먹밥을 올리고 돌돌 말아준다.
5 밥 위에 매실장아찌를 얹어 접시에 담아낸다.

콩국수

Week 4
여름

월요일
저녁

여름이면 생각나는 콩국수. 예전에는 일일이 콩을 불리고 삶은 뒤 곱게 갈아 만들었어요.
과정이 번거롭다 보니 집에서 잘 만들지 않게 되는데 요즘에는 시판 콩국 제품이 잘 나오기 때문에
면만 삶아서 곁들여도 간단하게 콩국수를 만들 수 있어요. 시판 콩국에 땅콩과 깨를 넣고 갈아
고소함이 더해진 콩국수로 시원한 여름 저녁 식사를 해보세요.

Ingredient

재료 — 소면 400g, 콩국물 4봉지, 오이 1/2개, 방울토마토 4개, 달걀 2개, 볶은 땅콩 적당량, 참깨 2큰술, 소금 1큰술

How to make

1 믹서기에 콩국과 볶은 땅콩, 참깨를 넣고 곱게 갈아 냉장고에 넣어 차게 식힌다.
   → 차게 식힐 시간이 부족하면 드실 때 얼음을 2~3개 정도 띄워도 좋아요.
2 끓는 물에 소금을 넣고 소면을 삶아 찬물에 행구고 1인분씩 나누어둔다.
3 오이는 곱게 채 썰고 달걀은 삶아서 4등분한다.
4 그릇에 소면과 오이, 토마토, 달걀 등을 올린 뒤 차게 식힌 콩국물을 넣고
   소금으로 간해서 먹는다.

15 min
돈가스샌드위치

Week 4
여름

화요일
아침

이름만으로도 든든한 샌드위치지요.
특별한 재료가 많이 들어가지 않고 양배추와 돈가스로만 만들어 쉽고 빠르게 만들 수 있어
아침 메뉴로는 적격이에요. 게다가 맛도 있어서 활기찬 기분까지 들어요.
아침에는 바쁘니까 전날 저녁에 미리 만들어두어도 좋아요.

1

2

3-1

3-2

Ingredient

재료 — 돈가스 4장(p.228 참조), 식빵 8장, 양배추 4장, 마요네즈 4큰술, 돈가스소스 적당량

↳ 미리 만들어 냉동한 돈가스는 전날 냉장실로 옮겨 해동하세요.

How to make

1 돈가스는 180℃ 정도로 가열한 기름에 앞뒤로 노릇해질 정도로 3~4분 정도 튀긴 뒤 기름기를 빼둔다.

→ 냉동한 돈가스는 냉장실에서 미리 해동한 다음 전날 튀겨놓고, 아침에 따뜻하게 데우면 시간이 많이 줄어요. 아침부터 튀기는 게 부담스러우면 팬에 약간의 기름을 두르고 뚜껑을 덮고 돈가스를 중불에서 앞뒤로 노릇하게 굽거나, 오븐에서 구우면 담백하게 먹을 수 있어요.

2 양배추는 곱게 채 썰어 준비한다.

3 식빵 한쪽 면에 마요네즈를 바르고 그 위에 양배추 → 돈가스 → 돈가스소스 순으로 올린 뒤 식빵 한쪽으로 덮어 완성한다.

15 min 호박젓국

Week 4
여름

화요일 저녁

여름에 한창 맛있는 애호박에 새우젓으로 간을 해 끓인 국이에요.
달큼한 호박에 감칠맛 나는 새우젓으로 간을 해서 국물만 떠 먹어도 입에 착 달라붙는 맛있는 국이지요.
저녁에 넉넉히 끓여 가족이 둘러앉아 간단한 밑반찬과 함께 먹기에 좋아요.

Ingredient

재료 — 애호박 1개, 두부 1/2모, 홍고추 1개, 새우젓 1큰술, 다진 마늘 1작은술, 멸치다시팩 1개(물 5컵), 들기름 1큰술

How to make

1 애호박은 도톰하게 동그란 모양을 살려 썬 다음 4등분하고 홍고추는 송송 썬다.
  두부는 애호박 크기로 썰어둔다.
2 냄비에 들기름을 두르고 애호박을 넣어 볶는다.
3 애호박이 부드럽게 볶아지면 다진 마늘과 새우젓을 넣어 살짝 더 볶는다.
4 물 또는 육수를 자작하게 붓고 한소끔 끓인 다음 모자라는 간은 소금으로 하고,
  두부와 홍고추를 넣은 뒤 한소끔 끓여 낸다.

오징어젓갈밥샌드

10 min

분주한 아침에는 만들기 쉬운 것도 중요하지만 먹기에도 간편한 것이 좋답니다.
시판 오징어젓갈에 견과류를 다져 넣으면 고소한 맛이 더해져요. 이것을 밥 사이에 샌드위치처럼 넣어 만들면
하나씩 집어 먹기도 편하고 맛도 좋아 바쁜 아침에 후다닥 만들어 먹기 딱 좋은 밥요리이지요.

Week 4
여름

Ingredient

재료 — 밥 3공기, 오징어젓갈 100g, 호두나 호박씨 등의 견과류 30g, 참깨 1/2작은술, 참기름 2작은술, 구운 김 2장

How to make

1. 호두나 호박씨 등의 견과류는 잘게 다지듯 썰어둔다.
2. 오징어젓갈은 먹기 좋게 가위로 자른다.
3. 볼에 오징어젓갈과 견과류, 참깨, 참기름을 넣고 잘 섞는다.
4. 네모난 밀폐 용기에 랩을 깔고 구운 김을 반으로 잘라 한 장 깔고 그 위에 밥을 평평하게 퍼 올린다.
5. 밥 위에 따로 양념한 오징어젓갈을 올리고 다시 밥을 올린 뒤 남은 김으로 덮은 다음 먹기 좋은 크기로 썰어 접시에 담아낸다.

↱ 오징어젓갈 양념은 전날 만들어두면 아침밥이 신속하게 준비됩니다. 양념 오징어젓갈을 넉넉히 만들어 금요일 저녁 메뉴인 오징어젓갈비빔밥에 사용하세요. 오징어젓갈 양을 200g으로 하고 다른 양념도 2배로 하면 됩니다.

20 min

매실장아찌비빔면

Week 4
여름

수요일 저녁

더운 날씨 때문에 자칫 입맛을 잃기 쉬운 여름에는 밥 대신 시원한 국수로 저녁 한 끼를 해결하는 것도 좋답니다.
매콤 새콤한 비빔면에 맛있는 매실장아찌를 더해 입맛이 살아나는 시원한 국수랍니다.

Ingredient

재료 — 소면 400g(+소금 1작은술), 매실장아찌 100g, 오이 1/2개, 달걀 2개, 양배추 4장

양념장 — 고추장 4.5큰술, 고춧가루 2작은술, 식초 3큰술, 다진 마늘 2작은술, 간장 2큰술, 다진 파 2큰술, 매실청 4큰술, 후춧가루 적당량

How to make

1 오이와 양배추는 곱게 채썰고, 달걀은 완숙으로 삶아 껍질을 벗기고 4등분한다.
2 분량의 양념장 재료는 모두 섞어둔다.
3 끓는 물에 소금 1작은술을 넣고 소면을 삶는다. 완전히 삶아지면 찬물에 헹궈 1인분씩 나누어둔다.
4 볼에 소면을 담고 매실장아찌, 오이, 양배추, 달걀을 올리고 양념장을 곁들여 낸다.

10 min
절편구이 + 콩죽

Week 4
여름

목요일
아침

절편은 넉넉히 구입해 냉동했다가 기름을 살짝 두른 팬에 올려 노릇하게 구워 먹으면 맛있어요.
바쁜 아침 식사로 활용하기 좋은 떡이에요.
더운 여름에 시원한 콩국물과 함께 내어 간단하게 준비하기도 좋고 든든한 아침 식사가 됩니다.

Ingredient

재료 — 콩국물 2봉지(+소금 적당량), 땅콩 4큰술, 참깨 1큰술, 절편 16쪽, 꿀 4큰술(생략 가능)

How to make

1 달군 팬에 기름을 두른 다음 키친타월로 닦아내고 절편을 올려 약한 불에서 노릇하게 굽는다.
    → 냉동 절편은 뜨거운 물에 데쳐 부드럽게 한 후 사용하세요.
2 앞뒤로 노릇하게 구운 절편은 접시에 담고 꿀을 뿌린다.
    → 절편만 먹어도 맛있기 때문에 꿀은 생략해도 돼요.
3 믹서기에 콩국물, 소금, 땅콩을 넣고 돌려 컵에 낸다.

20 min

애호박감자전

여름에 싸고 맛있는 애호박과 감자를 이용해 전을 부치면 양념간장만 곁들여도 맛있는 밥반찬이 됩니다. 감자를 강판에 곱게 갈기 힘들어 불편하다고 느껴지면 고운 채칼로 썰어보세요. 잘 안 익는 감자는 전자레인지로 가볍게 익혀 준비해두면 훨씬 쉽게 만들 수 있어요. 넉넉히 만들어 냉동했다가 필요할 때마다 꺼내 구워도 좋아요.

Week 4
여름

목요일
저녁

Ingredient

재료 — 감자 3개, 애호박 1/2개, 소금 1/2작은술, 감자전분 1/4컵, 물 2큰술

How to make

1 감자는 껍질을 벗기고 곱게 채썰고, 애호박도 곱게 채썬다.
  → 채칼을 이용하면 편하고 빠르답니다.
2 채썬 감자는 따로 내열 용기에 담고 랩을 씌워 전자레인지에 2분 정도 돌려 익힌다.
3 볼에 감자와 애호박을 담고 감자전분, 물, 소금을 넣고 잘 섞어 반죽한다.
4 기름을 넉넉히 두른 팬을 달구고 위의 반죽을 얇게 펴 올린 다음 앞뒤로 노릇하게 구워 낸다.

10 min
카프레제샐러드+빵

Week 4
여름

카프레제는 토마토, 모차렐라치즈, 바질로 만든 이탈리아 카프리섬의 샐러드예요.
여름철 식전 요리나 샐러드로 많이 먹는답니다. 슈퍼푸드인 토마토를 듬뿍 먹을 수 있는 건강 요리이기도 하지요.
만들기도 쉬워서 아침에 빵만 곁들이면 간단하면서도 영양 가득한 한 끼 식사가 될 수 있어요.

Ingredient

재료 — 생모차렐라치즈 150g, 방울토마토 20개

소스 — 발사믹식초 4큰술, 올리브유 2큰술, 꿀 2작은술, 레몬즙 1큰술, 양파 1/4개, 바질잎 4~5장

How to make

1 양파와 바질잎은 잘게 다지고 방울토마토는 씻어서 꼭지를 떼고 반으로 자른다.
2 분량의 소스 재료는 모두 섞어둔다.
3 생모차렐라치즈 큰 것은 방울토마토 크기로 자르거나 방울 모양으로 된 것을 구입해 체에 밭쳐 물기를 뺀다.
4 볼에 치즈와 토마토를 넣고 소스를 넣어 섞은 뒤 그릇에 담고 빵을 곁들인다.
  ↪ 꼬치에 꽂아 간단한 와인 안주로 즐겨도 좋아요.

15 min
오징어젓갈비빔밥

Week 4
여름

금요일
저녁

금요일 저녁에는 시간적으로는 좀 더 여유롭지만 몸이 고단할 때가 있지요.
이럴 땐 가볍게 한 그릇 밥이 좋겠지요. 냉장고에 있는 자투리 채소를 곱게 채썰고 미리 양념해두었던 오징어젓갈을 올리기만 해도 근사한 비빔밥이 완성된답니다. 한두 가지 밑반찬만 곁들여서 상을 차리면 엄마도 편하게 즐길 수 있는 금요일 저녁상이 완성됩니다.

Ingredient

재료 — 양념 오징어젓갈 100g(p.239 참조), 양배추 4장, 오이 1/2개, 두부 1/2모, 밥 4공기, 참깨 · 참기름 적당량씩

How to make

1 먹기 좋게 잘라 양념한 오징어젓갈을 준비한다.
   ↳ 수요일 아침 메뉴에 사용했던 견과류 넣은 것을 이용하세요.
2 양배추와 오이는 곱게 채썰고 두부는 한입 크기로 깍둑썰기한다.
3 그릇에 따뜻한 밥을 담고 그 위에 두부, 양배추, 오이, 젓갈을 담고 참깨와 참기름을 뿌려 낸다.
   ↳ 취향에 따라 고추장을 곁들여 내세요.

25 min

토마토프리타타

Week 4
여름

토요일

브런치

프리타타는 여러 가지 채소와 달걀을 이용해 만드는 이탈리아식 오믈렛의 일종이에요.
레시피에 있는 것 이외에 집에 있는 채소들을 활용해서 만들어도 좋아요.
넉넉한 팬에 만들어 온 가족이 둘러앉아 이런저런 대화를 나누며 먹으면 좋겠지요.
가벼운 과일과 빵 정도만 곁들여 내도 주말 근사한 브런치 메뉴가 된답니다.

Ingredient

재료 — 달걀 4개, 방울토마토 10개, 양송이버섯 6개, 베이컨 4줄, 양파 1/4개, 우유 2/3컵, 바질잎 10장 정도, 파마산치즈가루 1큰술, 소금 1/3작은술, 후춧가루 적당량

How to make

1 방울토마토와 양송이버섯은 반으로 자르고 양파는 큼직하게 다진다. 베이컨은 도톰하게 썬다.
2 볼에 달걀을 깨뜨려 넣고 우유, 파마산치즈가루, 소금, 후춧가루를 넣어 잘 섞어둔다.
3 달군 팬에 올리브유를 두르고 양파와 버섯을 넣어 볶는다.
4 양파가 투명하게 볶아지면 베이컨과 토마토를 넣어 가볍게 볶는다.
5 섞어놓은 달걀물을 붓고 바질을 올린 뒤 뚜껑을 덮고 약한 불에서 15분 정도 구워낸다.

20 min
돈가스정식

Week 4
여름

토요일 저녁

주말 저녁에 외식하는 대신 집에서 만든 수제 돈가스로 근사하게 한 상을 차려보세요. 미리 만들어둔 돈가스만 있으면 쉽게 만들 수 있답니다. 돈가스를 바삭하게 튀기고 가벼운 양배추 샐러드를 곁들이기만 해도 사 먹는 돈가스보다 훨씬 맛있고 건강한 저녁을 즐길 수 있어요.

Ingredient

재료 — 돈가스 8장(p.228 참조), 양배추 4장, 돈가스소스 적당량

↳ 미리 손질해 냉동한 돈가스는 전날 냉장실로 옮겨 해동해서 사용하세요.

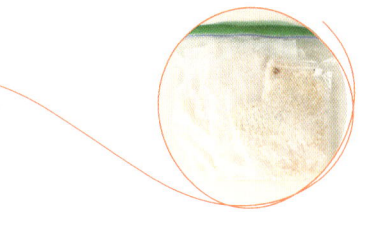

How to make

1 양배추는 곱게 채썰어 찬물에 담갔다가 체에 밭쳐 물기를 뺀다.
2 팬에 기름을 넉넉히 붓고 180℃ 정도로 기름을 가열한다. 가열한 기름에 돈가스를 넣고 갈색빛이 돌 때까지 튀긴다.

  > 기름에 튀기는 게 번거롭다면, 팬에 적당히 기름을 두르고 돈가스를 넣고 속이 잘 익도록 뚜껑을 덮어 앞뒤로 노릇하게 익혀도 좋아요. 담백한 돈가스가 되겠지요.

3 한 번 튀긴 돈가스는 꺼내 체에 밭쳐두었다가 조금 높은 온도에 넣고 진한 갈색이 될 때까지 튀겨 체에 밭쳐둔다.
4 튀긴 돈가스는 먹기 좋은 크기로 자른다.
5 접시에 돈가스와 양배추를 담고 소스를 뿌려 낸다.

가을

Week 1
MENU PLAN

	아침		저녁	
월요일	쇠고기스테이크 + 밥		버섯된장국	
화요일	잉글리시머핀 샌드위치		버섯볶음덮밥	
수요일	전복내장죽		소시지치즈볶음밥	
목요일	단호박구이		전복버터구이볶음밥	
금요일	찹쌀단호박죽		간단버섯육개장	
토요일	소시지핫케이크 + 과일		찹스테이크	

★ 일요일에는 냉장고 속을 살펴 유통기한이 얼마 안 남은 식재료나 갑자기 생긴 외식 등으로 남은 식재료로 나만의 냉장고 정리용 메뉴를 만들어보세요.

SHOPPING

영양 많고 향이 좋은 버섯이 한창인 이 계절에는 여러 가지 버섯으로 버섯믹스를 만들어 냉동실에 보관하면 언제든 요리에 이용할 수 있답니다. 버섯된장국, 버섯볶음덮밥, 버섯육개장 등 다양하게 활용해 보세요. 가족의 면역력도 높아지지요. 가을에 살이 올라 맛있는 전복으로는 전복내장죽과 전복볶음밥 등을 만들어 몸의 활력을 불어넣는 가을 식탁을 준비하세요.

채소/과일류

- 느타리버섯 200g
- 팽이버섯 200g
- 표고버섯 200g
- 양송이버섯 300g
- 단호박 1통
- 피망 2개
- 숙주 200g
- 대파 1개
- 파프리카 색깔별 1개씩
- 양파 3개
- 마늘 10쪽

가공식품

- 두부 1모
- 잉글리시 머핀 4개
- 슬라이스치즈 1팩
- 슬라이스햄 1팩
- 비엔나소시지 400g
- 호두, 아몬드, 건포도 적당량씩
- 핫케이크 믹스 1개
- 멸치다시팩 2개
- 모차렐라치즈 1컵
- 찹쌀가루 적당량

수산물

- 전복 8마리

고기/달걀류

- 쇠고기(스테이크용) 900g
- 달걀 5개

★ 상기 이미지는 이번 주 장 보기의 예시입니다. 각 재료는 상황에 맞게 구입하세요.

일주일이 편한 주말 재료 손질

쇠고기스테이크, 찹스테이크용 쇠고기 손질하기

쇠고기스테이크용은 한 장씩 구분해서 비닐 팩에 담아 냉동 보관하세요. 찹스테이크용은 먹기 좋은 크기로 잘라 비닐 팩에 담아 냉동 보관하세요.

찹스테이크용 채소인 양파, 파프리카, 피망, 양송이버섯은 손질해 먹기 좋은 크기로 잘라 비닐 팩에 담아 냉동 보관하면 편해요.

전복내장죽, 전복버터구이볶음밥용 전복 손질하기

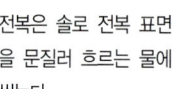

1. 전복은 솔로 전복 표면을 문질러 흐르는 물에 씻는다.

2. 전복의 껍질 쪽이 위로 오게 뒤집은 뒤 뜨거운 물을 살짝 붓는다. 그리고 뒤집어 전복살과 껍질 사이에 숟가락을 넣으면 껍질이 잘 떼어진다.

3. 전복의 내장은 따로 떼어 내고, 전복 끝쪽의 빨간 전복 입은 잘라 버린다.

4. 전복 살은 얇게 슬라이스 한다.

내장도 손질하여 전복살과 비닐 팩에 담아 냉동 보관한다.

주말 재료 손질은 선택 사항이므로 부담 갖지는 마세요.
미리 할 시간이 없다면 재료 손질만 참고하세요.
다만, 주말에 30~40분만 투자하면 일주일이 편하답니다.

주말 / 30분 준비

버섯볶음덮밥, 버섯된장죽, 간단버섯육개장용 버섯믹스 만들기

버섯은 깨끗한 환경에서 자라며 수분을 많이 흡수하기 때문에 따로 씻지 않고 그대로 사용하는 것이 좋아요. 표고버섯이 조금 지저분하다면 물로 씻는 것보다는 갓 부분을 두드려 먼지를 털어내거나 깨끗한 물수건으로 닦아내는 정도로 하세요.

    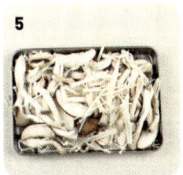

1. 표고버섯의 밑동은 떼어 내고 편으로 썬다.
2. 양송이는 모양을 살려 도톰하게 썬다.
3. 팽이버섯은 밑동을 잘라 내고 반을 자른다.
4. 느타리버섯은 너무 큰 것은 먹기 좋은 크기로 찢어준다.
5. 손질한 버섯은 모두 섞어서 한 번 먹을 분량만큼 나누어 비닐 팩에 넣고 냉동한다.

단호박구이, 단호박죽용 단호박 손질하기

단호박구이용은 단호박은 반을 갈라 속을 파내고 도톰하게 썰어 전자레인지에 넣고 2분 정도 가볍게 익혀 식힌 후 비닐 팩에 담아 냉동 보관하세요.

단호박죽용은 큼지막한 크기로 썰어 껍질을 벗겨 자른 다음 전자레인지에 넣고 5분 정도 익혀 식힌 후 비닐 팩에 담아 냉동 보관하세요.

15 min

쇠고기스테이크+밥

Week 1
가을

아침부터 쇠고기스테이크냐고요? 그럼요! 질 좋은 쇠고기만 있으면 적당히 구워내기만 해도 알찬 아침 식사가 되거든요. 너무 두꺼운 고기는 굽기에 조금 까다로우므로 특별히 손질할 필요 없는 부채살로 간단하게 스테이크를 만들어 아침을 준비하세요. 아삭한 숙주를 곁들이면 먹는 맛이 정말 좋아요.

★ 아침에 먹는 스테이크는 품질 좋은 부채살이 좋아요.

Ingredient

재료 — 스테이크용(부채살) 쇠고기 400g, 버터 2큰술, 숙주 100g, 양파 1/2개, 스테이크소스 적당량, 밥 2공기, 소금·후춧가루 적당량씩

How to make

1 쇠고기에 소금과 후춧가루를 뿌려 밑간하고, 숙주는 깨끗이 씻어 물기를 빼고, 양파는 채썬다.
　↳ 냉동한 고기는 전날 냉장실로 옮겨 해동하세요.
2 달군 팬에 버터를 녹이고 센 불에 부채살을 올려 앞뒤로 적당히 구워 접시에 담아둔다.
3 고기를 굽던 팬에 채 썬 양파를 넣고 볶다가 양파가 투명해지면 숙주를 넣고 센 불에서 숨이 죽을 정도로만 가볍게 볶아 소금, 후춧가루를 뿌려 접시에 담는다.
4 밥과 스테이크소스를 곁들여 낸다.

버섯된장국

20 min

Week1
가을

월요일
저녁

가을에 나는 제철 버섯은 향이 좋아 어떤 요리를 해도 맛이 좋아요. 미리 손질해둔 다양한 버섯은 국으로 끓이면 더 깊은 맛이 난답니다. 된장을 넣고 심심하게 끓인 버섯된장국은 지친 하루의 피로를 말끔히 씻어주는 구수하고 따뜻한 식탁이 되겠지요.

Ingredient

재료 — 버섯믹스 1봉지 약 150g(p.257 참조), 느타리버섯, 표고버섯, 팽이버섯), 두부 1/2모, 양파 1/4개, 대파 1/3대, 다진 마늘 1작은술, 된장 2큰술, 국간장 1큰술, 멸치다시팩 1개(물 6컵)

How to make

1. 두부는 한입 크기로 깍둑 썰고 양파는 채썬다. 대파도 어슷하게 썰어 준비한다.
2. 냄비에 물과 멸치다시팩을 넣고 끓인다. 물이 끓기 시작하면 멸치다시팩은 건져 내고 버섯믹스와 함께 양파를 넣고 된장을 푼다.
   > 미리 냉동한 모둠버섯은 해동할 필요 없이 바로 요리에 사용하세요.
3. 된장이 잘 어우러지도록 풀어지면 다진 마늘, 국간장으로 간을 한다.
4. 마지막으로 두부와 대파를 넣고 한소끔 끓여 낸다.

★ 냉동 버섯믹스는 정말 유용해요
요리에 바로 사용하세요

15 min

잉글리시머핀샌드위치

잉글리시머핀으로 만든 샌드위치는 패스트푸드점의 인기 아침 메뉴이지요.
요즘에는 빵집에서도 쉽게 잉글리시머핀을 구할 수 있어서 집에서 좀 더 좋은 재료로 쉽고 빠르게 만들 수 있답니다.
쫄깃한 식감의 잉글리시머핀으로 만드는 샌드위치의 매력을 느껴보세요.

Week 1
가을

화요일
아침

ingredient

재료 — 잉글리시머핀 4개, 슬라이스햄·슬라이스치즈 각 4장씩, 달걀 4개, 허니머스터드소스 4큰술, 소금·후춧가루 적당량씩

How to make

1 잉글리시머핀은 아무것도 두르지 않은 팬에 올려 안쪽 면을 가볍게 굽는다.
2 구운 머핀 안쪽에 허니머스터드소스를 바른다.
3 달걀은 동그란 모양을 살려 프라이를 한 뒤 소금, 후춧가루를 가볍게 뿌린다.
4 소스 바른 머핀 안에 햄, 치즈, 달걀프라이 순으로 올린 뒤 다시 빵을 덮어 완성한다.

버섯볶음덮밥

20 min

다양한 버섯을 함께 볶아 고기보다 더 쫄깃하고 맛있는 덮밥을 만들었어요. 별다른 재료 없이 버섯만 있으면 바로 만들어지는 버섯볶음덮밥은 가을철 우리 집 단골 메뉴랍니다. 특히 가을철 향이 좋은 표고버섯을 듬뿍 넣어 만들기를 추천해요. 좀 더 든든한 한 끼를 원하신다면 채썬 쇠고기를 넣고 함께 볶아 만들어도 좋아요.

Week 1
가을

Ingredient

재료 — 버섯믹스 400g(p.257 참조), 양파 1/2개, 피망 1개, 대파 1/3대, 밥 4공기, 다진 마을 1/2큰술, 녹말물 2큰술, 참깨·참기름 적당량씩
  ↳ 미리 냉동한 버섯모듬은 해동하지 말고 바로 요리에 사용하세요.

소스 — 간장 2.5큰술, 굴소스 1큰술 +1작은술, 설탕 2작은술, 맛술 2큰술

How to make

1. 양파와 피망은 채를 썰어 준비한다. 버섯믹스도 준비한다.
   ↳ 버섯은 물러지기 쉬우므로 여러 가지 버섯을 손질해 1회분씩 소분해서 버섯믹스를 만들어 냉동해두면 편해요.
2. 달군 팬에 기름을 두르고 마을을 먼저 넣어 볶다가 버섯믹스를 넣어 볶는다.
3. 버섯에서 수분이 나오기 시작하면 양파와 피망도 함께 넣어 볶는다.
4. 양파가 투명해지면 물을 붓고 분량의 소스 재료를 모두 넣어 끓인다.
5. 국물이 한소끔 끓으면 미리 개어둔 녹말물을 풀어 걸쭉하게 만들고 참깨와 참기름을 넣는다.
6. 따뜻한 밥 위에 버섯볶음을 올리고 송송썬 대파를 올려 완성한다.

★ 미리 손질한 버섯믹스는 정말 유용해요. 요리에 바로 사용하세요.

25 min

전복내장죽

Week 1
가을

보양식 하면 떠오르는 대표 식재료는 바로 전복이지요. 가을철 전복이 가장 맛있을 때
가족들을 위한 영양식을 만들어보세요. 특히 전복의 내장을 으깨 넣어 진한 맛이 일품인
전복내장죽은 가을철 온 가족의 영양을 책임질 맛있는 아침 식사가 될 거예요.
바쁜 아침에는 쌀 대신 밥을 이용해서 조금 빠르게 죽을 쑤어도 좋아요.

Ingredient

재료 — 전복 4마리(p.256 참조), 밥 2.5공기, 참기름 1큰술, 국간장 2작은술, 소금 적당량, 물 5~6컵

How to make

1 손질한 전복은 해동하고 내장은 곱게 으깨둔다.
   → 미리 손질해 냉동한 전복은 전날 냉장실에서 해동하세요.
2 냄비에 참기름을 두르고 손질한 전복을 넣어 볶는다.
3 볶은 전복에 밥과 물을 넣고 뚜껑을 덮어 밥이 푹 퍼지도록 10분 정도 끓인다.
   → 이때 찰밥을 사용하면 더 좋아요.
4 밥이 푹 퍼지면 으깬 내장을 체에 걸러 넣고 국간장과 소금으로 간을 해 완성한다.

★ 냉동 전복은 전날 냉장실에서 해동하세요

15 min

소시지치즈볶음밥

Week 1
가을

수요일 저녁

볶음밥은 반찬이 없는 날 후다닥 만들 수 있는 요리지요. 비엔나소시지를 넣고 밥과 함께 볶아주면 아이들뿐만 아니라 어른들도 좋아하는 특별한 볶음밥이 만들어져요. 여기에 모차렐라치즈까지 더해주면 고소한 볶음밥이 완성됩니다.

Ingredient

재료 — 비엔나소시지 200g, 양파 1/3개, 빨강·노랑 파프리카 각 1/4개씩, 피망 1/3개, 양송이버섯 4개, 소금·후춧가루 적당량씩, 케첩 4큰술, 모차렐라치즈 1컵 정도

↳ 미리 손질해 냉동한 채소와 버섯은 따로 해동하지 않고 요리에 바로 사용하세요.

How to make

1. 채소는 잘게 다지듯 썰고 양송이는 모양을 살려 편으로 썬다.
2. 비엔나소시지는 동그란 모양을 살려 썬다.
3. 달군 팬에 기름을 두르고 소시지를 넣어 볶다가 준비한 채소를 모두 넣어 볶는다. 기름이 돌면 소금과 후춧가루를 넣어 밑간한다.
4. 채소가 반쯤 익으면 밥을 넣고 케첩을 넣어 볶아 볶음밥을 만든다.
5. 그릇에 밥을 담고 모차렐라치즈를 얹어 전자레인지에 치즈가 녹을 정도로만 돌려 완성한다.

★ 볶음밥용 재료를 주말에 미리 손질해두면 요리 시간이 빨라져요.

단호박구이

15 min

Week1
가을

목요일
아침

가을에 나는 채소 중에 우리 가족이 정말로 좋아하는 것은 바로 단호박이랍니다. 단단한 단호박을 자르면 보이는 샛노란 속살은 보기만 해도 식욕을 돋우지요. 단호박을 익히기 어렵다고 생각하지만 전자레인지를 활용하면 익히는 시간도 절약되어 아침에 간단하게 든든한 식사를 준비할 수 있어요. 구운 단호박에 각종 견과류와 꿀을 곁들이면 두뇌 활동에 도움을 주는 건강한 아침 식사가 됩니다.

Ingredient

재료 — 단호박 1/3통(p.257 참조), 호두 40g, 아몬드 40g, 건포도 2큰술, 꿀 4큰술

↳ 미리 손질해 냉동한 단호박은 따로 해동하지 않고 바로 달군 팬에 올려 구워요.

How to make

1 단호박은 4등분으로 잘라 씨를 파내고 도톰하게 썬다.
2 썬 단호박은 전자레인지에 넣고 2분 정도 돌려 가볍게 익힌다.
3 달군 팬에 호두와 아몬드를 넣고 겉면이 노릇하게 볶아 따로 둔다.
4 달군 팬에 단호박을 올리고 약한 불에서 겉표면이 노릇하도록 돌려가며 굽는다.
5 접시에 구운 단호박을 올리고 구운 견과류와 건포도를 올린 뒤 꿀을 뿌려 완성한다.

★ 미리 손질해 냉동한 단호박을 사용하면 아침 준비가 빨라져요

20 min

전복버터구이볶음밥

전복으로 꼭 거창한 요리를 해야 한다는 편견은 버리세요! 평범한 볶음밥에 전복을 넣기만 해도 간편하면서도 맛있는 볶음밥이 만들어지거든요. 볶음밥을 만들 때 버터를 넣어 볶으면 전복의 고소한 맛이 배가 된답니다. 영양 가득한 전복으로 가족들이 좋아하는 볶음밥을 만들어 가을철 영양을 보충하세요.

Week 1
가을

Ingredient

재료 — 전복 4마리(p.256 참조), 밥 3공기, 양파 1/3개, 마늘 6쪽, 버터 2큰술, 대파 1/2대, 소금·후춧가루 적당량씩

How to make

1 깨끗하게 손질한 전복은 먹기 좋은 크기로 자른다.
   → 미리 손질해서 냉동한 전복은 해동하지 않고 바로 사용해도 좋아요.
2 대파는 송송썰고 양파는 다진다. 마늘은 편으로 썬다.
3 달군 팬에 버터를 녹인 다음 마늘을 먼저 넣고 노릇하게 구운 뒤 양파와 대파를 넣어 볶는다.
4 대파의 향이 나기 시작하면 전복을 넣고 살짝 볶다가 전복 내장과 밥을 넣어 볶는다.
5 밥과 전복이 골고루 섞이면 소금과 후춧가루로 간을 해 완성한다.

찹쌀단호박죽

10 min

Week 1
가을

금요일
아침

달콤한 단호박은 익혀서 그냥 먹어도 맛있지만 노란색이 예쁜 단호박죽으로 먹어도 좋지요.
주말에 미리 손질해놓은 단호박을 이용하면 아침에 빠르게 끓일 수 있답니다.
단호박의 달콤한 맛에 없던 입맛도 돌아오고 부드럽게 속을 달래 활기찬 하루를 시작할 수 있어요.

1-1   1-2
3-1   3-2

Ingredient

재료 — 단호박 1/2통(p.257 참조), 찹쌀가루 3큰술(+물 6큰술), 물 3컵, 소금 1/4작은술, 꿀 2큰술

How to make

1 단호박은 큼지막한 크기로 썰어 껍질을 벗기고 전자레인지에 5분 정도 익힌다.
   ↳ 미리 손질해 냉동한 단호박은 바로 요리에 사용하세요.

2 냄비에 분량의 물을 붓고 단호박을 넣어 완전히 무르도록 익힌 다음 매셔 등을 이용해서 으깨거나 블렌더로 곱게 갈아둔다.

3 으깬 단호박이 끓으면 분량의 물에 미리 개어둔 찹쌀가루를 넣고 약한 불에서 저어가며 5분 정도 끓인다. 여기에 소금으로 간을 한 뒤 꿀을 넣어 단맛을 맞춘다.

25 min

간단버섯육개장

Week 1
가을

금요일
저녁

갖은 재료와 고기를 넣어 오랜 시간 정성으로 푹 끓이는 육개장은 속까지 든든해지는 맛있는 요리지요.
하지만 다양한 재료를 장시간 끓여야 해서 대부분 만들기 어렵다고 생각한답니다.
제가 버섯믹스를 이용해서 쉽게 만들 수 있는 방법을 알려드릴게요. 고기가 들어가지 않아도
버섯과 채소에서 우러나온 시원한 국물 맛이 우리 입맛에 꼭 맞는답니다.

Ingredient

재료 — 버섯믹스 200g(p.257 참조), 양파 1/2개, 대파 2대, 숙주 100g, 고추기름 2큰술, 멸치다시팩 1개(물 6컵)
양념 — 고춧가루 2큰술, 국간장 1큰술, 다진 마늘 1큰술, 까나리액젓 1.5큰술, 소금 적당량

How to make

1 대파는 5cm 길이로 잘라 반을 가르고 양파는 채썬다. 미리 손질해 냉동한 버섯믹스도 준비한다.
   → 미리 손질해 냉동한 버섯믹스는 따로 해동하지 않고 요리에 바로 사용하세요.
2 숙주는 지저분한 뿌리는 다듬고 끓는 물에 살짝 데친 다음 찬물에 헹궈둔다.
3 냄비에 고추기름을 두르고 대파를 넣어 볶다가 버섯과 양파, 고춧가루를 넣어 볶는다.
   → 기름에 대파와 버섯을 충분히 볶아야 진한 맛이 우러나와요.
4 3에 물과 멸치다시팩을 넣고 끓인다. 육수가 끓어오르면 5분 후 멸치다시팩은 건져내고 데친 숙주를 넣고 액젓과 국간장을 넣어 간을 한다.
5 10분 정도 충분히 끓인 뒤 그릇에 담아낸다.

20 min

소시지핫케이크+과일

Week 1
가을

토요일

브런치

평범한 핫케이크도 주말 아침 식사로 좋지만 비엔나소시지를 이용해서 좀 더 특별한 핫케이크를 만들어보세요. 한입 크기로 구운 핫케이크에 소시지를 올려 구우면 더 맛있는 핫케이크를 만들 수 있답니다. 꼬치를 꽂아 미니 핫도그로 만들어도 되고 평소 아이들 간식으로 만들어도 좋답니다.

Ingredient

재료 — 비엔나소시지 200g, 핫케이크 믹스 200g, 달걀 1개, 우유 100g, 케첩·과일 적당량씩

How to make

1. 볼에 핫케이크 믹스와 우유, 달걀을 넣고 멍울지지 않게 거품기로 잘 섞어둔다.
2. 달군 팬에 기름을 두른 다음 키친타월로 닦아내고 불을 약하게 줄이고 반죽을 2큰술 정도 동그랗게 떠 올린다.
3. 반죽 위에 비엔나소시지를 하나 올린다.
   → 소시지는 미리 뜨거운 물에 데쳐서 사용하세요.
4. 반죽에 골고루 기포가 올라오기 시작하면 반죽을 잘 잡아 모아준 다음 뒤집어 좀 더 구워준다.
   → 반죽이 충분히 익은 뒤에 뒤집어주세요.
5. 케첩을 뿌리고 과일을 곁들여 낸다.

찹스테이크

20 min

Week 1
가을

주말 저녁에 특별한 메뉴가 필요하다면 찹스테이크를 추천합니다. 그냥 스테이크를 굽는 것은 좀 어렵다고 느껴질 때 다양한 채소, 버섯 등과 함께 볶아서 만드는 찹스테이크는 만들기도 쉬울 뿐만 아니라 푸짐하고 맛도 좋아 온 가족이 모여 앉아 먹기에 좋은 음식이에요. 오늘 저녁 찹스테이크로 가족들의 사랑을 듬뿍 받아보세요.

Ingredient

재료 — 쇠고기(스테이크용 등심 또는 안심) 500g(p.256 참조), 양파 1/2개, 빨강·노랑 파프리카 각 1/4개씩, 피망 1개, 양송이 버섯 4개, 마늘 4쪽, 버터 2큰술, 소금·후춧가루 적당량씩, 로즈마리 등의 허브 적당량

소스 — 스테이크소스 4큰술, 레드와인 3큰술, 발사믹식초 2큰술, 꿀 2작은술

How to make

1 쇠고기는 한입 크기로 썰고 소금과 후춧가루를 뿌려 밑간한다.
  → 고기가 익으면 크기가 작아지므로 한입 크기로 약간 큼직하게 썰어요.
  → 미리 손질해 냉동한 쇠고기는 사용 전날 냉장실에서 해동하세요.

2 마늘은 편으로 썰고 채소도 한입 크기로 썰어둔다.
  → 미리 손질해 냉동한 채소는 따로 해동하지 않고 바로 사용하세요.

3 달군 팬에 버터를 녹이고 마늘을 볶다가 쇠고기를 넣고 센 불에서 앞뒤로 익힌다.

4 쇠고기의 겉면이 노릇하게 익으면 준비한 채소도 넣어 센 불에서 가볍게 볶는다.

5 미리 섞어둔 소스를 붓고 골고루 섞일 정도로만 볶아 그릇에 담아낸다.

가을
Week 2
MENU PLAN

아침 | **저녁**

월요일
낫또비빔밥  | 오징어채볶음 + 뱅어포구이

화요일
훈제오리볶음덮밥  | 콩비지김치전

수요일
새우달걀찜  | 김치볶음밥

목요일
뱅어포주먹밥  | 새우달걀볶음밥

금요일
오징어채달걀말이밥  | 콩비지찌개

토요일
에그베네딕트  | 훈제오리구이 + 채소무침

★ 일요일에는 냉장고 속을 살펴 유통기한이 얼마 안 남은 식재료나 갑자기 생긴 외식 등으로 남은 식재료로 나만의 냉장고 정리용 메뉴를 만들어보세요.

SHOPPING

든든한 밑반찬인 오징어채볶음과 뱅어포구이는 활용도 높은 밑반찬이에요. 반찬으로 먹다가 오징어채달걀말이밥과 뱅어포주먹밥 등으로 활용하면 간단한 아침 요리에 좋답니다. 이번 주 고기 요리의 재료인 훈제오리를 이용해 훈제오리볶음덮밥이나 훈제오리구이 등 일품요리로 좀 더 빠르고 가벼운 식탁을 차리는 노하우를 알려드립니다.

채소/과일류	가공식품	수산물	고기/달걀류
양파 2개	낫또 4팩	새우살 250g	훈제오리 900g
부추 1단	콩비지 2팩(600g)	오징어채 300g	돼지고기 목살 400g
어린잎채소 1팩	잉글리시머핀 4개	뱅어포 50g	달걀 20개
당근 1개	슬라이스햄 1팩		
파프리카 2~3개	부침가루 적당량		
홍고추 2개	우유		
대파 2대	멸치다시팩 1개		
마늘 5쪽	감가루 또는 구운 김 1봉지		

★ 상기 이미지는 이번 주 장 보기의 예시입니다. 각 재료는 상황에 맞게 구입하세요.

일주일이 편한 주말 재료 손질

콩비지김치전, 김치볶음밥용 김치볶음 만들기

볶은 김치는 밀폐 용기에 담아 냉장 보관한다.

1. 김치 1/2포기를 잘게 썬다.
2. 달군 팬에 기름을 두르고 김치를 넣어 약한 불에서 볶는다.

   중간에 뚜껑을 덮으면 좀 더 빠르게 익어요.
3. 김치가 부드럽게 익으면 물엿 1~2큰술을 넣고 참깨를 뿌려 완성한다.

   너무 신 김치일 경우 설탕을 조금 넣으세요.

콩비지김치전, 김치볶음밥, 콩비지찌개용 돼지 목살 양념하기

재료 : 돼지 목살 500g
양념 : 간장 5큰술, 다진 마늘 2큰술, 다진 파 3큰술, 생강술 2큰술, 설탕 2큰술, 후춧가루 적당량

1. 돼지 목살은 잘게 썬다.
2. 썬 고기에 양념을 모두 넣어 간이 잘 배도록 잘 섞는다.
3. 분량의 1/5 정도는 콩비지김치전으로, 나머지 분량은 김치볶음밥용으로 소분하여 비닐 팩에 담아 냉동 보관한다.

새우달걀찜, 새우달걀볶음밥용 새우 손질하기

새우는 깨끗이 씻어 물기를 빼고 소분하여 비닐 팩에 담아 냉동 보관한다.

주말 재료 손질은 선택 사항이므로 부담 갖지는 마세요.
미리 할 시간이 없다면 재료 손질만 참고하세요.
다만, 주말에 30~40분만 투자하면 일주일이 편하답니다.

주말 30분 준비

피클만들기

한입 베어 물면 새콤하고 상큼한 피클은 간단한 요리나 서양 요리에 곁들임 음식으로 매력적이죠. 시중에 파는 피클은 너무 달아서 먹기 꺼려진다면 직접 간단히 만들어보세요. 오이뿐만 아니라 무, 파프리카, 브로콜리 등 집에 있는 다양한 자투리 채소를 이용해서 밖에서 파는 것보다 더 깔끔하고 맛있는 피클을 만들 수 있답니다.

기본 피클소스 : 물 3컵, 식초 2컵, 설탕 2/3컵, 소금 1큰술, 피클링스파이스 1/2큰술)
위의 소스를 기본으로 다양한 채소에 따라 소스를 가감해 만든다.

채소 스틱 피클

재료
오이 2개
당근 1개
무 1/3개

1. 오이와 당근, 무를 12cm 정도 길이의 스틱 모양으로 자른다.
2. 냄비에 분량의 피클소스를 모두 넣고 피클링스파이스를 넣어 끓인다.
3. 미리 소독한 유리병에 채소 스틱을 담고 피클물이 끓어 뜨거울 때 붓는다.
4. 3일 정도 실온에서 숙성시킨 다음 냉장고에 넣어 보관하고 먹는다.

모둠 피클

재료
오이 1개
무 1/4개
브로콜리 1송이
빨강·노랑 파프리카 1개씩

1. 오이는 동그란 모양을 살려 썰고 무와 파프리카는 한입 크기로 썬다. 브로콜리도 한입 크기로 떼어 놓는다.
2. 냄비에 분량의 피클소스를 모두 넣고 피클링스파이스를 넣어 끓인다.
3. 미리 소독한 유리병에 채소 스틱을 담고 피클물이 끓어 뜨거울 때 붓는다.
4. 3일 정도 실온에서 숙성시킨 다음 냉장고에 넣어 보관하고 먹는다.

낫또비빔밥

Week 2
가을

월요일
아침

낫또는 일본의 대표적인 발효식품으로 우리나라의 청국장과 비슷한 음식이에요.
유산균이 많아 변비에 좋고 몸속의 노폐물을 제거하는 데 효과적인 식품이지요.
우리의 청국장은 말할 것도 없이 너무 좋지만, 아침에는 냄새가 나지 않는 낫또로 준비하면 어떨까요?
아이들이 어렸을 때부터 습관적으로 먹이면 차차 거부감 없이 먹을 수 있는 건강식이에요.

Ingredient

재료 — 밥 4공기, 낫또 4팩, 김치 100g, 구운 김 2장 분량(김가루), 부추 30g, 참깨·참기름 적당량씩

How to make

1 구운 김은 잘게 부수고 부추는 송송썬다.
2 김치는 속을 털어내고 가볍게 물에 씻은 뒤 송송썰고, 참깨와 참기름을 적당량 넣고 버무린다.
3 낫또에 같이 있는 간장을 넣고 잘 섞는다.
   → 낫또는 먹기 전에 젓가락으로 충분히 저어 끈끈한 점액질이 생기도록 해서 먹어야 제맛을 느낄 수 있어요.
      취향에 따라 연겨자를 넣어 먹어도 좋아요.
4 그릇에 따뜻한 밥을 담고 낫또와 김치, 구운 김을 올리고 쪽파를 올려 완성한다.

오징어채볶음+뱅어포구이

20 min

다양하게 활용할 수 있는 대표 밑반찬 오징어채볶음과 뱅어포구이를 소개합니다. 한번 만들어두면 일주일은 끄떡없어 바쁜 엄마를 위한 밑반찬으로 최고지요. 매콤하면서도 짭짤한 맛에 특별한 반찬 없이도 밥 먹기에 좋아요. 일주일 분량을 넉넉히 준비하여 아침 메뉴에도 응용할 수 있도록 만들었답니다.

Week 2
가을

Ingredient

재료 — 오징어채 300g, 뱅어포 50g

양념 — 고추장 4큰술, 마요네즈 2큰술, 간장 2큰술, 설탕 2큰술, 물엿 2.5큰술, 다진 마늘 2작은술, 다진 파 2큰술, 참깨 1큰술, 후춧가루 적당량

How to make

1. 분량의 양념장 재료는 모두 섞어둔다.
2. 오징어채는 먹기 좋은 크기로 자르고 찬물에 담가 가볍게 씻은 뒤 체에 받쳐 물기를 꼭 짠다.
   → 오징어채를 가볍게 씻어 사용하면 딱딱하지 않고 부드럽게 만들 수 있고 첨가물도 제거할 수 있답니다.
3. 뱅어포는 마른 팬에 가볍게 한 번 구워둔다.
4. 팬에 분량의 양념장의 2/3를 붓고 가볍게 끓인다.
   → 뱅어포구이에 바를 양념장은 따로 남겨두세요.
5. 양념장이 끓기 시작하면 오징어채를 넣어 양념이 잘 스며들도록 섞어가며 약한 불에서 볶다가 양념이 배면 마요네즈를 넣고 가볍게 볶아 완성한다.
6. 뱅어포에 양념장을 가볍게 바르고 앞뒤로 노릇하게 구운 뒤 먹기 좋게 자른다.

15 min

훈제오리볶음덮밥

훈제오리는 자칫 느끼하거나 잡내가 날 수 있는 오리를 훈제한 것으로 어른, 아이 모두 좋아하지요. 훈제오리볶음덮밥은 볶음밥 느낌과는 또 다르게 여러 가지 채소와 함께 볶았어요. 잡채밥처럼 밥 위에 얹어 먹으면 특별한 반찬 없는 아침에 맛있고 든든한 한 그릇 음식입니다.

Week 2
가을

화요일
아침

Ingredient

재료 — 밥 4공기, 훈제오리 300g, 양파 1/2개, 부추 30g, 빨강·노랑 파프리카 각 1/3개씩, 당근 25g, 참깨 1작은술·참기름 2작은술

양념 — 간장 3큰술, 맛술 2큰술, 다진 마늘 1작은술, 다진 파 1큰술, 설탕 1/2큰술, 후춧가루 적당량

How to make

1 파프리카, 양파, 당근은 4cm 정도의 길이로 채 썬다. 부추도 4cm 길이로 썬다.
2 달군 팬에 훈제오리를 올려 굽는다. 이때 생긴 기름은 키친타월로 닦아낸다.
3 오리가 노릇하게 구워지면 양파와 당근, 파프리카를 넣어 센 불에서 가볍게 볶는다.
4 분량의 양념장 섞은 것도 넣고 가볍게 볶는다.
5 양파가 부드럽게 볶아지면 부추를 넣고 참깨와 참기름을 넣어 한 번 섞은 뒤 불에서 내린다.
   ↳ 여기에 삶은 당면을 넣으면 훈제오리잡채로 만들 수 있어요.
6 따뜻한 밥 위에 훈제오리볶음을 곁들인다.

★ 미리 손질해둔 냉동 채소는 요리에 바로 사용하세요

15 min

콩비지김치전

콩비지는 삶은 콩을 곱게 간 것으로 콩의 영양가가 그대로 담겨 있어요. 예전에는 집에서 콩을 삶아 갈아야 했지만 요즘에는 마트에 가면 곱게 갈려져 있는 콩비지를 쉽게 구입할 수 있어요. 이 콩비지와 미리 주말에 준비해 둔 볶은 김치와 돼지고기로 맛있는 전을 금방 만들 수 있어 저녁 반찬으로 먹기 좋답니다.

Week 2
가을

화요일
저녁

Ingredient

재료 — 콩비지 300g, 볶은 김치 200g(p.284 참조), 돼지고기 목살 100g, 양파 1/4개, 홍고추 1개, 달걀 1개, 부침가루 1컵, 소금·후춧가루 적당량씩

고기 양념 — 간장 1큰술, 다진 마늘 1작은술, 다진 파 1큰술, 생강술 1/2큰술, 설탕 1작은술, 후춧가루 적당량

미리 손질해두면 요리 시간이 짧아져요.

How to make

1 돼지고기 목살은 잘게 다져서 분량의 밑간 양념에 버무려 잠시 둔다.
   → 미리 손질해 냉동한 고기는 사용 전날 냉장실에서 해동하세요.
2 양파는 잘게 다지고 홍고추는 송송썬다.
3 볼에 밑간한 고기, 콩비지, 볶은 김치, 다진 양파를 넣고 달걀, 부침가루, 소금, 후춧가루를 넣어 잘 섞어 반죽한다.
4 달군 팬에 기름을 넉넉히 두르고 위의 반죽을 한 국자씩 떠 올린다.
5 가운데 부분에 송송썬 고추나 대파를 올려 장식하고 앞뒤로 노릇하게 구워 낸다.

10 min

새우달걀찜

달걀찜은 부드럽고 소화도 잘돼서 입맛 없는 아침에 먹으면 참 좋은 음식이에요. 달걀찜은 바쁜 아침에는 전자레인지를 이용해서 정말 간편하게 만들 수 있답니다. 또 씹는 맛이 좋은 새우까지 함께 올려 만들어 영양 가득한 한 끼 식사로 먹기에도 좋아요.

Week 2
가을

수요일
아침

Ingredient

재료 — 새우살 50g, 달걀 5개, 우유 1/2컵, 맛술 2큰술, 부추 10g, 소금·후춧가루 적당량씩

How to make

1 새우살은 깨끗이 씻어 물기를 빼고 부추는 송송썬다.
2 볼에 달걀, 우유, 맛술, 소금, 후춧가루를 넣고 잘 섞는다.
  ↳ 좀 더 부드럽게 먹으려면 체에 한 번 걸러주는 것이 좋아요.
3 내열 용기에 달걀물을 넣고 랩을 씌워 전자레인지에 2분 정도 돌린다.
4 달걀을 꺼내 새우살과 부추를 올리고 다시 랩을 씌워 2분 정도 더 돌려 완성한다.
  ↳ 새우살을 바로 올리면 무거워서 가라앉으므로 달걀이 반쯤 익은 뒤에 올려야 예쁘게 만들 수 있어요.

15 min

김치볶음밥

Week 2
가을

수요일 저녁

한국인이라면 누구나 좋아하는 김치볶음밥! 맛있는 김치만 있으면 한 끼를 푸짐하고 맛있게 먹을 수 있어요.
볶은 김치에 돼지고기를 더해서 맛있는 김치볶음밥을 초간단하게 만들 수 있습니다.
달걀프라이까지 올려주면 모양도 예쁘고 영양까지 가득한 푸짐한 저녁 식사가 됩니다.

Ingredient

재료 — 밥 3공기, 양념한 돼지고기 200g(p.284 참조), 볶은 김치 250g(p.284 참조), 양파 1/2개, 대파 1대, 달걀 4개, 김가루 적당량

고기 양념 — 간장 1큰술, 다진 마늘 1작은술, 다진 파 1큰술, 생강술 1/2큰술, 설탕 1작은술, 후춧가루 적당량

How to make

1 돼지고기는 잘게 다져 분량의 양념장에 밑간한다.
   → 미리 손질해 냉동한 양념 돼지고기는 사용 전날 냉장실에서 해동하세요.
2 양파는 다지고 대파는 송송썬다.
3 미리 볶아둔 김치도 준비한다.
4 달군 팬에 기름을 두르고 대파를 넣어 볶다가 대파 향이 나면 돼지고기와 양파를 넣어 볶는다.
5 양파가 투명해지면 볶은 김치도 넣어 가볍게 볶는다.
6 밥을 넣고 잘 섞어 볶음밥을 완성하고 달걀프라이와 김가루를 곁들여 낸다.

★ 미리 손질해 냉동한 돼지고기와 볶은김치를 사용하면 요리 시간이 빨라져요.

15 min
방어포주먹밥

Week 2
가을

아침에는 만들기 쉽고 먹기도 편한 주먹밥만큼 좋은 요리도 없지요. 뱅어포주먹밥은 좀 특별해 보이는지 밥투정하던 아이들도 맛있게 먹고 '룰룰랄라' 학교에 갑니다. 평소에 주먹밥용 채소를 미리 손질해서 냉동했다가 바쁜 아침에 하나씩 꺼내서 주먹밥을 만들면 훨씬 시간을 절약할 수 있답니다. 특히 주 중에 만든 밑반찬인 뱅어포구이를 이용해서 좀 더 영양 많고 고소한 맛을 더한 주먹밥으로 아침을 준비하세요.

Ingredient

재료 — 밥 2공기, 양파 1/4개, 당근 20g, 파프리카 1/4개, 부추 10g, 슬라이스햄 20g, 뱅어포구이 20g(p.289 참조), 참깨 1작은술, 참기름 1/2큰술, 소금·후춧가루 적당량씩

How to make

1 양파, 당근, 파프리카, 부추는 최대한 잘게 다진다.
　→ 채소 다지기는 주말에 손질해 냉동 보관하거나 전날 저녁에 미리 다져두면 아침 준비가 빨라져요.
2 햄도 최대한 잘게 다진다.
3 다진 채소와 햄은 기름 두른 팬에 소금, 후춧가루로 간한 뒤 가볍게 볶아낸다.
4 볼에 밥과 볶은 채소를 넣고 참깨와 참기름을 조금 넣어 잘 섞는다.
5 밥을 먹기 좋게 한입 크기로 뭉친다.
6 뱅어포구이 위에 주먹밥을 하나씩 올리고 꼬치로 꽂아 완성한다.

15 min

새우달걀볶음밥

아이들이 좋아하는 새우살을 한 번 사용할 분량씩 나누어 냉동해두면 각종 요리에 사용할 수 있어요. 특히 새우달걀볶음밥은 다른 재료 없이 새우살과 달걀만 있으면 중국집에서 먹던 그 맛을 낼 수 있답니다. 분주한 저녁에 후다닥 볶기만 하면 사 먹는 것보다 더 맛있는 엄마표 볶음밥이 완성됩니다.

Week 2
가을

목요일
저녁

Ingredient

재료 — 밥 3공기, 새우살 200g, 양파 1/2개, 달걀 3개, 부추 30g, 굴소스 1큰술, 소금 1/4 작은술, 후춧가루 적당량

How to make

1. 양파는 다지고 부추는 송송썰어둔다. 새우살은 깨끗이 씻어 물기를 빼고 준비한다.
2. 달군 팬에 기름을 살짝 두르고 미리 풀어둔 달걀을 넣고 달걀이 반쯤 익었을 때 젓가락으로 휘저어 스크램블에그를 만들고 접시에 따로 담아둔다.
3. 팬에 양파를 넣고 투명해지면 새우살을 넣어 함께 볶는다.
4. 새우가 다 익으면 밥을 넣어 가볍게 볶다가 굴소스를 넣고 소금과 후춧가루를 넣어 간을 한다.
5. 밥에 부추와 스크램블에그를 넣고 가볍게 볶아 완성한다.

오징어채 달걀말이밥

10 min

Week 2
가을

달걀은 영양소가 골고루 들어 있으면서 가격도 착한 좋은 식품이지요. 무엇보다 다양한 요리에 두루 쓰이기 때문에 아주 친근한 단골 식재료예요. 오징어채달걀말이밥은 자주 만드는 달걀말이에 밥을 넣고 미리 만들어둔 밑반찬인 오징어채볶음을 넣어 느끼하지 않고 씹는 맛까지 더해져 바쁜 아침에 좋은 메뉴입니다.

Ingredient

재료 ─ 밥 2공기, 당근 20g, 부추 10g, 파프리카 1/4개, 슬라이스햄 20g, 오징어채 100g(p.289 참조), 달걀 5개, 맛술 2큰술, 소금·후춧가루 적당량씩

How to make

1 당근, 부추, 파프리카, 햄은 잘게 다지듯 썰어둔다. 오징어채도 준비한다.
  → 오징어채는 월요일 저녁에 만든 반찬을 이용합니다.
2 볼에 달걀과 맛술을 넣어 푼 다음 다진 채소와 밥을 넣어 잘 섞고 소금, 후춧가루로 간한다.
  → 미리 손질해 냉동한 채소 재료는 해동하지 않고 바로 사용하세요.
3 달군 팬에 기름을 두르고 섞은 달걀반죽을 펴 올린다.
4 한쪽 끝에 오징어채를 가지런히 올리고 한쪽 끝을 말아올려 달걀말이를 완성한다.

★ 채소만 미리 손질하여 있어도 요리 시간이 빨라져요.

20 min

콩비지찌개

Week 2
가을

금요일
저녁

선선한 바람이 불기 시작하면 따뜻한 국물이 있는 국이나 찌개만 있어도 한 끼 식사는 맛있게 먹을 수 있어요.
콩비지를 이용해 걸쭉하게 끓인 콩비지찌개는 고소한 맛까지 있어 밥 한 그릇 정도는 뚝딱이지요.
미리 양념한 돼지고기와 김치를 넣어 푸짐하게 끓인 콩비지찌개로 온 가족이 함께 즐겨보세요.

Ingredient

재료 — 콩비지 300g, 양념한 돼지고기 100g(p.284 참조), 볶은 김치 200g(p.284 참조), 양파 1/2개, 대파 1/2개, 고춧가루 2큰술, 국간장 1큰술, 들기름 1큰술, 멸치다시팩 1개(물 2컵)

How to make

1 미리 양념해서 준비한 돼지고기는 해동하고 양파는 채썰고 대파는 어슷하게 썰어 준비한다.
    → 미리 양념해 냉동한 돼지고기는 전날 냉장실로 옮겨 해동하거나 요리에 바로 사용해도 좋아요.
2 냄비에 들기름을 두르고 돼지고기를 넣어 볶다가 볶은 김치와 양파를 넣어 가볍게 볶는다.
3 돼지고기가 거의 다 익어가면 육수를 붓고 콩비지를 넣어 끓인다.
4 김치가 무르게 익고 국물이 걸쭉해지면 고춧가루, 국간장을 넣어 간을 하고 대파를 올려 한소끔 끓여 낸다.

★ 미리 손질해 냉동한 돼지고기와 볶은 김치를 사용하면 요리 시간이 빨라져요

30 min
에그베네딕트

Week 2
가을

토요일

브런치

뉴요커가 많이 먹는 걸로 알려진 에그베네딕트는 잉글리시머핀과 수란, 홀랜다이즈소스를 조합하며 만드는 요리입니다. 흔히 수란은 만들기 어렵다고 생각하지만 전자레인지를 이용하면 1분 만에 쉽고 빠르게 만들 수 있어요. 간단하게 만든 수란과 홀랜다이즈소스로 밖에서 사 먹는 것보다 훨씬 맛있고 근사한 브런치를 즐겨보세요.

Ingredient

재료 — 달걀 4개, 잉글리시머핀 4개, 버터 1큰술, 슬라이스햄 4장, 식초 2작은술

홀랜다이즈소스 — 버터 85g(미리 꺼내 녹여두세요), 달걀노른자 2개, 레몬즙 1큰술, 소금 1/3작은술, 디종머스터드소스 1/2작은술, 후춧가루 적당량

How to make

1 달군 팬에 버터를 녹이고 잉글리시머핀과 슬라이스햄을 가볍게 굽는다.

2 내열 그릇에 물을 2~3큰술 넣고 식초를 1/2작은술 넣은 뒤 달걀을 조심스럽게 깨 넣는다. 내열 그릇을 전용 뚜껑이나 랩으로 덮은 다음 전자레인지에 넣고 40초~1분 정도 돌려 수란을 만든다.

3 홀랜다이즈소스에 들어가는 버터가 녹지 않았다면 전자레인지에 살짝 돌려 녹인다. 볼에 달걀노른자를 가볍게 섞은 다음 녹인 버터를 조금씩 흘려 넣으며 거품기로 계속 젓는다.

4 노른자가 걸쭉해지면 따뜻한 물 위에 중탕으로 잠깐 올려 레몬즙, 디종머스터드소스, 소금, 후춧가루를 넣고 가볍게 섞어 완성한다.

→ 너무 뜨거운 물에 올리면 달걀이 익어버려요. 70℃가 넘지 않게 가볍게 데우는 느낌으로만 중탕하세요.

5 그릇에 잉글리시머핀을 담고 위에 슬라이스햄과 수란을 얹고 홀랜다이즈소스를 뿌려 완성한다.

훈제오리구이+채소무침

25 min

훈제오리는 특별한 양념을 하지 않고 가볍게 굽기만 해도 맛있게 먹을 수 있지요. 훈제오리를 구워 채소를 무쳐서 함께 담으면 푸짐하면서도 맛있는 일품요리가 완성됩니다. 보기에도 좋아 손님이 오신 날 간편하게 만들기도 좋은 요리랍니다.

Week 2
가을

토요일
저녁

Ingredient

재료 훈제오리 600g, 양파 1/2개, 마늘 5쪽, 부추 70g, 참깨 1작은술, 참기름 1큰술
양념장 — 고춧가루 2작은술, 식초 2작은술, 다진 마늘 1작은술, 액젓 1큰술, 매실청 1큰술

How to make

1 마늘은 편으로 썰고 양파는 채썬다. 부추는 4cm 길이로 썬다.
2 분량의 양념장 재료는 모두 섞어둔다.
3 달군 팬에 슬라이스된 훈제오리를 올리고 앞뒤로 노릇하게 굽는다. 편으로 썬 마늘도 함께 굽는다.
4 볼에 손질한 양파와 부추를 넣는다. 미리 섞어둔 양념장을 넣어 가볍게 섞은 뒤 참깨와 참기름을 넣어 섞는다. 훈제오리와 부추무침을 함께 곁들여 낸다.

Week 3
MENU PLAN

	아침		저녁	
월요일	사라다빵		매콤만두짬뽕	
화요일	명란젓주먹밥		고등어묵은지조림	
수요일	고구마전 + 두유		돌솥알밥	
목요일	명란젓새싹비빔밥		꽃게어묵탕	
금요일	고구마보틀샐러드		대패삼겹살덮밥	
토요일	꽃게크림스파게티		대패삼겹살 콩나물볶음	

★ 일요일에는 냉장고 속을 살펴 유통기한이 얼마 안 남은 식재료나 갑자기 생긴 외식 등으로 남은 식재료로 나만의 냉장고 정리용 메뉴를 만들어보세요.

SHOPPING

가을이면 알이 꽉 찬 꽃게가 한창 맛있을 때입니다. 꽃게 손질을 주말에 미리 해두면 평일에는 번거롭지 않게 요리를 할 수 있어요. 꽃게를 넣어 감칠맛이 좋은 꽃게어묵탕과 꽃게크림스파게티는 가족의 입맛을 사로잡기에 충분합니다. 또 바쁜 아침을 위해 달콤한 고구마로 고구마전을, 그리고 색다르게 도시락처럼 먹을 수 있는 고구마보트샐러드를 소개합니다.

채소/과일류	가공식품	수산물	고기/달걀류
고구마 6개	물만두 1봉지	고등어 2마리	대패삼겹살 800g
양파 1단	감자반 1봉지	명란젓 1팩	달걀 3개
대파 1단	어묵 1봉지	꽃게 4마리	
새싹채소 1팩	생크림 1팩	날치알 1팩	
무 1/2개	슬라이스햄 1봉지		
콩나물 1봉지	모닝빵 8개		
애호박 1개	멸치다시팩 2개		
양배추 1/2통	두유 4팩		
사과 2개	단무지 1팩		
오이 2개	스파게티 1봉지		
당근 2개	우유 1팩		
고추 1봉지	플레인 요거트 1팩		
샐러드 채소 100g			
브로콜리 1개			
마늘 10쪽			

★ 상기 이미지는 이번 주 장 보기의 예시입니다. 각 재료는 상황에 맞게 구입하세요.

일주일이 편한 주말 재료 손질

★ 대패삼겹살덮밥, 대패삼겹살콩나물볶음용 대패삼겹살 양념하기

재료 : 대패삼겹살 800g

양념 : 고춧가루 1큰술, 고추장 4큰술, 간장 2큰술, 생강술 3큰술, 매실청 2큰술, 설탕 2작은술, 다진 마늘 2큰술, 다진 파 1큰술, 후춧가루 적당량

삼겹살을 먹기 좋은 크기로 자른 뒤 분량의 양념 재료를 모두 넣고 잘 버무려 400g씩 2개로 나누어 냉동 보관하세요.

★ 꽃게어묵탕, 꽃게크림스파게티용 꽃게 손질하기

꽃게는 솔로 문질러 깨끗이 씻은 다음 딱지를 떼어내고 몸통 안쪽의 모래주머니와 지저분한 입 등을 제거한 뒤 4등분 하세요. 소분하여 비닐 팩에 담아 냉동 보관하세요.

주말 재료 손질은 선택 사항이므로 부담 갖지는 마세요.
미리 할 시간이 없다면 재료 손질만 참고하세요.
다만, 주말에 30~40분만 투자하면 일주일이 편하답니다.

주말
30분 준비

고등어묵은지조림용 고등어 손질하기

고등어는 2~3등분한 뒤 씻어서 물기를 빼고 생강술을 뿌려 소분하여 비닐 팩에 담아 냉동 보관하세요. 만약 소금간이 되어 있지 않다면 1/2작은술 정도의 굵은 소금을 뿌려주세요.

고구마, 감말랭이, 사과칩 만들기

가을이면 한창 맛있는 단감, 고구마, 사과는 그냥 먹어도 충분히 맛있지만 말리면 단맛과 영양소가 증가되어 온 가족 간식으로 좋답니다. 고구마와 감은 쫀득한 식감이 살아 있도록 말리고 사과는 얇게 썰어 말리면, 그 어떤 과자보다 달콤하고 맛있는 자연 간식이 되거든요. 아이들 간식으로도 좋고 정성 어린 선물로 만들어도 좋아요.

1. 고구마는 삶거나 구워서 껍질을 벗기고 스틱 모양으로 썬다.
2. 단감은 껍질을 벗기고 8등분해 씨는 빼낸다.
3. 사과는 껍질째 깨끗이 씻은 뒤 가운데 씨 부분은 파내고 동그란 모양을 살려 썬다.
4. 채반에 가지런히 올리고 햇빛에 하루에서 이틀 정도 말리거나 건조기에서 60℃로 8-9시간 말린다.

10
min

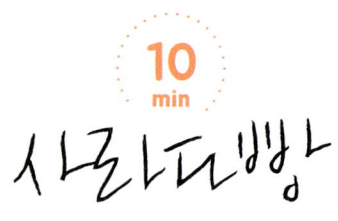

사라다빵

추억의 사라다빵을 기억하시나요? 어렸을 때 동네 제과점에서 팔던 양배추만 듬뿍 들었던 사라다빵. 샐러드빵이라 불러야 맞겠지만 '사라다빵'이라고 불러야 더 익숙한 느낌이 드는 음식이지요. 양배추를 듬뿍 넣고 사과와 오이에 햄까지 넣어 하나만 먹어도 배가 불러요. 주말에 양배추 샐러드를 미리 만들어두기만 하면 언제든 뚝딱 만들어낼 수 있는 아침 메뉴입니다.

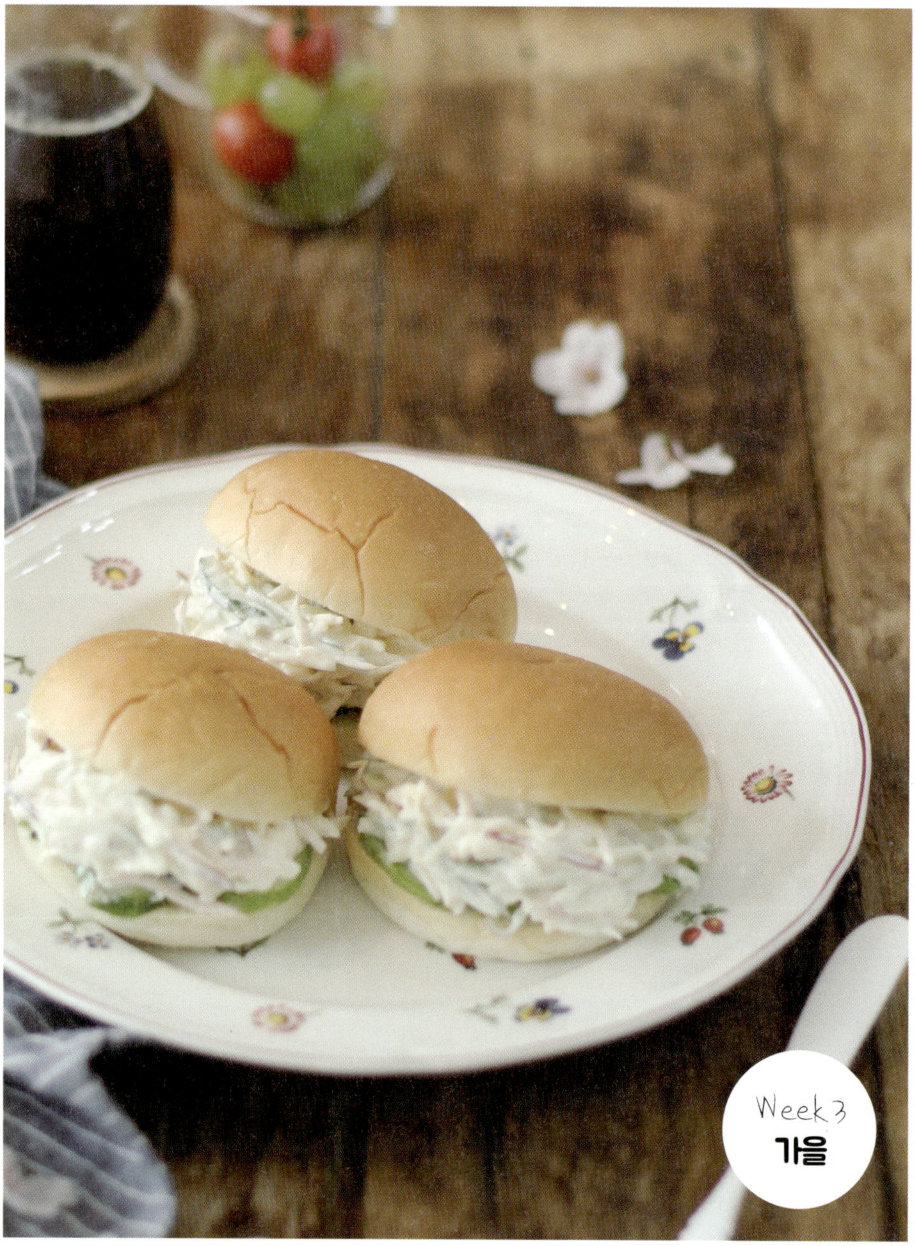

Week 3
가을

월요일
아침

★ 주말이나 전날 저녁에
미리 만들어두면
아침 준비가 빨라져요.

Ingredient

재료 — 양배추 400g, 사과 1/2개, 오이 1/3개, 슬라이스햄 5장, 모닝빵 8개, 마요네즈 4큰술, 케첩 적당량

소스 — 마요네즈 5큰술, 머스터드소스 1.5큰술, 설탕 1큰술, 소금 1/3작은술, 후춧가루 적당량

How to make

1 양배추, 오이, 사과, 햄은 곱게 채 썰어둔다.
2 볼에 손질한 **1**의 재료를 모두 넣고 소스 재료인 마요네즈와 머스터드소스, 설탕, 소금, 후춧가루를 넣어 잘 섞는다.
3 모닝빵은 칼집을 낸 뒤 안쪽 면에 가볍게 마요네즈를 바른다.
4 빵 사이에 샐러드를 넣고 케첩을 뿌려 낸다.

매콤만두짬뽕

15 min

아침저녁으로 서늘한 바람이 불기 시작하면 우리 식탁에도 따뜻한 국물 요리가 올라오기 마련이지요.
특히 얼큰한 국물이 생각날 때 집에서 번거로운 면 대신 물만두를 활용한 짬뽕을 끓여보는 것은 어떨까요?
고추기름과 고춧가루로 맛을 내 얼큰하고 시원한 국물에 만두까지 곁들이면 하루의 피로까지 녹여주는 맛있는 저녁 메뉴가 된답니다.

Week 3 **가을**

월요일
저녁

Ingredient

재료 — 물만두 20개, 양배추 4장, 애호박 1/3개, 당근 1/4개, 양파 1/2개, 대파 1/2대, 청·홍고추 1/2개씩, 멸치다시팩 1개(물 6컵), 고추기름 2큰술

양념 — 고춧가루 3큰술, 다진 마늘 2작은술, 국간장 2큰술, 굴소스 2작은술, 참치액젓 1큰술, 참깨 1큰술, 소금·후춧가루 적당량씩

★ 채소만 미리 손질되어 있어도 요리 준비가 빨라져요.

How to make

1. 양배추는 네모난 모양으로 썰고 당근과 양파, 애호박은 채썬다. 대파는 어슷어슷 썰고 고추는 송송썬다.
2. 냄비에 고추기름을 두르고 다진 마늘, 대파를 넣어 볶다가 대파의 향이 올라오면 고춧가루를 넣어 타지 않게 볶는다.
3. 고추기름이 돌기 시작하면 양배추, 당근, 양파, 애호박을 넣고 굴소스를 넣어 볶는다.
4. 채소의 숨이 죽으면 육수를 부어 끓인다.
5. 육수가 끓어오르면 물만두를 넣고 국간장과 참치액젓, 소금, 후춧가루로 간을 한다.
6. 만두가 익어서 떠오르면 고추를 넣고 한소끔 끓인 뒤 그릇에 담아낸다.

→ 좀 더 매운맛을 원하면 청양고추를 넣으세요.

10 min

명란젓주먹밥

Week 3
가을

화요일 아침

짭조름하면서 사르르 부드럽게 녹는 명란젓은 따뜻한 밥 한 그릇 금방 먹어치우게 하는 밥도둑이지요. 명란젓을 참기름으로 양념해서 주먹밥 안에 넣어주면 입안에서 사르르 녹는 맛있는 주먹밥이 된답니다. 바쁜 아침에 한입 크기로 만든 명란젓주먹밥을 먹으면 시간도 절약하고 든든하게 속을 채울 수 있어 우리 집 아침 단골메뉴입니다.

Ingredient

재료 — 밥 2공기, 김자반 1/2컵, 명란젓 3쪽, 참깨 1작은술, 참기름 1큰술, 소금 적당량
명란젓 양념 — 검은깨 1/3작은술, 참기름 1작은술, 다진 파 1큰술

How to make

1 따뜻한 밥에 참깨, 참기름과 적당량의 소금을 넣고 버무려둔다.
　↳ 김자반과 명란젓이 짭짤하기 때문에 소금은 조금만 넣으세요.
2 명란젓은 껍질을 벗겨 으깨고 적당량의 검은깨와 참기름, 다진 파를 넣고 버무려둔다.
3 밥을 동그랗게 모양내고 가운데 부분에 양념한 명란젓을 넣는다.
4 주먹밥을 만들고 김자반 위에 밥을 굴려 김가루를 묻혀 완성한다.

25 min

고등어묵은지조림

가을에는 살이 꽉 차고 기름져서 더 맛있는 제철 맞은 고등어로 고등어묵은지조림을 만들어보세요. 맛이 정말 기가 막히지요.
지난겨울에 김치냉장고에서 맛있게 익은 묵은지와 고등어의 조화는 말이 필요 없을 정도로 최고랍니다.
매콤한 김치와 부드러운 고등어조림만으로도 푸짐한 저녁상을 차릴 수 있어요.

Week 3
가을

화요일 저녁

Ingredient

재료 — 고등어 2마리(p.312 참조), 묵은지 1/4포기, 양파 1개, 대파 1대, 청·홍고추 1/2개씩, 생강술 2큰술, 참깨·참기름 적당량씩

양념장 — 멸치다시마 육수 1/2컵, 고춧가루 2.5큰술, 김칫국물 1/2컵, 간장 3큰술, 설탕 1큰술, 맛술 1큰술, 생강술 3큰술, 물엿 1.5큰술, 후춧가루 적당량

How to make

1 고등어는 2~3등분한 뒤 씻어서 물기를 빼고 생강술을 뿌린다. 분량의 양념장은 잘 섞어둔다.
   → 미리 밑간 후 냉동 보관한 고등어는 해동할 필요 없이 요리에 바로 사용하세요.
2 묵은지는 속을 가볍게 털어낸다. 양파는 채썰고 고추와 대파는 어슷하게 썬다.
3 냄비에 묵은지를 깔고 그 위에 고등어를 가지런히 올린 다음 분량의 양념장 재료를 섞어 붓는다.
4 냄비를 불에 올려 끓기 시작하면 약한 불로 줄여 뚜껑을 덮고 20분 정도 푹 끓인다.
5 김치가 부드럽게 익으면 양파와 대파, 고추를 넣고 한소끔 끓이고 참깨와 참기름을 넣어 완성한다.

10 min
고구마전 + 두유

Week 3
가을

수요일
아침

가을이면 고구마가 나오기 시작해서 가족 영양 간식으로 효자 역할을 톡톡히 하지요. 굽거나 찐 고구마도 맛있지만 가끔은 특별하게 고구마로 전을 만들어 먹기도 해요. 고구마를 프라이팬에서 그냥 익히면 시간이 오래 걸리기 때문에 미리 전자레인지에서 가볍게 익혀두세요. 아침에 간단하게 굽기만 하면 되기 때문에 시간도 절약하고 두유와 함께 곁들여 먹으면 든든한 아침 영양식으로 먹을 수 있어요.

Ingredient

재료 — 고구마 4개, 밀가루 1/2컵, 달걀 1개, 검은깨 1큰술, 소금 적당량, 두유 4컵

How to make

1. 고구마는 껍질째 깨끗이 씻어서 0.5cm 두께로 썬다.
2. 썬 고구마는 내열 용기에 담아 소금을 살짝 뿌리고 전자레인지에서 1~2분 정도 가볍게 익힌다.
    - 소금을 뿌리면 고구마의 단맛이 더 살아나 맛있어요.
3. 고구마에 밀가루, 달걀 순으로 옷을 입힌다.
4. 기름을 두른 팬에 달걀 입힌 고구마를 올리고 검은깨를 뿌려 앞뒤로 노릇하게 구운 뒤 두유를 곁들여 낸다.

15 min
돌솥알밥

Week 3
가을

수요일
저녁

돌솥알밥은 따뜻하게 데운 돌솥에 여러 가지 채소를 다져 넣고 날치알을 올려,
아삭아삭하고 톡톡 튀는 재료들의 맛이 잘 어우러진 음식이에요. 몇 가지 재료를 다지기만 하면 금세 만들어지는 요리라서 바쁜 저녁 간단하면서도 든든하게 먹을 수 있는 음식으로 준비하면 좋아요.
커다란 뚝배기가 있다면 뚝배기 하나에 만들어 온 가족이 같이 떠먹어도 좋답니다.

Ingredient

재료 — 밥 4공기, 날치알 40g, 단무지 50g, 오이 1/3개, 당근 1/4개, 슬라이스햄 100g, 김치 150g, 참기름 4큰술, 김가루 적당량

How to make

1. 단무지, 오이, 당근, 햄은 잘게 다지듯 썬다.
2. 김치는 속을 털어내고 송송썰어 기름에 살짝 볶아둔다.
3. 돌솥 안쪽 면에 참기름을 적당히 바르고 밥을 넣고 약한 불에 올려 솥을 데운다.
4. 밥이 따뜻하게 데워지면 단무지, 오이, 당근, 햄, 김치를 돌려 담고 가운데에 날치알과 김가루를 뿌려 낸다.

↪ 취향에 따라 간장이나 고추장을 곁들여 먹어요.

15 min

명란젓새싹비빔밥

Week 3
가을

목요일 아침

집에 있는 채소 몇 가지와 쌉쌀한 맛의 새싹채소를 곁들여서 입맛 돋우는 명란젓에 밥을 쓱쓱 비벼 먹으면 별다른 반찬이 없어도 맛있게 한 그릇 뚝딱이지요. 취향에 따라 따뜻한 밥에 버터를 조금 녹여 먹어도 맛있고, 매콤한 것이 좋다면 고추장을 살짝 곁들여 먹어도 좋아요.

Ingredient

재료 — 명란젓 8쪽, 새싹채소 80g 정도, 당근 1/4개, 양배추 4장, 참기름 적당량, 밥 4공기
명란젓 양념 — 검은깨 1작은술, 참기름 1큰술

How to make

1 명란젓은 껍질을 벗기고 송송 썰고 참기름과 검은깨를 넣고 가볍게 섞는다.
2 새싹채소는 씻어서 물기를 털어내고 양배추와 당근은 채 썬다.
3 그릇에 따뜻한 밥을 담고 명란젓, 새싹채소와 채소를 올리고 참기름을 뿌려 비벼먹는다.

꽃게어묵탕

가을은 알이 꽉 찬 꽃게를 먹을 수 있는 계절이지요. 마트나 시장에서 쉽게 살아 있는 꽃게를 구할 수 있어요.
우리 집은 꽃게가 제철인 가을에 꽃게를 넉넉하게 구해서 냉동실에 보관해놓고 먹는답니다. 얼큰하고 시원한
꽃게탕도 좋지만, 어묵과 함께 꽃게탕을 끓이면 달큰한 국물 맛에 가족 모두 푸짐하게 먹을 수 있답니다.
좀 더 매콤하게 먹고 싶을 때에는 청양고추를 넣어 끓여도 좋아요.

Week 3
가을

목요일 저녁

Ingredient

재료 — 꽃게 2마리(p.312 참조), 어묵 200g, 무 150g, 양파 1/2개, 대파 1/2대, 멸치다시팩 1개(물 6컵), 생강술 2큰술, 국간장 1큰술, 참치액젓 1큰술, 다진마늘 1/2큰술, 소금·후춧가루 적당량씩

How to make

1 꽃게는 솔로 문질러 깨끗이 씻은 다음 딱지를 떼어내고 몸통 안쪽의 모래주머니와 지저분한 입 등을 제거한 뒤 4등분한다.
   → 미리 손질해 냉동한 꽃게는 따로 해동하지 않고 요리에 바로 사용해도 좋아요.
2 어묵은 뜨거운 물에 살짝 데쳐 기름기를 제거한다.
3 무는 도톰하게 나박나박 썰고 양파는 채썰고 대파는 어슷하게 썬다.
4 냄비에 물, 멸치다시팩, 무를 넣고 끓인다.
5 물이 끓으면 멸치다시팩은 건져 내고 꽃게와 생강술을 넣어 한소끔 끓으면 어묵과 양파도 넣는다.
   → 중간중간 떠오르는 거품은 걷어낸다.
6 다진 마늘, 국간장, 참치액젓을 넣어 간을 하고 모자라는 간은 소금, 후춧가루로 한다. 꽃게가 다 익으면 대파를 넣어 완성한다.

15 min

고구마보틀샐러드

요즘 보틀샐러드가 한창 인기지요. 그러고 보면 음식은 담아놓은 모양새도 중요한 것 같아요. 유리병에 샐러드를 담아 가벼운 도시락으로 또는 아침 식사로 먹기도 좋고, 선물하기도 좋지요. 미리 만들어 냉장고에 넣어두면 3~4일은 거뜬히 먹을 수 있기 때문에 한 번 만들 때 넉넉하게 만들어 바쁜 아침에 하나씩 꺼내서 먹으면 좋아요.

Week 3
가을

금요일
아침

Ingredient

재료(4병 분량) — 샐러드 채소 100g 정도, 방울토마토 16개 정도, 고구마 2개, 사과 1개, 달걀 2개, 오이 1/2개, 슬라이스햄 50g

드레싱 — 플레인 요거트 6큰술, 꿀 3큰술, 레몬즙 2큰술, 소금·후춧가루 적당량씩

How to make

1 샐러드 채소는 씻어서 물기를 빼둔다.
2 사과, 오이, 햄, 방울토마토는 깍둑썰기한다. 달걀은 완숙으로 삶아 껍질을 벗기고 동그란 모양을 살려 썬다.
3 고구마도 껍질째 깍둑썰기한 뒤 내열 용기에 담아 3분 정도 돌려 완전히 익힌다.
4 분량의 드레싱 재료를 모두 섞어둔다.
5 유리병에 샐러드드레싱을 먼저 붓고 준비한 채소를 차곡차곡 담는다.
  ↪ 드레싱을 맨 아랫부분에 넣어야 채소의 숨이 죽지 않고 먹을 때까지 아삭한 채소 맛을 느낄 수 있어요.

20 min

대패삼겹살덮밥

Week 3
가을

금요일
저녁

대패삼겹살은 얇아서 먹기 부담 없어요. 대패삼겹살을 양념해서 덮밥으로 만들면 한 그릇 밥으로 뚝딱 이지요. 얇은 삼겹살을 양념해서 양념 맛과 불맛이 잘 어우러져 더욱 맛있는 삼겹살덮밥이랍니다. 특히 얇게 채썬 파채를 곁들여 먹으면 느끼하지 않고 입안이 개운해져서 더 맛있게 먹을 수 있어요.

Ingredient

재료 — 양념한 대패삼겹살 400g(p.312 참조), 양파 1/2개, 대파 2대, 밥 4공기, 고추기름 2큰술, 참깨·참기름 적당량씩

↳ 미리 양념해서 냉동한 대패삼겹살은 전날 냉장실로 옮겨서 해동하세요.

How to make

1. 미리 양념해서 냉동한 삼겹살은 해동해서 준비한다.
2. 양파와 대파는 곱게 채썰고, 채썬 대파는 찬물에 잠시 담가두었다 체에 밭쳐 물기를 뺀다.
3. 달군 팬에 고추기름을 두르고 미리 양념한 삼겹살과 양파를 넣어 볶는다.
4. 센 불에서 물기 없이 바싹 볶아 삼겹살이 다 익으면 참깨와 참기름을 뿌린다.
5. 따뜻한 밥에 삼겹살볶음과 파채를 올려 낸다.
   → 무쇠팬에 밥을 깔아 불 위에 올려 누룽지가 생기게 한 뒤 고기를 올려 먹는 것도 돌솥밥 같은 별미입니다.

25 min

꽃게크림스파게티

꽃게 요리는 꽃게의 비주얼 때문에 어떤 요리를 만들어도 특별해 보이는 장점이 있지요. 꽃게를 이용한 스파게티는 크림소스로 만들어 좀 더 색다르게 즐길 수 있어요. 꽃게 특유의 달콤한 맛이 우러나와 레스토랑 못지않게 맛있고 푸짐하거든요. 엄마의 정성으로 온 가족이 특별한 대접을 받는 듯한 느낌이 나도록 도전해보세요.

Week 3
가을

Ingredient

재료 — 스파게티면 300g, 꽃게 2마리(p.312 참조), 브로콜리 1/4송이, 양파 1/2개, 마늘 6쪽, 생크림 2컵 , 우유 1컵, 파마산치즈 2큰술, 올리브유 2큰술, 화이트와인 1/4컵, 소금 1큰술

↳ 미리 손질해 냉동한 꽃게는 따로 해동하지 않고 요리에 바로 사용하세요.

How to make

1. 끓는 물에 소금을 넣고 스파게티면을 넣어 10분 정도 삶은 다음 체에 밭쳐 물기를 뺀다. 삶은 물은 1컵 정도 남겨둔다. 스파게티를 삶는 동안 다음 순서대로 재료를 손질하고 소스를 끓인다.
2. 양파는 채썰고 마늘은 편으로 썬다. 브로콜리는 한입 크기로 잘라 깨끗하게 씻어 둔다. 손질해서 냉동 보관한 꽃게도 준비한다.
3. 팬에 올리브유를 두르고 양파와 마늘을 넣어 볶는다.
4. 양파가 투명하게 볶아지면 미리 손질한 꽃게와 화이트와인을 넣고 뚜껑을 덮어 꽃게를 익힌다.
5. 꽃게가 반쯤 익으면 생크림과 우유를 넣어 끓인다. 이때 소스가 너무 걸쭉하면 스파게티 삶은 물을 조금 넣어준다.
6. 미리 삶아둔 스파게티면과 브로콜리를 넣고 잘 섞어가며 소스가 잘 배도록 볶은 뒤 파마산치즈를 넣고 소금, 후춧가루로 간을 한 뒤 접시에 담아낸다.

→ 파마산치즈는 없을 경우 생략해도 됩니다. 넣으면 소스가 더 진하고 맛있어요.

25 min

대패삼겹살콩나물볶음

Week 3
가을

토요일 저녁

'한국인의 대표 음식'하면 삼겹살을 빼놓을 수 없지요. 외식을 하면 몸은 편하겠지만 비용이 들잖아요.
대패삼겹살을 콩나물과 함께 매콤하게 볶아 먹으면 외식 분위기 나면서 외식보다 더 푸짐하게
가족 모두 왁자지껄 먹을 수 있답니다. 밥반찬으로도, 술안주로도 좋아 주말에 즐기기 좋아요.

Ingredient

재료 — 양념한 대패삼겹살 400g(p.312 참조), 양배추 3장, 양파 1/2개, 콩나물 200g, 당근 1/4개, 대파 1/2대, 청·홍고추 1/2개씩, 참깨·참기름 적당량씩

양념장 — 고추장 1큰술, 맛술 2큰술, 물엿 1큰술, 후춧가루 적당량

How to make

1. 미리 양념해서 냉동했던 삼겹살은 전날 냉장실로 옮겨 해동해서 준비한다.
2. 콩나물은 씻어서 물기를 빼고 양배추, 당근은 네모지게 썰고, 양파는 도톰하게 채썬다. 대파와 고추는 어슷어슷 썬다.
3. 넓은 팬에 콩나물을 깔고 그 위에 양배추, 당근, 양파를 올린다.
4. 양념한 돼지고기와 양념장을 올린 뒤 뚜껑을 덮고 중불에서 10분 정도 끓인 뒤 국물이 자작하게 생기면 뚜껑을 열고 잘 섞어가며 볶는다.
5. 삼겹살이 다 익으면 대파와 고추를 올리고 참깨와 참기름을 넣어 섞어 완성한다.

가을

Week 4
MENU PLAN

아침 / **저녁**

요일	아침		저녁	
월요일	김치떡국		해물볶음덮밥	
화요일	미트볼덮밥		낙지볶음	
수요일	두유오트밀 + 과일		미트볼조림	
목요일	사과치킨롤		해물된장찌개	
금요일	낙지채소죽		해물믹스 고추장볶음밥	
토요일	버섯치즈파니니		미트볼스파게티	

★ 일요일에는 냉장고 속을 살펴 유통기한이 얼마 안 남은 식재료나 갑자기 생긴 외식 등으로 남은 식재료로 나만의 냉장고 정리용 메뉴를 만들어보세요.

SHOPPING

쇠고기와 돼지고기를 갈아 둥글게 만들어 만드는 미트볼은 한번 만들 때 넉넉히 만들어 냉동실에 보관해두면 역시 든든한 반찬이 된답니다. 미트볼을 이용해서 미트볼덮밥, 미트볼조림, 미트볼스파게티 등을 쉽고 빠르게 만들어 풍성한 식탁을 차리는 노하우를 알려드립니다. 또 가을이면 맛있는 낙지를 이용한 요리로 낙지볶음과 낙지채소죽을 만들어 가을철 지친 체력을 보충할 수 있도록 맛있는 식탁을 준비하세요.

가공식품	채소/과일류	수산물	고기/달걀류
가래떡 500g	양파 4개, 피망 2개	시판 냉동 해물믹스 (오징어, 조갯살, 새우살, 홍합 등) 1kg	다진 쇠고기 600g
오트밀 1팩	대파 1단		다진 돼지고기 300g
두유 4팩	사과 1개	낙지 6마리	
너겟 1봉지	어린잎채소 1팩		
치아바타빵 2개	애호박 1개		
모차렐라치즈 1컵	고추 1봉지		
토르티야 4장	감자 2개		
두부 1모	당근 1개		
멸치다시팩 3개	양송이버섯 200g		
토마토소스 1병	느타리버섯 300g		
견과믹스 적당량			

★ 상기 이미지는 이번 주 장 보기의 예시입니다. 각 재료는 상황에 맞게 구입하세요.

일주일이 편한 주말 재료 손질

★ 미트볼덮밥, 미트볼스파게티용 미트볼 만들기 (50개 분량)

재료 : 쇠고기 600g, 돼지고기 300g, 양파 1/2개, 빵가루 1컵, 달걀 1개분, 소금 1/2작은술, 다진 마늘 1큰술, 다진 생강 · 넛맥가루 · 후춧가루 적당량씩

1. 양파는 잘게 다져서 기름을 살짝 두른 팬에 갈색빛이 돌도록 볶아 식힌다.
2. 볼에 분량의 모든 재료를 넣어 끈기가 생길 정도로 치댄다.
3. 반죽에 끈기가 생기면 동그란 모양의 미트볼을 빚어 스텐 팬에 가지런히 올려 냉동한다.
4. 먹을만큼씩 소분해 비닐팩에 담아 냉동한다.

★ 낙지볶음, 낙지채소죽용 낙지 손질하기

낙지는 밀가루 1~2스푼 정도 넣어 바락바락 문질러 씻고 머리 쪽에 있는 내장을 제거한 다음 끓는 물을 살짝 부었다가 찬물에 헹궈 체에 밭쳐 물기를 뺀 후 소분하여 비닐 팩에 담아 냉동 보관하세요.

주말 재료 손질은 선택 사항이므로 부담 갖지는 마세요.
미리 할 시간이 없다면 재료 손질만 참고하세요.
다만, 주말에 30~40분만 투자하면 일주일이 편하답니다.

주말
30분
준비

미트볼조림, 버섯치즈파니니용 버섯모듬 만들기

버섯은 깨끗한 환경에서 자라며 수분을 많이 흡수하기 때문에 따로 씻지 않고 그대로 사용하는 것이 좋아요. 표고버섯이 조금 지저분하다면 물로 씻는 것보다는 갓 부분을 두드려 잡먼지를 털어내거나 깨끗한 물수건으로 닦아내는 정도로 하세요.

1
양송이는 모양을 살려 도톰하게 썬다.

2
팽이버섯은 밑동을 잘라내고 길이로 반을 자른다.

3
느타리버섯은 너무 큰 것은 먹기 좋은 크기로 자른다.

4
표고버섯은 밑동을 떼어내고 편으로 썬다.

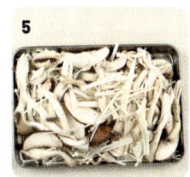
5
손질한 버섯은 모두 섞어서 한번 먹을 분량만큼 나누어 비닐 팩에 넣고 냉동한다.

김치떡국용 달걀 지단 만드는 방법

볼에 달걀을 깨어 노른자와 흰자를 분리해서 따로 넣는다. 흰자와 노른자에 각각 물 2큰술과 소금을 적당량 넣고 잘 섞는다. 달군 팬에 기름을 약간 두른 다음 키친타월로 닦아내고 노른자부터 올려 얇게 지단을 부친다. 노른자가 반쯤 익으면 젓가락으로 지단을 들어 올려 뒤집어 완전히 익힌 뒤 꺼내고 흰자를 올려 같은 방법으로 부친다. 얇게 부친 지단은 마름모꼴로 썰어 준비한다.

김치떡국

아침에 따뜻하고 얼큰한 국물로 속을 따뜻하게 데워줄 김치떡국입니다. 김치를 볶아 국물을 내면 얼큰하면서
시원한 국물이 우러나와 특별한 재료 없이도 별미 떡국을 끓일 수 있어요.
어렸을 적 어머니가 끓여주시던 그 맛을 바쁜 아침에도 손쉽게 낼 수 있어요.

Week 4
가을

Ingredient

재료 — 김치 300g, 가래떡 4컵(500g 정도), 멸치다시팩 2개(물 8컵), 대파 1/2대, 고춧가루 2~3큰술, 달걀 2개(달걀지단용 p.341 참조), 국간장 1큰술, 참치액젓 1큰술, 소금 적당량

How to make

1. 대파는 송송썰어둔다. 김치는 속을 가볍게 털어내고 송송썬다.
2. 달걀을 풀어 지단을 만든다.
   → 지단은 전날 만들어두면 아침 준비가 빨라요.
3. 달군 팬에 기름을 두르고 김치를 넣어 볶는다.
4. 김치가 부드럽게 볶아지면 물과 멸치다시팩을 넣고 끓인다.
5. 육수가 끓으면 멸치다시팩을 건져내고 가래떡과 고춧가루를 넣어 끓인다.
6. 국간장과 참치액젓을 넣어 간하고 가래떡이 알맞게 익으면 그릇에 담고 대파와 달걀지단을 올려 낸다.

15 min

해물볶음덮밥

제가 자주 애용하는 시판 제품 중 하나가 해물믹스예요.
오징어, 새우, 조갯살 등 다양한 해물을 손질해서 냉동한 제품으로, 급하게
요리할 때 특별한 재료가 없어도 근사한 한 끼를 만들 수 있거든요. 집에 있는 자투리 채소를 모아
해물과 볶은 뒤 따뜻한 밥에 얹으면 김치 하나만 곁들여도 푸짐한 저녁상을 차릴 수 있어요.

Week 4
가을

월요일

저녁

Ingredient

재료 — 해물믹스 500g, 양파 2/3개, 당근 1/4개, 피망 1개, 대파 1/3대, 다진 마늘 1큰술, 생강술 2큰술, 녹말물 (녹말가루 1.5큰술 : 물 2큰술), 참기름 1큰술, 참깨 1/2작은술, 밥 4공기

양념 — 굴소스 2.5큰술, 간장 2큰술, 맛술 2큰술, 물 3큰술, 설탕 1/2큰술, 후춧가루 적당량

How to make

1. 해물믹스는 냉동 상태 그대로 가볍게 씻어 체에 밭쳐 물기를 뺀다.
2. 양파, 피망, 당근은 한입 크기로 네모지게 썬다. 대파는 송송썬다.
3. 달군 팬에 기름을 두르고 대파와 다진 마늘을 넣어 볶다가 마늘 향이 돌면 해물믹스와 생강술을 넣어 센 불에서 볶는다.
   → 매콤한 맛을 좋아하면 고추기름으로 볶아도 좋아요.
4. 해물이 반쯤 익었을 때 손질한 채소도 함께 넣어 볶는다.
5. 분량의 양념을 모두 섞어 넣은 다음 해물이 익을 때까지 끓인다.
6. 해물이 완전히 익으면 물에 미리 개어둔 녹말물을 넣어 걸쭉하게 볶은 후 참깨와 참기름을 넣고 따뜻한 밥에 얹어 낸다.
   → 녹말물은 농도를 보아가면서 조절해서 넣어요.

미트볼덮밥

미트볼은 집에서 직접 만들어 먹으면 시판 제품과는 비교할 수 없을 만큼 맛있답니다.
그래서 저는 미리 넉넉히 만들어 한 번 쓸 분량만큼 소분해 냉동했다가 필요할 때마다 꺼내 사용하지요.
특히 아이들이 좋아해서 아이들 반찬에 요긴하게 쓰인답니다. 아침에 미트볼 굽는 것마저 번거롭다면 전날 저녁에 미리 구워놨다가
아침에 채소만 간단히 볶아 소스에 조리면 10분 만에 뚝딱 만들 수 있어요.

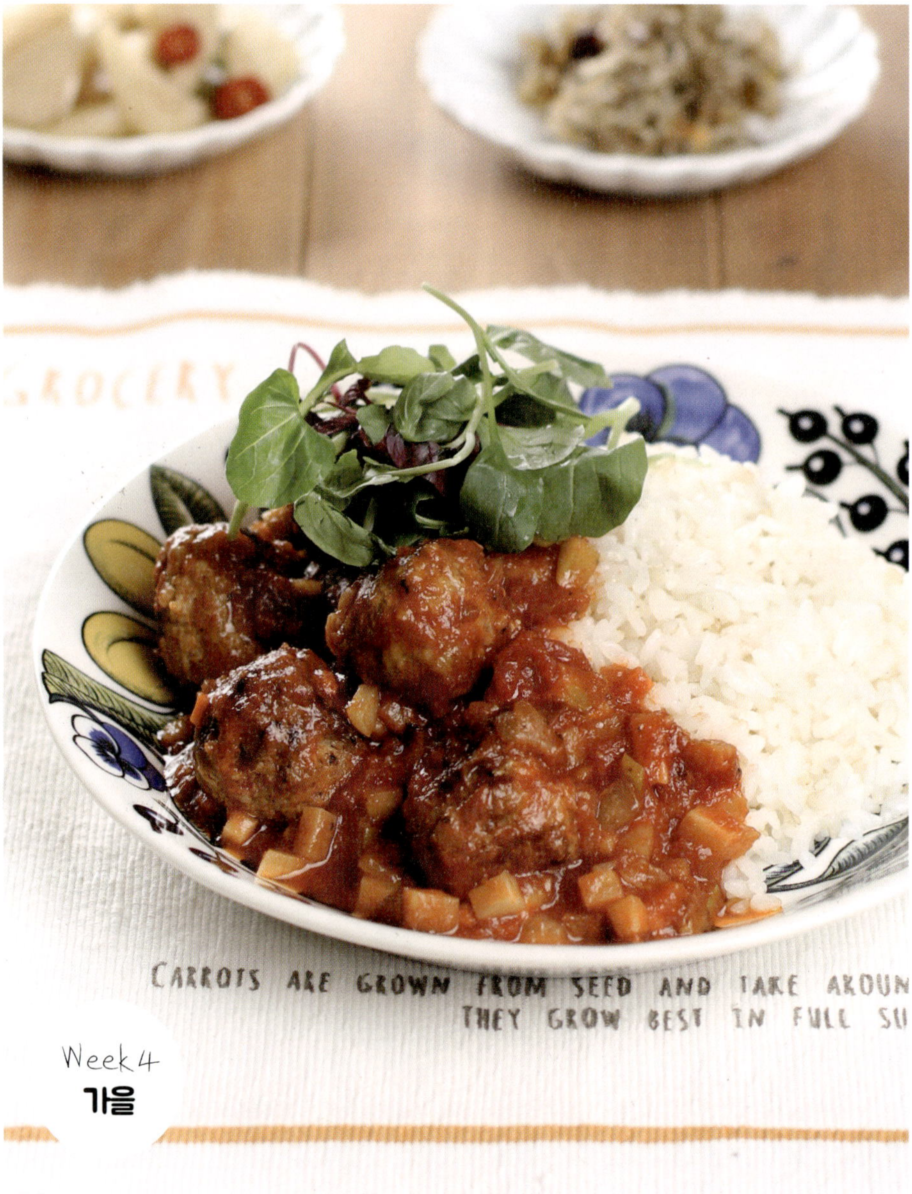

Week 4
가을

화요일
아침

Ingredient

재료 — 미트볼 16개(p.340 참조), 양파 1/2개, 당근 1/4개, 애호박 1/4개, 감자 1/2개, 밥 4공기
소스 — 토마토소스 1.5컵, 다진 마늘 2작은술, 간장 1큰술, 맛술 2큰술, 물엿 1큰술, 후춧가루 적당량

↳ 냉동 미트볼은 전날 냉장실에서 해동하세요. 미처 못했다면 전자레인지를 이용하세요.
↳ 아침에 굽는 시간이 부족할 것 같으면 전날 미리 구워놓고 아침에는 데우는 방법도 좋아요.

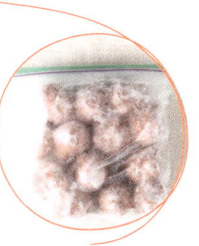

How to make

1 미트볼은 기름을 살짝 두른 팬에 속이 완전히 익도록 구워 따로 둔다.
2 양파, 당근, 애호박, 감자는 잘게 썬다.
3 달군 팬에 기름을 두르고 **2**의 채소를 넣어 볶는다.
4 채소가 거의 다 익어갈 때쯤 분량의 소스 재료를 넣어 끓인다.
  ↳ 소스가 너무 걸쭉하면 물을 2~3큰술 넣으세요.
5 소스가 끓기 시작하면 미트볼을 넣어 걸쭉하게 조린 다음 따뜻한 밥 위에 얹어 낸다.
  ↳ 전자레인지에 1~2분 돌린 뒤 굽거나 뚜껑을 덮어 구우면 굽는 시간을 절약할 수 있어요.

15 min

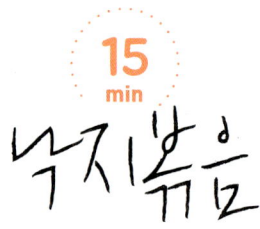

낙지볶음

가을 제철 식품 중 하나인 낙지는 필수아미노산이 풍부하여 보양식으로도 많이 알려져 있지요.
통통한 낙지를 매운 양념에 불맛 돌게 볶으면 맛있는 요리가 된답니다.
가을날 몸에 기운도 북돋워주면서 스트레스까지 날려줄 저녁 메뉴로 좋아요.

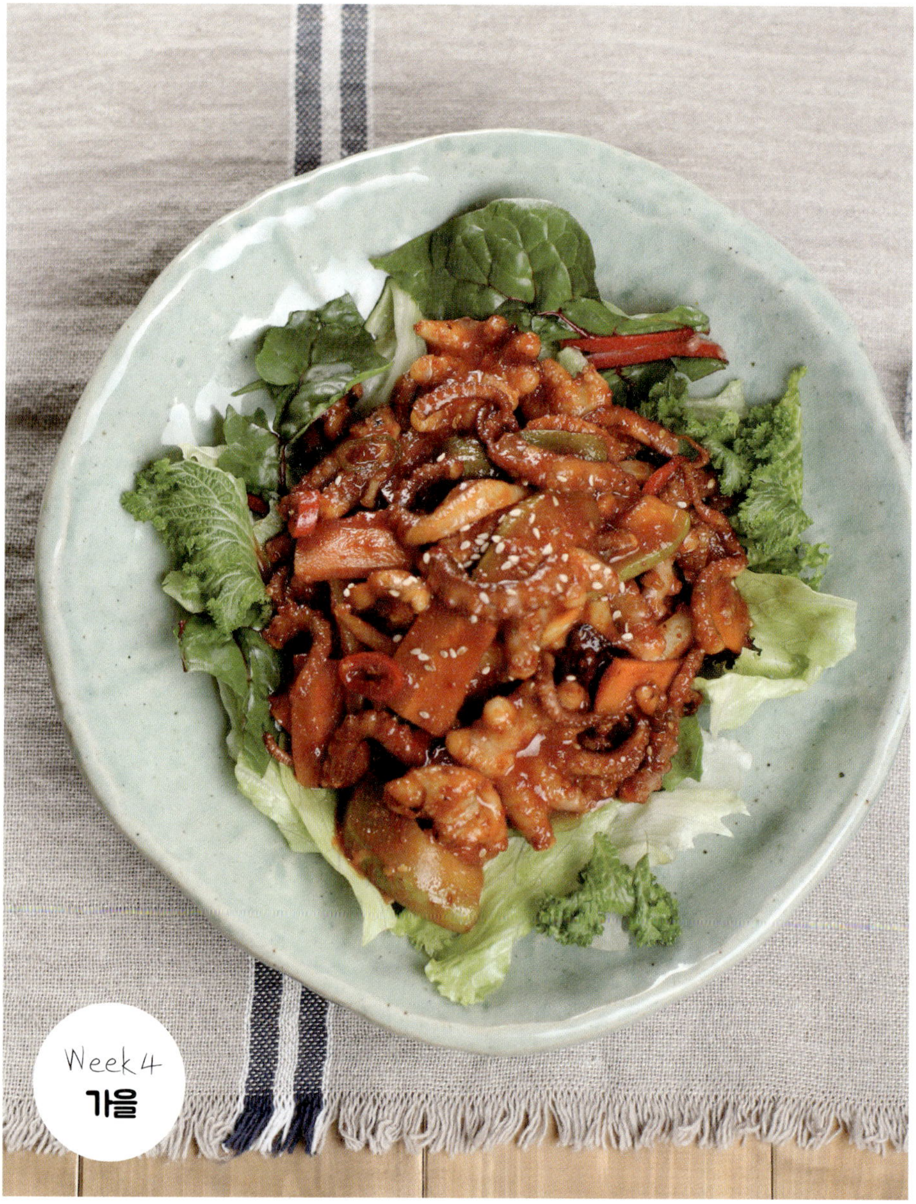

Week 4
가을

화요일

저녁

Ingredient

재료 — 낙지 4마리(p.340 참조), 양파 1/2개, 애호박 1/3개, 당근 1/4개, 대파 1/2대, 청·홍고추 1/2개씩, 참깨·참기름 적당량씩

양념 — 고춧가루 3큰술, 고추장 1큰술, 다진 마늘 1큰술, 간장 2큰술, 설탕 2작은술, 매실청 1큰술, 생강술 1큰술, 후춧가루 적당량

How to make

1. 낙지는 밀가루를 넣고 바락바락 문질러 씻은 다음 끓는 물에 넣어 살짝 데친 후, 먹기 좋은 크기로 썬다.
   → 미리 손질해서 냉동한 낙지는 전날 냉장실로 옮겨 해동하세요.
2. 양파는 도톰하게 채썰고 애호박, 당근은 직사각형으로 썬다. 대파와 고추는 송송썬다.
3. 분량의 양념장 재료는 모두 섞어둔다.
4. 달군 팬에 기름을 두르고 애호박, 당근, 양파를 넣어 센 불에서 볶는다.
5. 양파가 투명하게 볶아지면 낙지와 양념장을 넣어 센 불에서 타지 않게 볶는다.
   → 낙지는 오래 볶으면 질겨지고 수분이 빠져나와 질척거리게 되므로 센 불에서 재빨리 볶는 것이 포인트.
6. 낙지가 다 익으면 대파와 고추를 넣는다. 참깨와 참기름을 넣고 한 번 섞어 완성한다.

5 min
두유오트밀+과일

Week 4
가을

수요일 아침

오트밀은 식이섬유와 단백질이 풍부한 귀리를 가열 압착한 것이에요.
서양에서는 시리얼처럼 아침 대용식으로 많이 먹지요. 콩 단백질이 풍부한 두유와 두뇌 활동에 도움을 주는 견과류, 입맛 돋우는 과일까지 함께 곁들이면 맛과 영양, 어느 하나 빠지지 않는 초스피드 아침 식사랍니다. 늦잠 잔 날 후다닥 준비하세요.

1

2

3

Ingredient

재료 — 두유 4컵, 오트밀 160g, 호두·아몬드·건포도 40g씩, 과일(사과·바나나·블루베리·크랜베리 등) 적당량

How to make

1 전날 저녁에 유리병이나 밀폐 용기에 오트밀을 넣고 따뜻한 두유를 붓고 냉장고에서 5시간 이상 둔다.
  ↳ 미리 준비하지 못했다면 내열 그릇에 우유와 오트밀을 붓고 전자레인지에서 1~2분 정도 가열하세요.
2 아침에 불린 오트밀에 호두나 아몬드, 건포도 등의 견과류를 넣는다.
3 과일을 준비해서 함께 곁들인다.

미트볼조림

15 min

Week 4
가을

수요일 저녁

미트볼은 보통 서양 요리에 쓰인다고 생각하지만 가을이 제철인 버섯을 듬뿍 넣고
몇 가지 채소와 함께 조리면 밥반찬으로도 좋답니다. 특히 아이들이 좋아하는 케첩소스에 조리면
버섯 싫어하는 아이들도 골라내지 않고 모두가 좋아하는 반찬이 됩니다.

Ingredient

재료 — 미트볼 20개(p.340 참조), 양파 1/2개, 피망 1/2개, 버섯믹스 150g(p.257 참조 / 느타리, 양송이버섯 등)
소스 — 케첩 6큰술, 간장 1.5큰술, 물엿 2큰술, 맛술 3큰술, 물 2큰술, 다진 마늘 1/2큰술, 후춧가루 적당량

↳ 냉동 버섯믹스는 별도로 해동하지 않고 요리에 바로 사용하세요.

How to make

1. 미트볼은 기름을 두른 팬에 올려 약한 불에서 속까지 완전히 익도록 굽는다.
   ↳ 냉동 미트볼은 전날 냉장실로 옮겨서 해동하세요. 미처 못했다면 전자레인지를 이용하세요.
2. 양파와 피망은 먹기 좋은 크기로 썬다.
3. 달군 팬에 기름을 두르고 양파, 피망, 버섯믹스를 넣어 살짝 볶는다.
4. 분량의 소스 재료를 모두 섞은 뒤 넣어 끓인다.
5. 소스가 끓기 시작하면 미리 구운 미트볼을 넣고 윤기가 나도록 조려 완성한다.

★ 유용한 버섯믹스!

15 min

사과치킨롤

Week 4
가을

토르티야는 밀가루 반죽을 기름 없이 얇게 구운 것으로 요즘에는 마트에서 쉽게 구할 수 있지요. 냉장고에 있는 샐러드 채소와 아이들 간식으로 먹던 너겟 몇 조각만 있으면 이 가을에 한창 맛있는 사과와 함께 토르티야로 금세 맛있는 아침 식사를 만들 수 있어요. 돌돌 말아 손으로 쥐고 먹기에도 편해서 도시락으로 싸서 보내도 좋은 요리랍니다.

Ingredient

재료 — 토르티야 4장, 너겟 12개, 사과 1/2개, 샐러드 채소(어린잎채소 등) 60g, 양파 1/4개, 허니머스터드소스 4큰술

How to make

1. 샐러드 채소는 씻어서 물기를 빼고 사과와 양파는 채썬다.
    → 양파는 찬물에 담갔다 사용하면 매운맛을 제거할 수 있어요.
2. 토르티야는 마른 팬에 가볍게 굽는다.
3. 너겟은 기름을 두른 팬에 노릇하게 굽는다.
    → 냉동 너겟은 오일 두른 팬에 약한 불에서 앞뒤로 노릇하게 익혀요.
4. 토르티야 위에 채소와 너겟을 올리고 허니머스터드소스를 뿌려 돌돌 만다.

20 min

해물된장찌개

Week 4
가을

목요일 저녁

한국인이라면 누구나 좋아하는 된장찌개. 된장찌개 하나만 있으면 저녁 밥상이 따뜻해지는 기분이 들지요. 냉동실에 미리 손질해두었던 해물믹스를 이용해 끓이면 푸짐한 된장찌개가 완성된답니다. 오늘 저녁에는 해물이 듬뿍 들어가 국물 맛이 시원하고 구수한 된장찌개를 끓여보세요.

Ingredient

재료 — 해물믹스 150g, 감자 1/2개, 양파 1/2개, 애호박 1/4개, 대파 1/3대, 청·홍고추 1/2개씩, 느타리버섯 40g, 두부 1/2모, 멸치다시팩 1개(물 2.5컵), 된장 2큰술, 다진 마늘 1/2큰술, 국간장 1큰술, 생강술 1큰술

How to make

1. 냉동한 해물믹스는 가볍게 씻어서 체에 밭쳐 물기를 뺀다.
2. 양파, 감자, 애호박, 두부는 깍둑썰고, 대파와 고추는 송송썬다. 버섯은 먹기 좋게 찢어둔다.
3. 뚝배기에 물, 멸치다시팩, 채소를 넣어 끓인다.
4. 물이 끓으면 멸치다시팩은 건져내고 해물과 생강술을 넣어 한소끔 끓인다.
5. 한소끔 끓으면 된장을 넣어 풀고 다진 마늘, 국간장을 넣어 간하고 모자라는 간은 소금으로 한다.
6. 채소와 해물이 다 익으면 대파와 고추, 두부를 넣어 한소끔 끓여 완성한다.

낙지채소죽

원래 죽은 불린 쌀을 볶아 물을 붓고 오랫동안 끓이는 것이 정석이지만 바쁜 아침에는 남은 찬밥으로 만들어 빠르게 끓이기도 하지요. 입맛 없는 아침, 또 몸이 좋지 않거나 밥이 안 넘어갈 때 죽을 끓이면 부드럽게 넘어가 먹기 편하죠. 특히 낙지를 넣어 아이들이 아플 때나 컨디션이 좋지 않을 때 술술 먹을 수 있도록 준비해보세요.

Week 4
가을

Ingredient

재료 — 낙지 2마리(p.340 참조), 밥 2공기, 육수 또는 물 6~7컵, 양파 1/4개, 당근 1/4개, 애호박 1/4개, 대파 1/3대, 국간장 1/2큰술, 된장 1큰술, 다진 마늘 1작은술, 참기름 1큰술

↘ 미리 손질해 냉동한 낙지는 전날 냉장실로 옮겨 해동하세요.

How to make

1. 낙지는 밀가루를 넣고 바락바락 문질러 깨끗이 씻는다. 뜨거운 물에 가볍게 데친 다음 먹기 좋은 크기로 썬다.
2. 양파, 당근, 애호박은 잘게 다지고 대파는 송송썬다.
3. 냄비에 참기름을 두르고 대파와 마늘을 넣어 볶다가 채소를 모두 넣어 볶는다.
4. 채소에 육수를 붓고 밥을 넣어 밥이 푹 퍼지도록 끓인다.
5. 밥알이 부드럽게 퍼지면 국간장과 된장을 풀어 넣고 낙지를 넣어 완전히 익을 때까지 끓인다.

★ 채소만 미리 손질해두어도 요리 시간이 빨라져요.

15 min

해물믹스고추장볶음밥

Week 4
가을

조금 생소할 수 있지만 해물믹스고추장볶음밥을 한번 맛보면 그 매력에 빠질 수밖에 없어요. 고추장이 들어가 해물의 잡내를 잡아줄 뿐만 아니라 매콤한 맛이 우리의 입맛에도 잘 맞거든요. 냉동실에 해물믹스만 준비해두면 별다른 재료 없이도 바로 만들 수 있어서 간편하게 준비해서 맛있게 먹는 요리입니다.

Ingredient

재료 — 해물믹스 400g, 밥 3공기, 약고추장 4큰술(p.424 참조 또는 고추장), 양파 1/2개, 다진 마늘 1큰술, 생강술 2큰술, 다진 파 4큰술, 물엿 2작은술, 참기름 2작은술, 후춧가루 적당량

↳ 냉동 해물믹스는 별도로 해동하지 않고 바로 사용하세요.

How to make

1 해물믹스는 가볍게 씻어 체에 받쳐 물기를 뺀다.
2 양파는 잘게 다지고 대파는 송송썬다. 냄비에 참기름과 식용유 1큰술을 두르고 다진 양파와 다진 마늘, 송송썬 파를 넣고 볶는다.
3 파의 향이 나기 시작하면 해물믹스를 넣고 생강술을 넣어 센 불에서 볶는다.
4 해물에 약고추장과 물 3~4큰술을 넣고 약불에서 타지 않게 잘 볶는다.
→ 약고추장이 없다면 그냥 고추장을 사용해도 좋아요. 약고추장은 양념이 되어 있기 때문에 맛이 더 좋아요.
5 볶은 해물에 밥을 넣고 밥과 양념이 골고루 잘 섞이면 그릇에 담아 낸다.

15 min

버섯치즈파니니

저희는 주말 아침이면 카페식 요리들을 자주 만들어서 카페 브런치보다 더 건강하고 풍성하게 먹는답니다.
그중에서도 버섯치즈파니니는 가을에 향이 좋은 버섯을 볶고 치아바타 빵에 치즈까지 듬뿍 넣어 푸짐하면서도
담백한 맛을 느낄 수 있어요.

Week 4
가을

Ingredient

재료 — 치아바타 2개, 느타리 50g, 양송이버섯 6개, 양파 1/2개, 모차렐라치즈 1컵, 마요네즈 2큰술, 발사믹크림 1.5큰술, 물엿 2작은술, 버터 1큰술, 소금·후춧가루 적당량씩

↳ 미리 손질한 냉동 버섯믹스는 요리에 바로 사용하세요.

How to make

1. 양파는 채썰고 느타리버섯은 먹기 좋게 찢는다. 양송이버섯은 모양을 살려 썬다.
2. 파니니는 반으로 잘라 마른 팬에 가볍게 굽는다.
3. 달군 팬에 버터를 녹이고 버섯과 양파를 넣어 볶는다.
4. 버섯이 부드럽게 볶아지면 발사믹크림과 물엿을 넣고 소금, 후춧가루를 뿌려 간한다.
5. 구운 파니니 위에 마요네즈를 바르고 볶은 버섯과 모차렐라치즈를 올리고 파니니그릴에 올려 치즈가 녹을 정도로만 구워준다.

→ 파니니그릴이 없다면 일반 팬에 올려 무거운 도마 등으로 눌러 앞뒤로 노릇하게 구워요.

★ 미리 손질한 버섯믹스를 이용하면 요리 시간이 빨라져요.

미트볼스파게티

20 min

Week 4
가을

미트볼 하면 생각나는 대표적인 요리 중 하나가 바로 미트볼스파게티예요. 육즙이 가득하면서도 부드러운 미트볼을 아이들이 좋아하는 토마토스파게티에 곁들이면 푸짐하면서도 든든한 주말의 특별식이 되겠죠. 주말에 손님 초대를 하거나 간단한 가족파티를 할 때도 칭찬받는 요리랍니다.

토요일 저녁

Ingredient

재료 — 미트볼 12개(p.340 참조), 양파 1/4개, 버섯믹스 100g(p.257 참조), 피망 1/2개, 스파게티면 320g, 다진 마늘 1큰술, 토마토소스 3컵, 올리브유 2큰술, 소금·후춧가루 적당량씩

↳ 미리 준비해 냉동한 미트볼은 전날 냉장실로 옮겨 해동하세요.
↳ 냉동 버섯믹스는 별도로 해동하지 않고 바로 요리에 사용하세요.

How to make

1. 미트볼은 기름을 두른 팬에 약한 불에서 뚜껑을 덮고 앞뒤로 속까지 완전히 익도록 구워 따로 둔다.
2. 스파게티면은 끓는 물에 소금을 넉넉히 넣고 10분 정도 삶아 체에 받쳐 물기를 뺀다.
3. 양파와 피망은 채썰고 준비한 버섯은 먹기 좋게 자른다.
4. 올리브유를 두른 팬에 다진 마늘과 양파를 넣어 볶는다. 양파가 투명하게 볶아지면 버섯과 피망도 함께 넣어 볶는다.
5. 버섯 볶던 팬에 토마토소스를 넣고 끓인다.
6. 소스가 끓기 시작하면 삶아둔 스파게티면을 넣고 볶는다. 이때 소스가 너무 걸쭉하면 스파게티 삶은 물을 조금 넣어준다.
7. 소금, 후춧가루를 넣어 간을 하고 소스가 잘 스며들면 접시에 담아낸다.

★ 냉동 미트볼은 사용 전날 냉장실에서 해동하세요.

★ 냉동 버섯믹스는 요리에 바로 사용하세요.

겨울

Week 1
MENU PLAN

아침 **저녁**

	아침		저녁	
월요일	떡갈비비빔밥		삼치간장조림	
화요일	에그샌드위치		간단우엉잡채	
수요일	굴국밥		유부국수	
목요일	김치잡채덮밥		삼치구이정식	
금요일	떡갈비밥버거		굴튀김	
토요일	치즈오믈렛		영양굴밥	

★ 일요일에는 냉장고 속을 살펴 유통기한이 얼마 안 남은 식재료나 갑자기 생긴 외식 등으로 남은 식재료로 나만의 냉장고 정리용 메뉴를 만들어보세요.

Week 1
SHOPPING

어른, 아이 모두 좋아하는 떡갈비 역시 냉동실에 준비해두면 든든한 식재료이지요. 떡갈비를 직접 만들면 좋겠지만
이번 주에는 간편하게 시판 떡갈비로 떡갈비비빔밥, 떡갈비밥버거를 만들어보세요. 가족들의 환호성을 받을지도 몰라요.
겨울이면 통통하게 살이 오르는 굴을 이용한 굴국밥, 굴튀김, 영양굴밥 등의 영양 가득한 요리로 식탁이 더욱 풍성해진답니다.
담백하고 영양 높은 삼치를 이용한 삼치간장조림과 삼치구이정식이 풍성한 가을 식탁을 책임져드립니다.

채소/과일류
- 양상추 1/2통
- 우엉 300g
- 당근 1개
- 양파 1개
- 부추 1/2단
- 무 1/2개
- 대파 1/2단
- 은행 10알(50g)
- 꽈리고추 1봉지(100g)
- 표고버섯 7개
- 고추 2개
- 감자 2개
- 마늘 10쪽

가공식품
- 슬라이스치즈 8장
- 크루아상 4개
- 두부 1모
- 유부 1팩
- 소면 400g
- 당면 200g
- 모차렐라치즈 1컵
- 베이컨 1팩(100g)
- 멸치다시팩 3개
- 녹말가루 적당량
- 우유 1팩
- 김가루 적당량
- 빵가루 적당량

수산물
- 삼치 4마리
- 굴 4봉지(600~700g)
- 건미역 적당량

고기/달걀류
- 쇠고기(갈빗살) 600g
- 달걀 15개

★ 상기 이미지는 이번 주 장 보기의 예시입니다. 각 재료는 상황에 맞게 구입하세요.

일주일이 편한 주말 재료 손질

★ 떡갈비비빔밥, 떡갈비밥버거용 떡갈비 만들기

재료 : 쇠고기 갈빗살 600g, 간장 3.5큰술, 다진 파 2큰술, 다진 마늘 1큰술, 설탕 1과 1/4큰술, 생강즙 1/2큰술, 참기름 1큰술, 후춧가루 적당량

1. 푸드 프로세서에 갈빗살을 넣고 다져준다(또는 칼로 곱게 다지세요).
2. 다진 쇠고기를 볼에 넣고 나머지 양념 재료를 모두 넣어 끈기가 생기도록 치댄다.
3. 반죽을 10×10cm 정도 크기의 네모난 모양으로 만든다.
4. 떡갈비 사이사이에 종이 포일을 끼워 냉동 보관한다.

★ 삼치간장조림, 삼치주키정식용 삼치 손질하기

삼치는 생강술을 뿌린 뒤 잠시 두었다가 소금, 후춧가루로 간한다. 용도별로 소분하여 비닐 팩에 담아 냉동 보관하세요.
만약 소금 간이 되어 있지 않다면 굵은 소금 1/2작은술을 뿌려주세요.

주말 재료 손질은 선택 사항이므로 부담 갖지는 마세요.
미리 할 시간이 없다면 재료 손질만 참고하세요.
다만, 주말에 30~40분만 투자하면 일주일이 편하답니다.

주말
30분 준비

굴죽밥용, 굴튀김, 영양굴밥용 굴 손질하기

국밥용 굴은 소금을 옅게 푼 물에 깨끗이 헹궈 물기를 뺀 뒤 비닐 팩에 담아 냉동 보관하세요.
튀김용 굴은 소금물에 헹궈 물기를 뺀 뒤 밀가루 → 달걀물 → 빵가루 순으로 묻혀 고루 펴서 냉동하여 보관하세요.

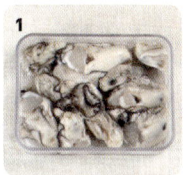  

우엉잡채, 밑반찬용 우엉조림 만들기

재료 : 우엉 300g , 식초 1큰술 , 간장 3큰술 , 맛술 2큰술 , 물 1/2컵 , 설탕 1큰술 , 물엿 3큰술 , 후춧가루 · 참깨 · 참기름 적당량씩

1. 우엉은 껍질을 벗기고 씻어 채를 썬다.
2. 채썬 우엉은 물에 식초를 넣어 잠시 두어 색이 변하는 것을 막는다.
3. 냄비에 물과 간장, 설탕, 맛술을 넣고 한소끔 끓인다.
4. 간장이 끓기 시작하면 손질한 우엉을 가볍게 씻어 넣고 조린다. 1시간 이상 약한 불에서 충분히 조린다.
5. 국물이 반쯤 넘게 조려지면 물엿과 후춧가루를 넣고 윤기나게 조린 뒤 참깨와 참기름을 뿌려 완성한다.

15 min

떡갈비비빔밥

떡갈비는 갈비에 붙은 갈빗살을 곱게 다져 양념한 뒤 구워 먹는 우리의 전통 음식이지요.
갈비에 붙은 뼈를 떼어서 만들기 번거로워 갈빗살을 따로 구입해 만들어보기도 했어요.
이마저도 힘들 때는 시판 떡갈비를 이용하면 좋아요. 떡갈비만 굽고 몇 가지 냉장고 속 채소를 양념에 버무리면
아침에도 손쉽고 간단하게 비빔밥을 준비할 수 있답니다.

Week 1
겨울

월요일
아침

Ingredient

재료 — 밥 4공기, 떡갈비 4장(p.368 참조), 양파 1/4개, 당근 50g, 부추 60g, 고추장 적당량

부추무침 양념 — 고춧가루 1큰술, 식초 2큰술, 액젓 2작은술, 설탕 1/2큰술, 참깨·참기름 적당량씩

How to make

1 떡갈비는 약한 불에서 앞뒤로 노릇하게 구워 먹기 좋은 크기로 썬다.
　↳ 미리 만들어 냉동한 떡갈비는 전날 냉장실로 옮겨 해동하세요.

2 양파, 당근은 곱게 채썰고 부추도 4cm 길이로 썬다.
　↳ 떡갈비를 굽는 동안 채소 썰기를 하세요.

3 볼에 부추와 양파, 당근을 넣고 분량의 부추무침 양념 재료를 모두 넣어 버무린다.

4 그릇에 밥을 담고 구운 떡갈비와 부추무침을 담은 뒤 고추장을 곁들여 낸다.

10 min

삼치간장조림

Week 1
겨울

월요일
저녁

겨울이면 살이 올라 맛있는 삼치. 삼치에 녹말옷을 입혀 구운 뒤 간장소스에 조리면 맛은 좋은 일식 생선조림이 완성됩니다. 여기에 꽈리고추와 마늘도 듬뿍 넣어서 만들면 반찬도 필요 없지요. 삼치뿐만 아니라 고등어나 꽁치 등 다양한 제철 생선으로 응용해도 좋아요.

Ingredient

재료 — 삼치 2마리(p.368 참조), 녹말가루 1/2컵, 통마늘 10쪽, 꽈리고추 80g, 참깨 적당량
양념 — 간장 3.5큰술, 맛술 2큰술, 생강 2쪽, 설탕 2작은술, 물 3큰술, 물엿 2큰술, 후춧가루 적당량

How to make

1 소금, 후춧가루로 밑간한 삼치에 녹말가루를 가볍게 묻힌다.
   ↳ 미리 손질해 냉동한 삼치는 전날 냉장실로 옮겨 해동하세요.
2 통마늘은 반으로 자르고 꽈리고추는 꼭지를 따내고 큰 것은 반으로 자른다.
3 달군 팬에 기름을 두르고 삼치를 앞뒤로 노릇하게 굽는다.
   ↳ 삼치의 겉면을 센 불에서 노릇하게 구워야 조리는 동안 부서지지 않아요.
4 삼치가 거의 다 익어갈 때쯤 마늘을 넣고 양념 재료를 모두 넣어 끓인다.
5 국물이 끓기 시작하면 꽈리고추를 넣고 국물이 거의 남지 않을 때까지 조린 다음 참깨를 뿌려 완성한다.
   ↳ 양념이 잘 배도록 중간중간 국물을 끼얹어주세요.

에그샌드위치

영양 많은 달걀은 아침에 활용하기 좋은 식재료지요.
야들야들하게 스크램블에그를 만들어 먹어도 좋지만 샌드위치와 함께 먹으면 부드러워 좋답니다.
겉은 바삭하고 속은 부드러운 크루아상 속에 폭신한 식감의 스크램블에그를 꽉 채워
샌드위치를 만들면 바쁜 아침에 여유로운 식사를 할 수 있어요.

Week 1
겨울

화요일 아침

Ingredient

재료 — 크루아상 4개, 달걀 4개, 우유 1/2컵, 슬라이스치즈 4장, 베이컨 4장, 양상추 1/4통,
마요네즈 4큰술, 머스터드소스 2작은술, 소금·후춧가루 적당량씩

How to make

1. 볼에 달걀, 우유, 소금, 후춧가루를 넣고 잘 풀어둔다.
2. 달군 팬에 기름을 살짝 두르고 **1**의 달걀을 붓는다. 달걀이 반쯤 익었을 때 젓가락을 휘저어 스크램블에그를 만든다.
3. 베이컨은 바삭하게 구워 기름기를 닦아낸다.
4. 크루아상은 반을 잘라 마요네즈와 머스터드소스 섞은 것을 바른다.
5. 크루아상 속에 양상추, 슬라이스치즈와 스크램블에그, 베이컨을 넣어 완성한다.

15 min

간단우엉잡채

잡채는 만드는 시간도 제법 걸리고 번거로워 잔칫날이라야 먹는 음식이라 생각하지요.
하지만 바닥이 두꺼운(3중 이상) 스텐냄비나 무쇠냄비만 있으면 뚝딱 만들 수 있답니다. 고기요?
다양한 채소와 버섯의 맛에 우리 집 식구들은 고기도 안 들어갔는데 왜 이렇게 맛있냐고 되묻기도 해요.

Week 1
겨울

화요일
저녁

Ingredient

재료 — 우엉조림 100g(p.369 참조), 당근 1/3개, 양파 1/2개, 부추 50g, 표고버섯 3개, 당면 200g, 참깨·참기름 적당량씩

양념장 — 간장 3큰술, 맛술 2큰술, 설탕 1큰술, 다진 파 2큰술, 다진 마늘 1/2큰술, 물엿 1.5큰술, 후춧가루 적당량

How to make

1. 당면은 따뜻한 물에는 15분 정도, 찬물에는 30분 이상 불려 준비하고, 미리 조린 우엉조림도 준비한다.
2. 당근, 양파는 채썰고 표고버섯은 밑동을 잘라 썬다. 부추도 4cm로 썬다.
3. 분량의 양념장 재료는 모두 섞어둔다.
4. 바닥이 두꺼운 스텐냄비나 무쇠냄비에 부추를 제외한 채소를 먼저 깔고 그 위에 당면을 올리고 준비한 양념장을 붓는다.
   → 냄비는 통 3중이 아니어도 3중 바닥 이상이면 됩니다. 다만 뚜껑이 무거우면 좋아요.
5. 뚜껑을 덮고 약한 불에서 5분 정도 익힌다.
6. 뚜껑을 열어보아 당면이 다 익었으면 불을 끄고 부추, 참깨와 참기름을 뿌리고 가볍게 섞어 낸다.

★ 미리 썰어 준비한 채소를 사용하면 요리 시간이 빨라져요

★ 목요일 아침의 김치잡채덮밥용으로 잡채는 400g 정도 남겨 냉동실에 보관하세요

15
min

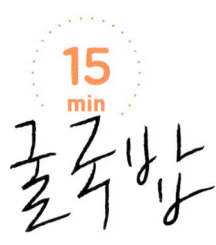

굴국밥

굴이 나오기 시작하는 겨울에는 굴을 이용한 다양한 음식을 만들어 영양을 보충하세요.
그중에서도 아침 식사로 굴국밥을 추천해드려요. 뜨끈하고 시원한 국물 맛이
입맛 없는 아침에 좋을 뿐만 아니라 추위도 잊게 만들어준답니다. 전날 과음을 했다면 해장국으로도 좋아요.

Week1
겨울

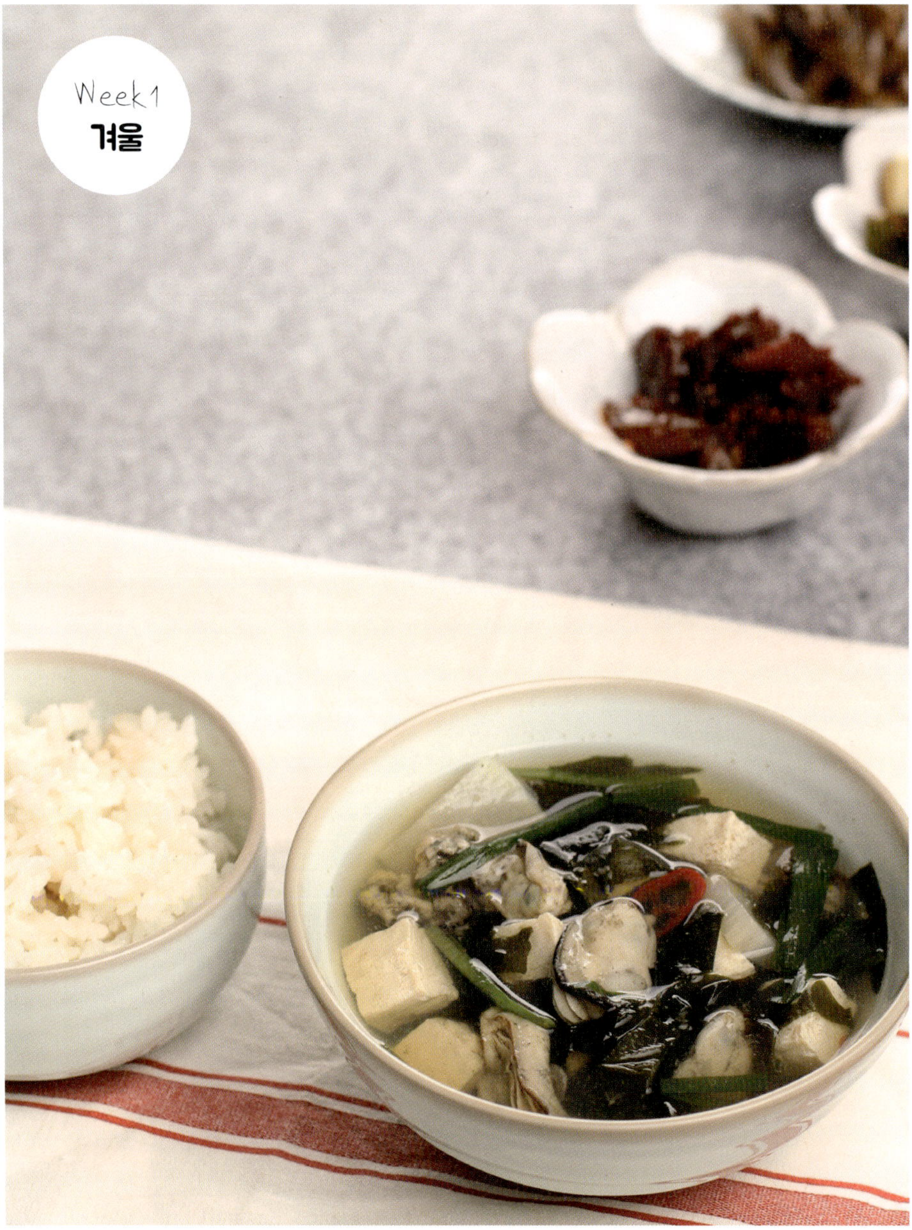

Ingredient

재료 — 봉지굴 1봉(150g~200g), 무 150g, 두부 1/2모, 건미역 10g, 고추 1/2개, 부추 30g, 멸치다시팩 1개(물 4컵)

육수 — 국간장 1/2큰술, 참치액젓 1/2큰술, 다진 마늘 1작은술, 소금·후춧가루 적당량씩

How to make

1 굴은 체에 밭쳐 가볍게 씻어둔다.
   > 미리 손질해 냉동한 굴은 전날 냉장실로 옮겨 해동하거나 요리에 바로 사용해도 좋아요.

2 무는 나박나박 썰고 두부는 깍둑썰기한다. 부추는 4cm로 썰고 고추는 송송썬다. 건미역은 불려서 잘게 썰어둔다.

3 냄비에 무를 넣고 물과 멸치다시팩을 넣고 끓인다.

4 육수가 끓으면 멸치다시팩은 건져 내고 두부와 미역도 넣어 끓인다.

5 국간장과 다진 마늘을 넣고 소금, 후춧가루로 간을 한다.

6 무가 부드럽게 익으면 굴을 넣고 한소끔 끓인 뒤 부추와 고추를 올리고 밥을 함께 담아낸다.

15 min

유부국수

Week 1
겨울

따뜻한 국물이 생각나는 겨울에는 저녁 메뉴로 국수를 끓여보면 어떨까요? 담백한 유부와
버섯만을 넣어 국수를 끓여도 감칠맛이 제대로 나는 국수가 됩니다. 볶은 김치까지 얹으면
다른 반찬 필요 없는, 겨울의 추위를 훈훈하게 녹여줄 맛있는 국수랍니다.

Ingredient

재료 — 소면 400g, 유부 8장, 표고버섯 2개, 볶은 김치 200g, 대파 1/2대, 김가루 적당량, 멸치다시팩 2개(물 10컵),
국간장 1/2큰술, 참치액젓 1/2큰술

How to make

1 소면은 끓는 물에 소금을 넣고 삶아 찬물에 헹구고 사리를 지어 놓는다.
2 유부는 뜨거운 물에 가볍게 데쳐 기름기를 뺀 다음 1cm 두께로 썰고, 표고버섯은
   밑동을 떼어내고 먹기 좋게 썰고, 대파는 송송썬다.
3 냄비에 물과 멸치다시팩을 넣고 유부와 표고버섯을 넣어 끓인다.
   ↪ 육수는 진하게 우려낼수록 맛있어요.
4 육수가 끓으면 멸치다시팩을 건져내고 국간장과 참치액젓을 넣고 소금, 후춧가루로
   간을 한다.
5 그릇에 사리를 담고 육수를 부은 다음 볶은 김치, 대파, 김가루를 뿌려 낸다.
   ↪ 애호박이나 당근채 볶음을 올리면 더 맛있어요.

10 min

김치잡채덮밥

잡채가 조금 남아 있거나 색다르게 먹고 싶을 때는 김치와 함께 볶아주세요.
김치의 매콤함 덕분에 맛도 좋아지고 느끼함도 사라져 다른 요리 같답니다. 특히 바쁜 아침에 볶은 김치와 잡채를
가볍게 볶아 밥 위에 얹으면 든든하고 맛있는 한 끼 식사를 가뿐하게 준비할 수 있어요.

Week 1
겨울

Ingredient

재료 — 밥 4공기, 볶은 김치 200g, 잡채 400g 정도(p.377 참조), 달걀 4개, 참깨·참기름 적당량씩

How to make

1 달걀은 반숙으로 프라이를 해서 둔다.
2 달군 팬에 기름을 조금만 두르고 미리 볶았던 김치를 가볍게 볶는다.
  → 생김치를 부드럽게 볶아도 좋아요.
3 따로 남겨두었던 잡채도 넣고 약한 불에서 타지 않게 볶는다.
  → 냉동 보관한 잡채는 요리에 바로 사용하세요.
4 잡채가 부드럽게 볶아지면 참깨와 참기름을 조금 넣고 섞는다.
5 따뜻한 밥에 김치잡채를 올리고 달걀프라이를 올려 낸다.

삼치구이정식

15 min

Week 1
겨울

목요일
저녁

겨울이면 살이 통통하게 오른 삼치가 맛있을 때죠. 삼치를 밑간해서 노릇하게 굽기만 하면
다른 반찬 필요 없이 고소하고 짭짤한 맛에 밥 한 그릇은 금방 비워요. 무를 갈아 함께 곁들이면
등푸른생선 특유의 비린내도 없이 담백하고 고소한 맛을 느낄 수 있답니다.

Ingredient

재료 — 삼치 2마리(p.368 참조), 무 30g, 생강술 2큰술, 고추냉이 적당량

How to make

1 해동한 삼치를 준비한다.
   → 미리 손질해 냉동한 삼치는 냉장실로 옮겨 해동하세요.
2 달군 팬에 기름을 두르고 삼치를 올려 앞뒤로 노릇하게 굽니다.
3 무는 강판에 갈아 작은 접시에 담고 간장과 고추냉이를 곁들여 낸다.

10 min

떡갈비밥버거

아이들에게 인기 좋은 밥버거는 가볍게 들고 먹기 좋지요. 요즘엔 아이들 학원 앞에서도 쉽게 사 먹을 수 있더라고요. 밥버거를 집에서 좋은 재료로 깔끔하게 만들면 온 가족의 아침 식사로도 좋답니다. 밥과 떡갈비, 김치와 치즈까지 들어가 영양 많고 맛있는 재료로 먹기도 편하고 든든하답니다.

Week 1
겨울

금요일
아침

Ingredient

재료 — 밥 4공기, 떡갈비 4개(p.368 참조), 슬라이스치즈 4장, 볶은 김치 100g 정도, 양상추 8장, 김가루 1컵, 참깨·참기름·소금 적당량씩

How to make

1 따뜻한 밥에 김가루와 참깨, 참기름, 소금을 넣고 잘 버무려둔다.
2 떡갈비는 앞뒤로 노릇하게 구워둔다. 양상추는 씻어서 물기를 뺀다.
   → 미리 만들어 냉동한 떡갈비는 전날 냉장실에서 해동하세요.
3 동그란 틀에 랩을 깔고 밥을 동그랗게 빚어 1/3 정도 꾹꾹 눌러 담는다.
4 밥 위에 양상추, 치즈, 볶은 김치, 떡갈비 순으로 올리고 다시 밥으로 덮어 랩을 씌워 밥버거를 완성한다.

굴튀김 15 min

Week 1
겨울

금요일
저녁

굴은 싱싱할 때 생굴로 먹어도 좋지만 살이 통통하게 올랐을 때 튀김옷을 입혀 튀김으로 만들어 먹어도 별미지요. 특히 주말에 싱싱한 굴을 사 와서 튀김옷을 입혀 냉동했다가 먹기 직전 튀기면 방금 만든 것처럼 겉은 바삭하면서도 속은 부드럽게 살살 녹는 맛있는 굴튀김을 쉽게 만들 수 있어요. 튀김이 어렵다고 생각하지 마시고 이 계절에 꼭 만들어보세요.

Ingredient
재료 — 굴 300g(p.369 참조), 소금·후춧가루 적당량씩, 밀가루 1/2컵, 달걀 1개, 빵가루 1.5컵
소스 — 마요네즈 3큰술, 다진 양파 1.5큰술, 다진 피클 1큰술, 레몬즙 2작은술, 소금·후춧가루 적당량씩

How to make
1 굴은 체에 놓고 가볍게 씻은 다음 체에 밭쳐 물기를 뺀다.
   → 미리 손질해 냉동한 굴은 바로 기름에 튀기면 됩니다.
2 굴에 소금, 후춧가루를 가볍게 뿌린 다음 밀가루 → 달걀 → 빵가루 순으로 옷을 입힌다.
3 190℃로 가열한 튀김기름에 굴을 넣고 바삭하게 두 번 튀겨 낸다.
   → 생굴은 익히지 않아도 먹을 수 있으므로 노릇해질 정도로만 튀겨 내면 됩니다.
4 분량의 타르타르소스 재료는 모두 섞어서 굴튀김과 함께 곁들여 낸다.

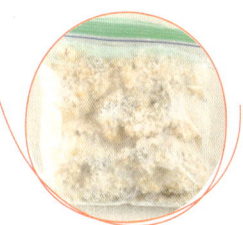

20 min

치즈오믈렛

Week 1
겨울

호텔 브런치 하면 오믈렛을 빼놓을 수 없지요. 오믈렛도 집에서 쉽게 만들 수 있답니다. 냉장고 속 자투리 채소와 베이컨을 볶아 달걀과 함께 구워 내면 입에서 사르르 녹을 것만 같은 부드러운 오믈렛을 만들 수 있어요. 여기에 모차렐라치즈를 듬뿍 넣으면 부드럽게 녹은 치즈가 고소함을 더해주니 호텔보다 더 맛있는 아침을 즐겨보세요.

Ingredient

재료 — 달걀 6개, 양파 1/3개, 감자 1개, 베이컨 3장, 모차렐라치즈 1컵, 우유 1/2컵, 버터 1큰술, 소금·후춧가루 적당량씩

How to make

1 감자는 깍둑썰기해서 전자레인지에 돌려 익히고 양파는 다지듯 썰고 베이컨도 1cm 정도의 길이로 썬다.
2 볼에 달걀과 우유, 소금, 후춧가루를 넣어 잘 섞어둔다.
   → 우유 대신 생크림을 사용하면 더 부드럽고 고소해요.
3 달군 팬에 베이컨을 넣고 볶은 뒤 남은 기름은 키친타월로 닦아 낸다.
4 얼추 볶아진 베이컨에 감자, 양파를 넣고 버터를 넣어 함께 볶는다. 이때 소금과 후춧가루를 넣어 밑간한다.
5 4에 미리 풀어둔 달걀을 부어 약한 불에서 반쯤 익힌다.
6 달걀이 반쯤 익었을 때 모차렐라치즈를 가운데 부분에 올리고 달걀을 반을 접어 완성한다.

영양굴밥 25 min

Week 1
겨울

토요일 저녁

통통하고 싱싱한 굴을 넣어 지은 영양굴밥을 먹으면 가족이 모두 건강해질 것 같지 않으세요?
양념간장을 넣어 쓱쓱 비벼서 먹으면 한 그릇 뚝딱입니다. '한 그릇 더!'를 외칠지도 몰라요.

Ingredient

재료 — 쌀 1컵, 찹쌀 1컵, 굴 200g, 은행 10알(50g), 우엉조림 100g(p.369 참조), 당근 1/4개, 무 100g, 표고버섯 2개, 참기름 1큰술, 다시마 1쪽(물 2컵)

양념간장 — 간장 2큰술, 다진 파 2큰술, 다진 마늘 1작은술, 설탕 1/2작은술, 고춧가루 1작은술, 맛술 2큰술, 참깨·참기름 적당량씩

How to make

1. 쌀과 찹쌀은 씻어서 30분 정도 충분히 불린 뒤 체에 밭쳐 물기를 뺀다.
2. 굴은 체에 밭쳐 가볍게 씻고 당근, 무는 채썰어둔다. 표고버섯은 밑동을 잘라 썰고 은행은 속껍질을 벗겨둔다.
   > 미리 손질해 냉동한 굴은 전날 냉장실에서 해동하거나 요리에 바로 사용하세요.
3. 냄비에 참기름을 두르고 무와 표고버섯을 넣어 볶는다.
4. 무가 투명하게 볶아지면 불린 쌀도 넣어 함께 볶다가 물을 붓고 다시마 당근과 우엉조림을 올린 뒤 뚜껑을 덮어 끓인다. 물이 끓기 시작하면 중불로 줄이고 밥 냄새가 날 때까지 익힌다.
5. 20분 정도 익혀 밥 냄새가 나기 시작하면 불을 약하게 줄이고 굴, 은행을 올려 5분 정도 충분히 뜸을 들인다.
6. 분량의 양념 간장을 잘 섞고 밥이 다 지어지면 그릇에 담고 양념 간장을 곁들여 낸다.

겨울

Week 2
MENU PLAN

아침 저녁

요일	아침	저녁
월요일	미숫가루시리얼 	쇠고기미역국 
화요일	두부달걀죽 	등갈비김치찜 
수요일	베이글+견과류크림치즈 	두부채소덮밥 
목요일	들깨미역떡국 	꼬막채소무침 
금요일	쇠고기무국밥 	꼬막비빔밥 
토요일	프렌치토스트 	등갈비구이 

★ 일요일에는 냉장고 속을 살펴 유통기한이 얼마 안 남은 식재료나 갑자기 생긴 외식 등으로 남은 식재료로 나만의 냉장고 정리용 메뉴를 만들어보세요.

SHOPPING

쫄깃하고 감칠맛이 좋은 제철 꼬막을 이용한 식단을 소개합니다. 주말에 미리 꼬막을 손질해두면 꼬막채소무침 요리로 입맛도 살리고, 꼬막무침을 이용해 간단한 꼬막비빔밥도 금방 만들 수 있어요. 매일 밥상을 준비하는 아내들에게는 반가운 메뉴지요. 추운 겨울 마음까지 따뜻해지도록 국물 요리도 빠지지 않지요. 쇠고기미역국과 들깨미역떡국, 쇠고기무국밥까지 한 그릇 먹으면 추위도 싹 잊을 따끈한 음식으로 온 가족의 겨울나기에 충분한 식탁이 될 거예요.

채소/과일류	가공식품	수산물	고기/달걀류
건미역 25g	미숫가루 50g	꼬막 1kg	쇠고기 국거리용 400g
대파 1/2단	시리얼 1팩	건미역 적당량	등갈비 2kg
양파 2개	견과믹스 100g		달걀 4개
무 1/3개	크림치즈 1팩		
감자 3개	들깨가루 30g		
피망 2개	가래떡 100g		
두부 2모	베이글 4개		
오이 1개	바게트빵 1개		
상추 50g	우유 1팩		
양배추 1/3통	멸치다시팩 1개		
당근 1개			
과일 취향껏			

★ 상기 이미지는 이번 주 장 보기의 예시입니다. 각 재료는 상황에 맞게 구입하세요.

일주일이 편한 주말 재료 손질

쇠고기미역국, 쇠고기무국밥용 쇠고기 손질하기

쇠고기는 국거리용으로 구입하여 한입 크기로 썰어 키친타월로 핏물을 닦고 소분하여 냉동 보관하세요. 미역국용 미역도 미리 불려 냉동해두면 편해요.

등갈비김치찜, 등갈비구이용 등갈비(2kg) 손질하기

재료 : 등갈비 2kg, 대파 1대, 생강 1쪽, 마늘 3쪽, 통후추 10알, 월계수 잎 1개

1. 등갈비는 찬물에 1시간 이상 담가 핏물을 뺀다. 이때 물을 3~4번 이상 갈아준다.

2. 냄비에 등갈비가 푹 잠길 정도의 물을 붓고 끓인다. 물이 끓기 시작하면 소주를 반컵 정도 붓고 등갈비를 넣어 5분 정도 삶아 물은 버리고 등갈비는 찬물에 씻는다.

3. 다시 냄비에 물을 붓고 등갈비, 대파 1대, 생강 1쪽, 마늘 3쪽, 통후추, 월계수잎을 넣어 30분 정도 삶아 고기만 건져 식힌다.

4. 김치찜용은 쪽으로 자르고, 구이용은 그대로 소분하여 비닐 팩에 담아 냉동한다.

5. 등갈비 삶은 물은 등갈비김치찜용 1컵 분량과 구이용으로 1/4컵 정도로 소분하여 비닐 팩에 담아 냉동 보관한다.

주말 재료 손질은 선택 사항이므로 부담 갖지는 마세요.
미리 할 시간이 없다면 재료 손질만 참고하세요.
다만, 주말에 30~40분만 투자하면 일주일이 편하답니다.

주말 30분 준비

꼬막채소무침, 꼬막비빔밥용 꼬막(1kg) 손질하기

1. 꼬막은 찬물에 가볍게 씻은 다음 물 5컵에 소금 10g을 넣고 신문지로 덮어 해감한다.
2. 해감한 꼬막은 불순물이 없어지도록 문질러 씻는다.
3. 냄비에 물을 넣고 끓인다. 물이 끓기 시작하면 해감한 꼬막을 넣고 한 방향으로 젓는다.
4. 꼬막이 한두 개 정도 입을 벌리기 시작하면 체에 밭쳐 물을 따라 버리고 살만 발라낸다.
5. 소분하여 비닐 팩에 담아 냉동 보관한다.

대추생강청 만들기

추운 겨울을 거뜬하게 나기 위해 해마다 이 계절에는 대추생강청을 만든답니다. 대추생강청으로 끓인 차는 추위도 녹여줄 뿐만 아니라 겨울철 감기나 비염을 예방하는 효과도 있지요. 달콤하면서도 생강의 톡 쏘는 맛이 살아 있는 대추생강청을 온 가족의 건강을 위해 넉넉히 만들어 보세요.

1. 대추는 깨끗이 씻어서 물기를 완전히 말린 뒤 돌려 깎아 씨를 빼내고 도톰하게 채썬다.
2. 생강은 껍질을 벗기고 씻어 물기를 완전히 말린 뒤 편으로 얇게 썬다.
3. 볼에 대추와 생강, 설탕을 넣고 버무린다.
4. 미리 소독한 유리병에 설탕에 버무린 대추와 생강을 넣고 윗면에 꿀을 뿌려 밀봉한다.
5. 실온에 3일 정도 숙성시켰다가 냉장고에 넣고 일주일이 지난 뒤부터 뜨거운 물에 2~3큰술 넣어 타 마신다.

재료
대추 15개(50g)
생강 100g
설탕 100g
꿀 100g

미숫가루시리얼

10 min

Week 2
겨울

월요일 아침

정신없이 바쁜 아침에는 밥을 먹고 가기도 힘든 날이 있지요. 이런 날에는 시리얼이라도 영양 풍부하게 준비해서 먹으면 어떨까요? 곡물을 갈아 만든 미숫가루를 우유에 잘 섞어 미리 전날 냉장고에 넣어두었다가 아침에 꺼내 시리얼에 부어 먹기만 해도 좋아요. 영양가는 풍부하면서 좀 더 든든하고 맛있는 시리얼이 된답니다. 여기에 한두 가지 과일을 곁들이면 시리얼이라고 무시할 수 없는 알찬 아침이 되지요.

Ingredient

재료 — 시리얼 160g, 미숫가루 8큰술, 견과믹스 40g, 우유 4컵, 각종 과일 적당량

How to make

1 믹서기에 우유와 미숫가루를 넣고 멍울지지 않도록 풀어준다.
  → 그냥 섞어도 되지만 믹서기를 이용하면 멍울지지 않고 빠르게 섞입니다.
2 냉장고 속 과일을 준비한다.
3 그릇에 **1**을 붓고 시리얼과 견과믹스를 넣는다.

30 min
쇠고기미역국

Week 2
겨울

월요일
저녁

우리 집 아이들이 제일 좋아하는 국은 바로 미역국이에요. 미역국을 맛있게 끓인 날은 다른 반찬 하나 필요 없이 미역국에 밥만 말아 먹어도 그렇게 맛있을 수가 없지요. 쇠고기를 참기름에 달달 볶아 구수한 맛이 우러나온 미역국은 추운 겨울에 속까지 따뜻하게 해줍니다. 미역국은 한 번 끓일 때 많은 양을 끓여야 좀 더 맛있어요. 넉넉하게 끓여서 한 번 먹을 분량씩 나누어 냉동해두면 바쁜 날 떡국으로 끓이거나, 죽으로 만드는 등 요긴하게 사용할 수 있어요.

Ingredient

재료 — 건미역 25g, 쇠고기(국거리용 양지 또는 사태) 200g(p.396 참조), 국간장 1큰술, 까나리액젓 1큰술, 다진 마늘 1/2큰술, 참기름 1큰술, 물 10컵, 소금 적당량

How to make

1 미역은 찬물에 10분 정도 불린 뒤 문질러 씻어 체에 밭친다.
2 쇠고기는 한입 크기로 썰어둔다.
   → 미리 손질해 냉동한 쇠고기는 전날 냉장실에서 해동하세요.
3 냄비에 참기름을 두르고 쇠고기를 넣어 볶는다.
4 쇠고기가 반쯤 익으면 미역도 넣어 타지 않게 달달 볶는다.
5 볶던 냄비에 물을 붓고 미역이 부드러워지도록 20~30분 정도 충분히 끓인다.
6 국간장, 액젓, 다진 마늘을 넣고 모자라는 간은 소금을 넣어 완성한다.
   → 목요일 아침의 들깨미역떡죽을 위해 4컵 정도 분량은 따로 냉동 보관하세요.

15 min

두부달걀죽

부드러운 식감을 가진 아침 식사의 단골로 등장하는 두부와 달걀이 만났어요. 입안에서 스르르 녹는 두부와 달걀로 부드러운 죽을 쑤어 먹으면 입맛 없는 아침에 술술 넘어가서 좋답니다. 특히 추운 겨울 두부달걀죽으로 속을 따뜻하게 데우고 나가면 오전 내내 힘이 나겠지요.

Week 2
겨울

Ingredient

재료 — 밥 2공기, 두부 1/2모, 달걀 2개, 멸치다시팩 1개(물 6컵), 국간장 1/2큰술, 참기름 1큰술, 소금·후춧가루 적당량씩

How to make

1. 두부는 1×1cm 정도의 크기로 깍둑썰기한다.
2. 달걀은 미리 풀어서 준비한다.
3. 냄비에 참기름을 넣고 두부를 가볍게 볶다가 밥과 물, 멸치다시팩을 넣고 끓인다.
4. 10분 정도 밥이 푹 퍼지도록 끓인 뒤 멸치다시팩은 건져내고 국간장과 소금, 후춧가루를 넣어 간한다.
5. 미리 풀어둔 달걀을 넣고 줄알을 친 뒤 달걀이 익어 떠오르면 완성한다.

→ 줄알을 친다는 것은 푼 달걀을 끓고 있는 국에 얌전히 지그재그로 붓고 젓지 않고 달걀이 떠오르도록 가만히 둔다는 뜻이에요.

등갈비김치찜

30 min

'등갈비김치찜을 평일에?'라고 생각하실 수도 있겠지만 주말에 미리 등갈비를 손질해두었다면 후다닥 만들 수 있답니다. 잘 익은 김치에 등갈비를 한 쪽씩 돌돌 감아 냄비에 넣고 불에 올려두기만 하면 알아서 맛있는 등갈비김치찜이 만들어지거든요. 약한 불에 끓여서 부드럽게 익은 김치와 등갈비가 그야말로 밥도둑이 될 거예요.

Week 2
겨울

화요일
저녁

Ingredient

재료 — 등갈비 1kg(p.396 참조), 김치 1/4포기, 양파 1/2개, 대파 1대, 고춧가루 2큰술, 참치액젓 1/2큰술, 다진 마늘 2작은술, 물엿 1큰술, 고기 삶은 국물 1컵, 김칫국물 1/2컵

How to make

1 등갈비와 고기 삶은 물을 준비한다.
   → 미리 손질해 냉동한 등갈비와 육수는 전날 냉장실로 옮겨 해동하세요.
2 김치는 꼭지 부분만 잘라 한 줄기씩 떼어내고 양파는 채썰고 대파는 어슷하게 썬다.
3 김치 한 장에 등갈비 한 쪽을 올리고 돌돌 말아준다.
4 냄비에 김치로 감싼 등갈비를 차곡차곡 올리고 양파와 고춧가루, 참치액젓, 다진 마늘, 김칫국물, 고기 삶은 국물을 넣고 불에 올려 끓인다. 불이 끓기 시작하면 약하게 줄여 20분 정도 푹 끓인다.
5 김치가 무르게 익으면 맛을 보아 시큼한 맛이 강하면 물엿을 조금 넣고 대파를 올려 완성한다.

10 min
베이글 + 견과류 크림치즈

Week 2
겨울

베이글엔 역시 크림치즈가 제격이죠. 크림치즈에 견과류를 다져 넣어 부족한 영양도 채우고 맛까지 업그레이드 한 맛있는 아침 식사를 준비해보세요. 따뜻한 커피나 과일주스를 함께 준비하는 것도 잊지 마세요.

Ingredient

재료 — 베이글 4개, 크림치즈 60g, 견과믹스 25g

How to make

1 베이글은 반으로 잘라 자른 부분이 팬 위로 가게 해서 가볍게 구워낸다.
2 견과믹스는 잘게 다지듯 썬다.
3 다진 견과와 크림치즈를 섞는다.
    취향에 따라 딸기잼을 섞어도 좋아요.
4 구운 베이글에 크림치즈를 바르고 커피나 과일주스를 곁들인다.

두부채소덮밥

Week 2
겨울

수요일 저녁

두부는 다양한 요리에 활용할 수 있는 식품이지요. 국이나 찌개에 넣는 정도로만 사용하셨다면 오늘은 두부를 주재료로한 채소덮밥을 만들어보세요. 노릇하게 구워 씹는 맛이 좋은 두부와 자투리 채소를 된장소스에 볶아 밥에 얹으면 된장과 두부 특유의 구수한 맛과 채소의 달콤한 맛이 잘 어우러진 덮밥이 완성된답니다.

Ingredient

재료 — 밥 4공기, 두부 2/3모, 양파 1/3개, 청·홍피망 1/4개씩, 양배추 3~4장, 참깨·참기름 적당량씩

소스 — 된장 3큰술, 간장 1큰술, 설탕 1작은술, 물 3큰술, 다진 파 1큰술, 다진 마늘 1/2작은술, 맛술 2큰술, 물엿 1작은술, 후춧가루 적당량

How to make

1. 두부는 깍둑썰기하고 양파, 피망, 양배추는 두부 크기로 네모지게 썬다.
2. 분량의 된장소스 재료는 모두 섞는다.
3. 달군 팬에 기름을 두르고 두부를 올려 겉면을 노릇하게 구워 따로 접시에 담아둔다.
4. 두부를 굽던 팬에 양파, 피망, 양배추를 넣고 센 불에서 볶는다.
5. 양파가 투명하게 볶아지면 미리 섞어둔 소스를 넣어 끓인다.
6. 채소와 소스가 잘 어우러지면 미리 구웠던 두부를 넣고 가볍게 섞은 뒤 참깨와 참기름을 뿌려 완성한다. 따뜻한 밥에 볶은 두부와 채소를 올린다.

★ 채소만 미리 손질되어 있어도 요리 시간이 빨라져요.

15 min

들깨미역떡국

냉장고에 넉넉하게 보관했던 미역국을 아침 식사를 위해 미역떡국으로 만들면 이 또한 별미입니다. 영양 많은 들깨가루를 넣어 함께 끓이면 들깨 특유의 고소하면서도 부드러운 맛이 아침 메뉴로 더욱 잘 어울리지요. 입맛 없을 때도 술술 먹기에 좋답니다.

Week 2
겨울

Ingredient

재료 — 미역국 4컵(p.400 참조), 물 2~3컵, 들깨가루 3큰술, 가래떡 2컵, 국간장 1/2큰술, 다진 마늘 1작은술, 소금 적당량

How to make

1. 따로 냉장고에 보관했던 미역국과 물을 냄비에 넣고 끓인다.
   → 냉동한 미역국은 요리에 바로 사용해도 좋아요. 물의 양은 알맞게 조절하세요.
2. 미역국이 한소끔 끓으면 미리 씻어둔 가래떡을 넣어 끓인다.
3. 국간장과 다진 마늘을 넣어 간하고 모자라는 간은 소금으로 한다.
4. 가래떡이 부드럽게 익으면 들깨가루를 넣고 한소끔 끓여 완성한다.

15 min

꼬막채소무침

겨울이면 살이 올라 맛있는 꼬막 요리를 의외로 어렵게 생각하시는 분들이 많아요. 하지만 해감만 잘해서 삶으면 특유의 감칠맛과 식감이 좋아 정말 맛있게 먹을 수 있어요. 주말에 손질해서 삶은 뒤 살만 발라 냉동했다가 필요할 때 꺼내도 그 맛과 식감이 변하지 않아요. 시간이 여유로울 때 넉넉히 손질해두었다가 사용하세요. 금요일 저녁 메뉴인 꼬막비빔밥을 위해 1/4 정도의 분량은 남겨두시고요.

Week 2
겨울

목요일 저녁

Ingredient

재료 — 꼬막 1kg(p.397 참조), 양배추 3~4장, 오이 1/3개, 당근 1/3개, 양파 1/4개, 대파 1대, 참깨·참기름 적당량씩

양념장 — 고추장 2.5큰술, 고춧가루 1.5큰술, 식초 3큰술, 매실청 1큰술, 간장 2작은술, 다진 마늘 1큰술, 다진 파 1큰술, 설탕 1/2큰술, 후춧가루 적당량

How to make

1. 미리 삶아 손질한 꼬막 살은 체에 밭쳐 뜨거운 물을 살짝 뿌려 물기를 뺀다.
   → 미리 삶아서 냉동한 꼬막 살은 전날 냉장실에서 해동해서 사용하세요.
2. 양배추, 당근, 오이, 양파, 대파는 얇게 채썬다.
3. 분량의 양념장 재료는 모두 섞어둔다.
4. 볼에 준비한 채소와 삶은 꼬막 살을 넣고 양념장으로 버무리고 참깨와 참기름을 뿌려 낸다.

20 min

쇠고기무국밥

Week 2
겨울

추운 겨울이면 생각나는 국 중 하나가 바로 쇠고기무국이에요. 무와 쇠고기로 국물을 우려내
시원한 국물 맛이 일품이지요. 바쁜 아침에는 무국에 밥을 말아 후루룩 떠 먹고 나가기에 좋고요.
전날 저녁에 미리 끓였다가 아침에 데워 밥에 말아 먹으면 시간을 절약할 수 있어요.

Ingredient

재료 — 밥 4공기, 쇠고기 200g(p.396 참조), 무 200g, 양파 1/3개, 대파 1대, 국간장 1큰술, 다진 마늘 1작은술, 참기름 1큰술, 물 6~8컵, 소금·후춧가루 적당량씩

How to make

1. 쇠고기는 먹기 좋은 크기로 썰어둔다.
    → 미리 손질해 냉동한 쇠고기는 전날 냉장실에서 해동하세요.
2. 무는 나박썰기하고 양파는 채썬다. 대파는 어슷하게 썰어둔다.
3. 냄비에 참기름을 두르고 쇠고기를 넣어 볶는다. 쇠고기가 반쯤 익으면 무도 넣어 함께 볶다가 물을 부어 끓인다.
4. 무가 부드럽게 익을 때까지 끓이면서 중간중간 떠오르는 거품은 걷어낸다.
5. 무가 부드럽게 익으면 양파를 넣고 국간장, 다진 마늘을 넣은 뒤 소금과 후춧가루로 간을 하고 대파를 넣어 완성한다. 그릇에 밥을 담고 국을 함께 담아낸다.

꼬막비빔밥

10 min

Week 2
겨울

금요일
저녁

비빔밥이라고 꼭 거창한 재료를 준비해서 만들 필요는 없어요. 전날 따로 남겨둔 꼬막채소무침을 이용해서 간단하게 준비할 수 있는 비빔밥을 만들어보세요. 꼬막무침에 다양한 채소가 들어가 있어서 별다른 재료 없이도 비빔밥이 완성됩니다. 한두 가지 밑반찬과 함께 곁들이면 한 끼 푸짐한 저녁이 준비되지요.

Ingredient

재료 — 꼬막채소무침 200~300g(p.412 참조) 정도, 밥 4공기, 상추 5~6장, 김가루 1/2컵, 초고추장 4큰술, 참깨 · 참기름 적당량씩

How to make

1. 상추는 채썰고 김가루도 준비한다.
2. 그릇에 따뜻한 밥을 담고 꼬막채소무침과 상추, 김가루를 올린다.
3. 참깨와 참기름을 뿌리고 초고추장을 곁들인다.

15 min

프렌치토스트

프렌치토스트는 오래되어 딱딱해진 빵을 처리할 때 좋은 요리법이에요. 부드러워 브런치로도 즐기기 좋지요. 달걀과 우유 섞은 것에 담갔다가 굽기만 하면 되니 간단히 만들 수도 있어요. 프랑스에서처럼 바삭한 바게트빵을 이용하면 빵이 너무 눅눅해지지 않고 식감이 살아 있어 더욱 맛있어요. 주말 아침에 집에 있는 과일과 곁들이면 적은 노력으로도 고급스러운 브런치를 즐길 수 있답니다.

Week 2
겨울

토요일
아침

Ingredient

재료 — 바게트빵 8쪽, 달걀 2개, 우유 1/4컵, 설탕 1작은술, 버터 1큰술, 소금·후춧가루 적당량씩

How to make

1 바게트는 도톰하게 어슷어슷 썬다.
   ↳ 살 때 썰어달라고 하면 편해요.
2 볼에 달걀과 우유를 넣고 설탕, 소금, 후춧가루를 넣어 잘 섞는다.
3 2의 달걀물에 바게트를 앞뒤로 충분히 적신다.
   ↳ 바게트가 딱딱하다면 전날 미리 달걀물에 담가 냉장했다 사용하면 부드러워져요.
4 달군 팬에 버터를 녹이고 바게트빵을 올려 약한 불에서 앞뒤로 노릇하게 굽는다. 간단한 채소나 과일과 함께 곁들여 낸다.

40 min
등갈비구이

Week 2
겨울

토요일 저녁

등갈비구이는 더 이상 레스토랑에서나 먹을 수 있는 특식이 아니지요. 오븐이 없어도 집에서 충분히 맛있게 만들 수 있답니다. 미리 손질해둔 등갈비를 시판 소스를 활용해서 조리기만 해도 밖에서 사 먹는 등갈비보다 더 맛있게 만들 수 있어요. 소스가 타지 않게 약한 불에서 충분히 조리면 살이 부드럽게 익어서 온 가족이 맛있게 먹을 수 있답니다. 특별한 주말에 온 가족이 모여 맛있는 저녁을 즐겨보세요.

Ingredient

재료 — 등갈비 1kg(p.396 참조), 감자 3개, 우유 1컵, 버터 1큰술, 소금 1/3작은술, 후춧가루 적당량

소스 — 고기 삶은 국물 1/4컵, 데리야끼소스 2큰술, 스테이크소스 4큰술, 발사믹식초 2큰술, 물엿 1.5큰술, 생강술 1큰술, 맛술 2큰술, 후춧가루 적당량

How to make

1. 등갈비와 고기 육수를 준비한다.
   → 미리 손질해서 냉동한 등갈비와 고기 육수는 전날 냉장실로 옮겨 해동하세요.
2. 냄비에 분량의 소스를 모두 넣고 끓인다.
3. 소스가 끓으면 해동한 등갈비를 넣고 중간 불에서 양념이 배도록 20~30분 정도 충분히 조린다. 국물이 조금 남을 때까지 윤기가 나도록 조린다.
   → 200°C로 예열한 오븐에서 남은 소스를 발라가며 10분 정도 구우면 좋다. 오븐이 없을 경우 생략한다.
4. 감자는 완전히 익도록 삶은 뒤 껍질을 벗기고 곱게 으깨 냄비에 넣는다.
5. 감자가 따뜻할 때 버터와 우유, 소금, 후춧가루를 넣고 약한 불에서 저어가며 끓여 매쉬포테이토를 만든다.
6. 다 완성된 등갈비는 매쉬포테이토와 함께 곁들여 낸다.

겨울

MENU PLAN

아침 / 저녁

요일	아침		저녁	
월요일	약고추장유부초밥		소시지구이 + 양배추샐러드	
화요일	어묵우동		순살찜닭덮밥	
수요일	양배추샐러드핫도그		홍합어묵국	
목요일	치킨마요덮밥		오므라이스	
금요일	길거리토스트		콩나물밥 + 약고추장	
토요일	나폴리탄스파게티		치킨스테이크	

★ 일요일에는 냉장고 속을 살펴 유통기한이 얼마 안 남은 식재료나 갑자기 생긴 외식 등으로 남은 식재료로 나만의 냉장고 정리용 메뉴를 만들어보세요.

SHOPPING

시원한 국물 맛이 끝내주는 홍합이 한창 나올 이 계절에는 홍합어묵국을 끓여 한 상 차려볼게요. '가난한 사람들의 의사'
라고 불리는 양배추를 이용해서는 양배추샐러드를 만들어 반찬으로도 먹고 달콤한 길거리토스트와 핫도그를 만들어서
간단한 아침 식사로도 준비합니다. 미리 만들어두면 요긴하게 쓰이는 약고추장을 만들어 유부초밥과
콩나물밥에 함께 비벼 먹으면 한 그릇 뚝딱이지요. 이번 주 식탁도 알차답니다.

채소/과일류
양배추 1/2통
양파 4개
대파 1/2단
당근 2개
감자 3개
고추 3개
콩나물 300g
피망 2개
팽이버섯 2봉지
청양고추 1봉지
무 1/2개
마늘 10쪽
로즈메리 1팩

가공식품
초밥용 유부 4인분 1팩
프랑크소시지 8개
비엔나소시지 300g
어묵 400g
핫도그빵 4개
식빵 1봉지
스파게티면 320g
우엉조림 1팩

슬라이스치즈 4장
우동면 2봉지
멸치다시팩 2개
우유 적당량
딸기잼 적당량
김가루 1봉지
토마토소스 1병

수산물
홍합 500g

고기/달걀류
다진 쇠고기 200g
닭다리살 1kg(10개)

★ 상기 이미지는 이번 주 장 보기의 예시입니다. 각 재료는 상황에 맞게 구입하세요.

일주일이 편한 주말 재료 손질

약고추장유부초밥, 콩나물밥용 약고추장 만들기

재료 : 다진 쇠고기 200g, 고추장 2컵, 물 1.5컵, 꿀 3~4큰술, 참깨 1큰술
쇠고기 양념 : 간장 2큰술, 설탕 1큰술, 다진 마늘 2큰술, 다진 파 2큰술, 생강술 2큰술, 후춧가루 적당량

1. 다진 쇠고기는 분량의 양념 재료를 넣고 버무린다.
2. 달군 팬에 약간의 기름을 두르고 양념한 쇠고기를 넣어 볶는다.
3. 쇠고기가 거의 익어갈 때쯤 나머지 재료를 모두 넣어 약한 불에서 저어가며 끓인다.
4. 고추장이 걸쭉하게 조려지면 완성한다.
5. 마지막에 참깨 1큰술을 넣고 섞어 완성한다.

순살찜닭덮밥용, 치킨스테이크, 치킨마요용 닭다리살 손질하기

덮밥용 닭다리살은 씻어서 물기를 닦아내고 한입 크기로 네모나게 썰어 생강술을 뿌린 다음 비닐 팩에 담아 냉동 보관하세요. 감자, 양파, 당근도 손질하여 한입 크기로 썰어 함께 비닐 팩에 담아 냉동 보관하면 좋아요.

치킨마요용은 한입 크기로 썰어 소금과 후춧가루로 밑간한 다음 밀가루 → 달걀 → 빵가루 순으로 옷을 입혀 평평하게 냉동한 다음 비닐 팩에 담아 냉동 보관하세요.

치킨스테이크용은 가볍게 씻어 물기를 닦아내고 소금, 후춧가루, 로즈메리를 뿌려 밑간한 다음 사이사이에 종이 포일을 넣어 한 장씩 분리해서 비닐 팩에 담아 냉동 보관하세요.

주말
30분 준비

주말 재료 손질은 선택 사항이므로 부담 갖지는 마세요.
미리 할 시간이 없다면 재료 손질만 참고하세요.
다만, 주말에 30~40분만 투자하면 일주일이 편하답니다.

☆ 홍합어묵국용 홍합 손질하기

홍합은 껍질째 문질러 씻고 껍질 겉면의 지저분한 것은 솔로 문지르고 껍질 사이에 나온 수염은
가위로 잘라낸 다음 비닐 팩에 담아 냉동 보관하세요.

사과차 만들기

가을과 겨울이면 풍성한 사과를 이용해 향긋한 사과차를 만들어보세요. 사과에 시나몬을 넣고 만든 사과차는 상상 이상으로 맛있답니다. 점점 추워지는 계절에 온몸을 따뜻하게 데워줄 사과차로 가족의 겨울을 따뜻하게 지켜주세요.

1. 사과는 껍질 째 깨끗하게 씻어 8등분 한다.
2. 사과의 가운데 씨부분은 도려내고 3m 정도의 두께로 썬다.
3. 냄비에 썬 사과와 설탕을 넣고 잘 섞어 잠시 두어 설탕이 녹게 한다.
4. 설탕이 녹으면서 물이 생기면 시나몬 스틱을 넣고 불에 올려 설탕이 녹고 사과가 반쯤 익도록 5~6분 정도 끓인다(시나몬 스틱이 없다면 계피가루를 1/2작은술 정도 취향에 따라 넣으세요).
5. 미리 소독한 유리병에 뜨거울 때 담고 밀봉한 뒤 실온에서 3일 숙성 시켜 냉장고에 넣고 일주일 정도 지나 뜨거운 물에 2~3큰술 타서 마신다. 2~3큰술 넣어 타 마신다.

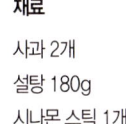

재료

사과 2개
설탕 180g
시나몬 스틱 1개

약고추장유부초밥

10 min

시판 유부조림을 사용하면 유부초밥을 손쉽고 빠르게 만들 수 있어 아침 메뉴로 자주 이용하고 있어요.
그냥 만들어도 맛있지만 뿌리채소인 우엉과 당근을 넣어 맛과 영양을 더하고 정성스레 만든 약고추장까지
더하면 매운맛을 살린 맛있는 유부초밥이 됩니다. 밥에 약고추장을 넣고 버무려 만들어도 좋아요.

Week 3
겨울

월요일
아침

Ingredient

재료 — 조미유부 4인분, 밥 2공기, 시판 우엉조림 20g(p.369 참조), 당근 20g, 약고추장(p.424 참조) 적당량

How to make

1 당근과 우엉조림은 잘게 다진다.
2 볼에 밥을 담고 다진 당근과 시판 우엉, 초밥소스를 넣어 가볍게 섞는다.
3 유부 속에 양념된 밥을 적당히 뭉쳐서 넣는다.
4 그릇에 유부초밥을 담고 그 위에 약고추장을 올린다.

10 min

소시지구이 + 양배추샐러드

Week 3
겨울

월요일
저녁

반찬이 별로 없는 날에는 소시지만으로도 근사한 한 끼 저녁 반찬을 만들 수 있어요. 특히 양배추를 듬뿍 넣어 만든 양배추샐러드는 소시지와 찰떡궁합이라 소시지만으로는 조금 미안한 엄마의 마음을 덜어줄 수 있어요. 소시지는 칼집을 내서 미리 끓는 물에 데쳐 사용하면 기름기와 식품첨가물을 제거할 수 있으니 꼭 데쳐서 요리하세요.

Ingredient

재료 — 프랑크소시지 4개
양배추샐러드 재료 — 양배추 400g, 당근 60g, 피망 1/2개
양배추샐러드 소스 — 마요네즈 5큰술, 식초 3큰술, 설탕 2큰술, 머스터드소스 2작은술, 소금 적당량

How to make

1. 양배추, 당근, 피망은 잘게 채썰어 준비한다.
2. 채썬 채소를 볼에 담고 분량의 양배추샐러드 재료를 모두 넣고 잘 버무린 뒤 냉장고에 넣어 차갑게 식힌다.
3. 소시지는 칼집을 내고 끓는 물에 넣어 1분 정도 데친다.
4. 달군 팬에 약간의 기름을 두르고 소시지를 노릇하게 구워 접시에 담고 양배추샐러드를 곁들인다.

→ 양배추샐러드는 넉넉하게 만들어 수요일 아침 양배추샐러드핫도그에 사용하세요.

10
min

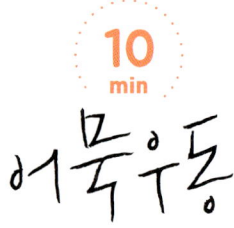

어묵우동

추운 아침에는 따뜻한 국물이 생각날 때가 많아요. 하지만 특별히 끓여둔 국도 없고 그렇다고 아침에 국을 따로 끓이기 힘든 날에는 간단하게 시판 재료를 이용한 어묵우동을 끓여보세요. 쯔유를 이용해서 국물 맛을 내고 우동면과 어묵만 넣고 끓이면 라면처럼 쉽고 빠르게 완성할 수 있어요. 어묵우동의 따뜻하고 시원한 국물 맛이 배 속을 따뜻하게 데워준답니다.

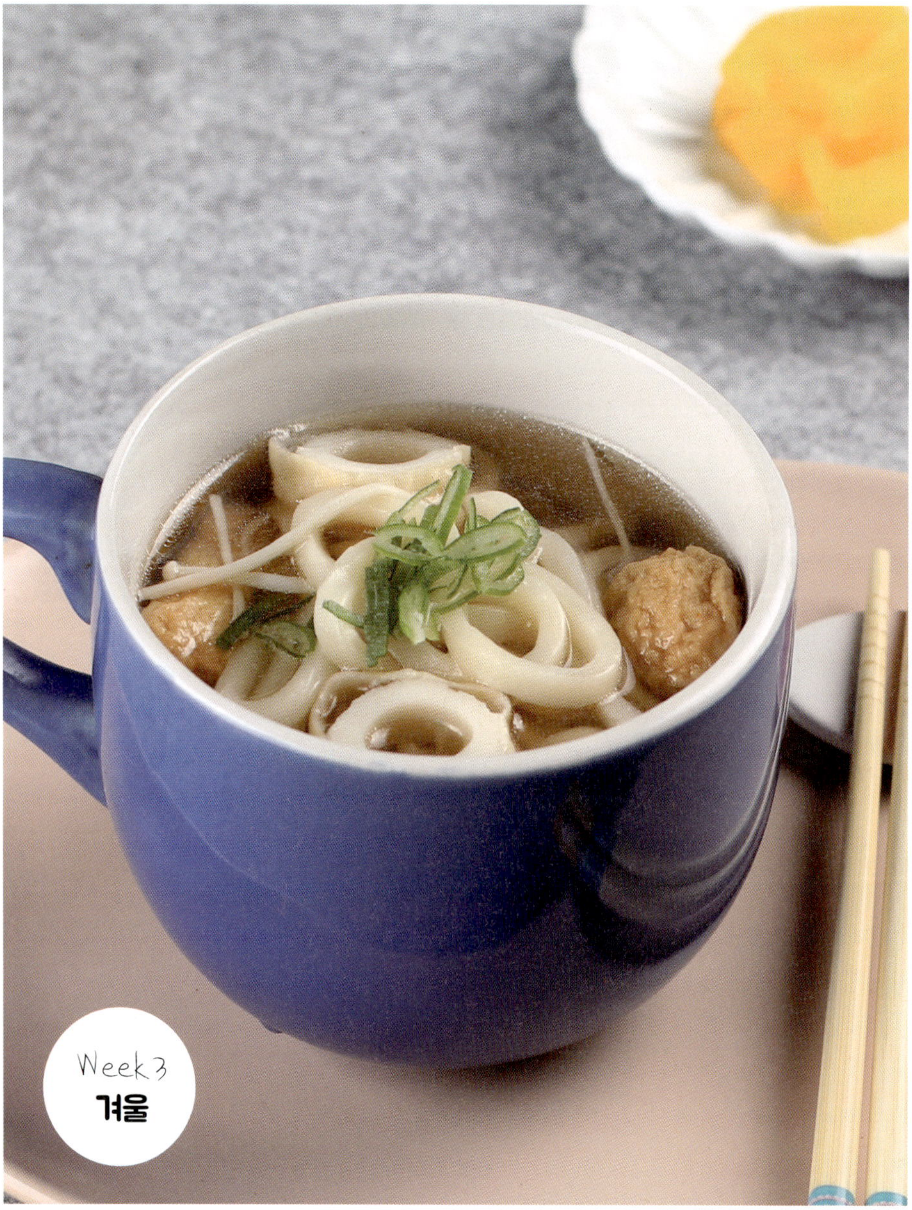

Week 3
겨울

Ingredient

재료 — 우동면 2팩, 어묵 150g, 쯔유 2큰술, 대파 1/3대, 팽이버섯 1봉지, 물 6컵, 소금 · 후춧가루 적당량씩

How to make

1. 어묵은 먹기 좋은 크기로 썰고 대파는 송송썰고 팽이버섯은 밑동을 잘라 내고 반으로 썬다.
   → 어묵은 미리 뜨거운 물에 데쳐서 사용하세요.
2. 냄비에 분량의 물과 쯔유를 넣어 끓인다.
   → 쯔유 대신 우동면 안에 들어 있는 간장을 사용해도 좋아요.
3. 물이 끓기 시작하면 어묵과 우동면을 넣고 면을 가볍게 풀어주면서 3분 정도 끓인다.
4. 우동면이 다 익으면 대파와 팽이버섯을 올려 완성한다.

15 min

순살찜닭덮밥

Week 3
겨울

화요일
저녁

매콤하면서도 짭짤한 맛의 찜닭. 맛있지만 닭을 익히는 시간도 오래 걸리고 준비 재료도 많아 집에서
해 먹는 것이 번거롭게 느껴질 때가 많아요. 그래서 저는 닭다리살을 이용해서 뼈 없이 만들어 덮밥으로
자주 만들어 먹는답니다. 특히 채소를 작게 자르면 아이들이 골라내지 않고 골고루 먹을 수 있어서 좋거든요.
평일 저녁에 간단하게 만들어 먹기 좋은 메뉴입니다.

Ingredient

재료 — 밥 4공기, 닭다리살 3쪽(p.424 참조), 감자 1/2개, 양파 1/2개, 당근 1/3개, 대파 1대, 청양고추 1개,
생강술 1큰술, 물엿 1큰술, 참깨·참기름 적당량씩

양념장 — 간장 3큰술, 흑설탕 2작은술, 다진 마늘 1작은술, 다진 파 2큰술, 맛술 1큰술, 후춧가루 적당량

How to make

1 감자, 양파, 당근은 닭고기 크기로 깍둑썰기하고 대파와 고추는 송송썬다.
2 닭다리살은 씻어서 물기를 닦아내고 한입 크기로 네모나게 썬다.
   → 미리 손질해 냉동한 닭다리살은 요리에 바로 사용하세요.
3 분량의 양념장 재료는 모두 섞어둔다.
4 달군 팬에 기름을 두르고 닭다리살을 올려 볶는다. 이때 생강술을 뿌려준다.
5 닭고기가 반쯤 익으면 감자와 양파, 당근을 함께 볶는다.
6 양파가 투명하게 볶아지면 분량의 양념장을 넣고 끓인다.
7 닭고기와 감자가 다 익으면 물엿을 넣고 대파, 고추, 참깨와 참기름을 넣은 뒤
   한소끔 끓여 따뜻한 밥 위에 얹어 낸다.

양배추샐러드핫도그

10 min

Week 3
겨울

수요일 아침

양배추샐러드를 넉넉하게 만들어놓으면 소시지에 곁들여 먹어도 좋고 샐러드로 즐겨도 좋아요. 바쁜 아침에는 핫도그를 만들 때 함께 넣어 만들 수도 있어요. 핫도그에 샐러드를 넣으면 느끼함도 사라지고 채소도 듬뿍 먹을 수 있어 좀 더 건강한 아침 식사가 된답니다.

★ 전날 저녁에 채소만 썰어 두어도 아침 준비가 빨라져요.

Ingredient

재료 — 핫도그빵 4개, 프랑크소시지 4개, 양파 1/2개, 다진 피클 4큰술, 양배추샐러드 2집 정도(p.429 참조), 케첩·머스터드소스 적당량씩

How to make

1 소시지는 칼집을 내고 끓는 물에 데친다.
2 데친 소시지는 달군 팬에 기름을 살짝만 두르고 노릇하게 굽는다.
3 양파는 다져 찬물에 담갔다가 체에 받쳐 물기를 빼고 양배추샐러드와 다진 피클도 준비한다.
4 핫도그빵은 자른 면이 아래로 가게 달군 팬에 가볍게 구운 다음 양배추샐러드와 다진 양파, 다진 피클을 넣는다.
5 핫도그빵 사이에 소시지를 넣고 케첩과 머스터드소스를 뿌려 완성한다.

15 min 홍합어묵국

Week 3
겨울

겨울이면 생각나는 대표적인 해산물 중 하나가 홍합이지요. 가격이 싸면서 국물을 내면 시원한 맛이 좋아 겨울철 단골 재료로 사용하고 있어요. 어묵국을 끓일 때 홍합으로 육수를 내면 시원한 국물 맛이 더해져 정말 맛있는 국이 된답니다. 추운 겨울에 절로 생각나는 홍합 어묵국! 꼭 한번 끓여보세요.

Ingredient

재료 — 홍합 500g, 멸치다시팩 2개(물 8컵), 어묵 200g, 무 200g, 양파 1/2개, 대파 1대, 청·홍고추 1/2개씩(또는 청양고추 1개), 국간장 1큰술, 다진 마늘 1/2큰술, 소금·후춧가루 적당량씩

How to make

1 무는 나박나박 썰고 양파는 채썬다. 대파와 고추는 송송썬다.
2 미리 깨끗이 씻어서 냉동해둔 홍합은 꺼내 바로 사용한다.
   → 미리 손질해 냉동한 홍합은 요리에 바로 사용하세요.
3 냄비에 물과 멸치다시팩을 넣고 무를 넣어 끓인다.
4 물이 끓기 시작하면 홍합을 넣어 한소끔 끓인다. 멸치다시팩은 건져낸다.
5 홍합이 입을 벌리면 어묵을 넣고 국간장과 다진 마늘을 넣은 뒤 소금과 후춧가루로 간을 한다.
6 국물이 우러나고 재료가 다 익으면 대파와 고추를 올려 완성한다.

15 min 치킨마요덮밥

Week 3
겨울

도시락집 인기메뉴인 치킨마요덮밥은 미리 치킨을 주말에 손질해두면 손쉽게 만들 수 있어요. 닭다리살을 맛있게 구워 밥 위에 얹고 데리야끼소스를 곁들이면 김치 하나만 있어도 맛있게 먹을 수 있어요. 치킨을 미리 만들어놓을 여유가 없다면 시판 너겟을 이용해서 만들어도 좋아요.

Ingredient

재료 — 밥 4공기, 튀김옷 입힌 닭다리살 2쪽 분량(p.424 참조), 달걀 2개, 대파 1대, 마요네즈 · 데리야키소스 · 김가루 적당량씩

How to make

1 튀김옷을 입힌 닭다리살은 기름을 넉넉히 두른 팬에 올려 바삭하게 튀기듯 굽는다.
   → 미리 손질해 냉동한 닭다리살은 약한 불에서 앞뒤로 노릇하게 구워요.

2 달걀은 지단을 부친 뒤 얇게 채썰고 대파는 송송썬다.
   → 달걀지단을 만들기 번거로우면 스크램블에그를 만들어도 좋아요.

3 밥 위에 달걀지단과 닭고기를 올리고 마요네즈와 데리야키소스를 뿌린 다음 대파와 김가루를 올린다.

15 min

오므라이스

오므라이스는 우리 집 아이들이 제일 좋아하는 음식 중 하나예요. 볶음밥에 달걀옷을 입힌 것뿐인데도 특별한 느낌이 드는지 좋아한답니다. 초스피드로 10분 만에 볶음밥이 뚝딱 완성될 수 있는 것은, 저희 집 냉동실에서 떨어지지 않는 볶음밥용 채소 덕분이에요. 볶음밥에 부드러운 달걀 오믈렛을 덮어주면 특별한 저녁 메뉴로 변신한답니다.

Week 3
겨울

Ingredient

재료 — 밥 3공기, 양파 1/4개, 당근 1/4개, 감자 1/2개, 피망 1/2개, 소시지 100g, 달걀 6개, 우유 1/4컵, 맛술 1큰술, 케첩·소금·후춧가루 적당량씩

How to make

1. 양파, 당근, 감자, 피망은 잘게 다지듯 썰고 소시지는 동그란 모양을 살려 썬다.
   → 미리 손질해 냉동한 재료는 요리에 바로 사용하세요.
2. 달군 팬에 기름을 두르고 미리 손질해서 냉동해둔 채소와 소시지를 넣어 볶는다. 이때 소금, 후춧가루로 밑간을 한다.
3. 채소가 다 익으면 밥을 넣고 채소와 잘 섞이도록 볶은 다음 그릇에 따로 담아둔다.
4. 달걀과 우유, 맛술, 소금, 후춧가루를 잘 풀어둔 다음 달군 팬에 기름을 살짝만 두르고 달걀물을 올린다.
5. 달걀이 반쯤 익으면 한쪽 면에 볶음밥을 올린 뒤 나머지 반쪽으로 접어 접시에 담고 케첩을 뿌려 낸다.

★ 볶음밥용 채소는 미리 썰어 냉동해두면 요긴합니다.

길거리토스트

15 min

Week 3
겨울

길거리 음식의 대표 주자는 역시 토스트지요. 달걀과 양배추, 다양한 채소를 함께 구워 식빵 사이에 넣고 달콤한 잼까지 곁들이면 하나만 먹어도 든든해요. 채소만 손질해서 썰어두면 바쁜 아침에 후다닥 만들 수 있어요.

Ingredient

재료 — 식빵 8쪽, 버터 4큰술, 양파 1/4개, 당근 1/4개, 양배추 4장, 피망 1/3개, 달걀 4개, 슬라이스치즈 4장, 딸기잼 4큰술, 케첩·소금·후춧가루 적당량씩

How to make

1 양파, 당근, 양배추, 피망은 채썬다.
    → 채소류는 냉장고에 있는 것들을 최대한 이용하세요.
2 볼에 채썬 채소와 달걀, 소금, 후춧가루를 넣어 잘 섞는다.
3 달군 팬에 버터를 녹이고 식빵을 노릇하게 구워 따로 둔다.
4 식빵 구운 팬에 **2**의 달걀 푼 채소를 식빵 크기로 네모난 모양을 잡아 올리고 앞뒤로 노릇하게 굽는다.
5 구운 식빵에 잼을 바르고 슬라이스치즈, 채소달걀부침 순으로 올리고 식빵을 덮어 완성한다.

채소는 전날 저녁에 준비해두면 아침 준비가 빨라져요

30 min
콩나물밥+약고추장

Week 3
겨울

금요일 저녁

콩나물밥은 값싸고 영양 많은 콩나물을 넣고 밥을 지어 칼로리는 낮으면서 콩나물의 영양을 그대로 섭취할 수 있는 좋은 음식이에요. 양념간장에 비벼 먹는 것도 좋지만 주말에 미리 만들어둔 약고추장을 곁들여 함께 비벼 먹으면 별미랍니다. 갓 지은 콩나물밥을 온 가족이 둘러앉아 저녁 메뉴로 즐겨보세요.

Ingredient

재료 — 쌀 2컵, 콩나물 300g, 팽이버섯 1봉지, 물 1과 2/3컵, 약고추장(p.424 참조) · 참깨 · 참기름 적당량씩

How to make

1. 쌀은 씻어서 30분 정도 불린 다음 체에 밭쳐둔다.
2. 콩나물은 씻어서 체에 밭쳐 물기를 제거하고 팽이버섯은 밑동을 잘라 반으로 자른다.
3. 냄비에 콩나물을 깔고 쌀과 물을 붓고 밥을 짓는다.
4. 물이 끓기 시작하면 중약불로 줄여 15~20분 정도 밥을 짓는다.
5. 밥 냄새가 나기 시작하고 물이 잦아들면 팽이버섯을 올리고 다시 뚜껑을 덮어 약불로 줄인 뒤 5분 정도 뜸을 들여 밥을 완성한다.
6. 밥이 다 되면 잘 섞어 그릇에 담고 약고추장을 올린 뒤 참깨와 참기름을 가볍게 뿌려 낸다.

20 min
나폴리탄스파게티

나폴리탄스파게티는 비엔나소시지와 케첩으로 스파게티면을 볶아 만드는 일본식 스파게티랍니다. 영화 〈심야식당〉에서 나와 유명해진 요리지요. 아이들도 좋아하고 저도 주말에 느즈막히 일어나 브런치로 자주 만들어 먹는 요리 중 하나랍니다. 특히 철판에 달걀물을 익혀 스파게티와 함께 버무려 먹는 맛이 별미예요.

Week 3
겨울

Ingredient

재료 — 스파게티면 320g, 비엔나소시지 16개, 양파 1/2개, 피망 1/2개, 마늘 6쪽, 올리브유 4큰술, 토마토소스 1컵, 케첩 4큰술, 달걀 4개, 올리브유·소금·후춧가루 적당량씩

How to make

1. 비엔나소시지는 칼집을 내고 양파와 피망은 채썬다. 마늘은 편으로 썰어둔다.
2. 달걀은 소금과 후춧가루를 넣어 잘 풀어둔다.
3. 끓는 물에 소금을 적당히 넣고 스파게티면을 10분 정도 삶아 체에 밭쳐두고 면 삶은 물은 따로 1컵 정도 담아둔다.
4. 달군 팬에 올리브유를 두르고 마늘을 넣어 볶는다. 마늘 향이 나기 시작하면 양파, 피망, 소시지도 함께 넣어 볶는다.
5. 양파가 투명해지면 삶은 스파게티면을 넣고 가볍게 볶다가 토마토소스와 케첩을 넣고 볶는다. 이때 너무 걸쭉하면 면 삶은 물을 넣어 농도를 조절하고 소금과 후춧가루로 간을 하고 면에 소스가 잘 스며들면 불을 끈다.
6. 철판을 불에 올려 충분히 달군 뒤 미리 풀어둔 달걀물을 붓고 반쯤 익으면 불을 끈 뒤 미리 만들어둔 스파게티면을 올려 낸다.

25 min

치킨스테이크

치킨스테이크는 닭을 좋아하는 우리 가족이 자주 먹는 요리 중 하나입니다. 냉장고 속 여러 가지 채소와 닭고기를 함께 구워내면 푸짐하게 즐길 수 있지요. TV의 요리 프로그램에서 나와 인기를 끌었던 메뉴이기도 한데 닭의 뼈를 발라내 살만 이용하기는 쉽지 않으니 닭고기의 제일 맛있는 부위인 닭다리살을 이용해 만드는 것을 추천해드려요.

Week 3
겨울

Ingredient

재료 — 닭다리살 500g(p.424 참조), 감자 2개, 양파 대 1개, 마늘 5~6쪽, 버터 1큰술, 소금·후춧가루·로즈메리 적당량씩

소스 — 다진 마늘 1/2큰술, 진간장 4큰술, 설탕 2작은술, 발사믹식초 2큰술, 물 1/4컵, 물엿 1큰술

How to make

1. 닭다리살은 가볍게 씻어 소금, 후춧가루, 로즈메리를 뿌려 밑간한다.
2. 양파는 큼직하게 6등분하고 감자도 도톰하게 3~4등분한다. 마늘은 반으로 자른다.
3. 달군 팬에 기름을 두르고 밑간한 닭다리살의 껍질 부분이 아래쪽으로 가게 올려 굽는다. 이때 양파와 감자도 함께 올리고 뚜껑을 덮어 중간불로 5분 정도 충분히 굽는다.
4. 껍질 부분이 노릇하게 구워지면 닭다리살과 채소 모두 뒤집고 뚜껑을 덮어 다시 5분 정도 굽는다.
5. 고기가 다 익으면 접시에 감자, 양파와 함께 담는다. 팬에 소스 재료를 모두 넣고 걸쭉해지도록 끓인 뒤 고기에 소스를 뿌려 완성한다.

Week 4
MENU PLAN

아침 / **저녁**

요일	아침	저녁
월요일	사골떡국 	치킨너겟샐러드 
화요일	인절미단팥죽 	곰탕쌀국수 
수요일	LA갈비구이 	오징어무말랭이무침 
목요일	인절미토스트 	치킨너겟탕수육 
금요일	충무김밥 	사골우거지된장국 
토요일	참치양파볶음덮밥 	LA갈비채소찜 

★ 일요일에는 냉장고 속을 살펴 유통기한이 얼마 안 남은 식재료나 갑자기 생긴 외식 등으로 남은 식재료로 나만의 냉장고 정리용 메뉴를 만들어보세요.

Week 4
SHOPPING

추운 겨울이면 온 가족의 건강이 염려되지요. 감기에 걸리지 않도록 따뜻한 요리들로 식탁을 채워봅니다. 사골국을 직접 끓이면 좋겠지만 그러지 못할 때에는 시판 사골국을 이용해서 사골떡국, 곰탕쌀국수, 사골우거지된장국 등을 끓여 따뜻한 국물 요리로 가족들을 위로해주세요. 또 아이들이 좋아하는 시판 너겟으로는 너겟샐러드와 너겟탕수육 등 메뉴를 업그레이드시켜 집에서 외식하는 기분을 느껴보세요.

채소/과일류
- 샐러드 채소 300g
- 방울토마토 150g
- 숙주 200g
- 무말랭이 50g
- 양파 2개
- 우거지 400g
- 고추 2개
- 감자 2개
- 당근 1개
- 표고버섯 6개
- 피망 2개
- 대파 1/2단

가공식품 (1)
- 가래떡 600g
- 치킨너겟 900g
- 인절미 2팩
- 단팥죽 1인분 4팩
- 콩가루 30g
- 식빵 1봉지
- 쌀국수 400g

가공식품 (2)
- 견과믹스 60g
- 참치 통조림 2개
- 블랙올리브 10알 정도
- 사골국 2kg
- 플레인 요거트 1개
- 구운 김 1봉지

수산물
- 오징어 1마리

고기/달걀류
- LA갈비 4kg
- 쇠고기 국거리용 400g
- 달걀 8개

★ 상기 이미지는 이번 주 장 보기의 예시입니다. 각 재료는 상황에 맞게 구입하세요.

일주일이 편한 주말 재료 손질

★ LA갈비구이, LA갈비 채소찜용 양념하기 ★

재료 : LA갈비 4kg

양념 : 간장 1.5컵, 배즙 1컵, 다진 마늘 4큰술, 다진 파 4큰술, 설탕 4큰술, 생강술 3큰술, 물엿 2큰술, 후춧가루 적당량

1. 갈비는 찬물에 한 시간 정도 담가 핏물을 충분히 뺀다. 이때 물을 중간중간 갈아준다.
2. 분량의 양념장 재료를 모두 섞어둔다.
3. 핏물 뺀 갈비에 양념을 골고루 부어 간이 잘 배도록 한다.
4. 구이용과 찜용으로 소분하여 비닐 팩에 담아 냉동 보관한다.

★ 오징어무말랭이용 오징어 손질하기

1. 오징어의 몸통 가운데 부분을 가위로 자른다.
2. 다리를 잡아 내장과 뼈를 떼어 낸다.
3. 가위로 다리에 붙은 내장을 잘라내고 눈도 잘라 낸다. 다리 안쪽에 뼈같이 딱딱한 입도 떼어 낸다.
4. 키친타월이나 행주로 껍질을 잡고 벗겨낸다.
5. 오징어를 한입 크기로 썰어 비닐 팩에 넣어 냉동 보관한다.

주말 재료 손질은 선택 사항이므로 부담 갖지는 마세요.
미리 할 시간이 없다면 재료 손질만 참고하세요.
다만, 주말에 30~40분만 투자하면 일주일이 편하답니다.

주말
30분 준비

✪ 인절미단팥죽, 인절미토스트용 인절미 손질 ✪

소분하여 비닐 팩에 담아 냉동 보관하세요.

✪ 사골우거지된장죽용 우거지 양념하기 ✪

재료 : 우거지 400g
양념 : 고춧가루 1.5큰술, 된장 3큰술, 다진 마늘 1작은술, 국간장 1큰술, 참치액젓 2작은술

우거지는 깨끗이 씻어 물기를 꼭 짜서 먹기 좋은 크기로 썰고, 우거지에 분량의 양념장 재료를 모두 넣어 버무린 다음 비닐 팩에 담아 냉동 보관하세요.

✪ 사골죽쌀죽수, 사골우거지된장죽용 쇠고기 손질하기 ✪

양지 또는 차돌박이 부위를 고르게 펴서 비닐 팩에 담아 냉동 보관하세요.

사골떡국

15 min

사골국을 미리 넉넉하게 끓여 냉동실에 보관해두면 다양한 요리에 사용할 수 있어 겨울 내내 든든하지요. 사골국을 끓이기 힘들다면 시판 사골국을 사용해도 좋아요. 사골국을 육수로 사용하면 국물 맛이 진한 떡국을 쉽게 끓일 수 있어요. 바쁜 아침 후다닥 끓여 맛있게 먹을 수 있는 사골떡국은 겨울 아침 우리 집 단골메뉴예요.

Week 4
겨울

Ingredient

재료 — 시판 사골국 3컵, 물 3컵, 가래떡 400g, 달걀 2개, 대파 1/2대, 다진 마늘 1/2큰술, 국간장 2작은술, 소금·후춧가루·김가루 적당량씩

How to make

1 냄비에 사골국과 물을 1:1 비율로 붓고 끓인다.
2 물이 끓기 시작하면 가래떡을 넣고 끓인다.
3 가래떡이 익어 떠오르면 국간장, 다진 마늘을 넣고 소금, 후춧가루로 간한다.
4 미리 풀어놓은 달걀을 넣고 그릇에 담은 뒤 송송썬 대파와 김가루를 얹어 낸다.

20 min

치킨너겟샐러드

Week 4
겨울

월요일

저녁

패밀리 레스토랑의 대표 메뉴인 치킨샐러드. 집에서 만들자니 무언가 번거롭고 어렵게 느껴질 때는 시판 너겟을 이용해서 만들면 쉽고 간편하게 만들 수 있답니다. 너겟을 굽고 각종 샐러드 채소와 토마토 등을 곁들이면 더 푸짐하게 만들 수 있지요.

Ingredient

재료 — 치킨너겟 400g, 샐러드 채소 150g, 방울토마토 10개, 삶은 달걀 2개, 블랙올리브 10알 정도
드레싱 — 마요네즈 3큰술, 플레인 요거트 2큰술, 머스터드소스 1큰술, 식초 1큰술, 레몬즙 1작은술, 꿀 1.5큰술, 소금·후춧가루 적당량씩

How to make

1. 너겟은 기름을 넉넉히 두른 팬에 앞뒤로 노릇하게 구운 뒤 키친타월 위에 올려 기름기를 닦아낸다.
2. 샐러드 채소는 씻어서 물기를 충분히 빼두고 방울토마토는 반으로 자른다. 삶은 달걀은 4등분하고 올리브도 동그란 모양을 살려 썬다.
3. 분량의 드레싱 재료를 모두 섞어둔다.
4. 접시에 채소를 깔고 그 위에 너겟, 토마토, 올리브, 달걀을 올려 드레싱을 뿌려 낸다.

인절미단팥죽

10 min

Week 4
겨울

겨울에는 따뜻한 단팥죽이 잘 어울리죠. 단팥죽은 끓이는 데 시간이 오래 걸리니 한 번 끓일 때 넉넉하게 끓여 소분해서 냉동하거나 시판 제품을 이용하는 방법도 추천해드려요. 따뜻하게 데운 단팥죽에 인절미 떡을 먹기 좋게 잘라 올리면 이것 하나만 먹고 나가도 속이 든든해지고 따뜻해지는 겨울 아침 메뉴가 된답니다.

1

2

3

Ingredient

재료   시판 단팥죽 4인분(1인 250g 정도), 인절미 떡 12쪽(p.453 참조), 견과믹스 40g

How to make

1 시판 단팥죽은 따뜻하게 끓여 그릇에 담는다.
   → 냉동한 인절미 떡은 전날 실온에 꺼내두어 해동하거나 전자레인지에서 해동하세요.
2 인절미는 먹기 좋게 작은 크기로 썰고 견과믹스도 큼직하게 다지듯 썬다.
3 단팥죽 위에 인절미와 견과류를 얹어 낸다.

곰탕쌀국수

25 min

쌀국수는 집에서 끓여 먹기 어려운 음식이라는 생각이 들어요. 하지만 곰탕이 있으면 집에서도 충분히 끓일 수 있답니다. 아삭아삭한 숙주와 쇠고기를 곁들이면 사 먹는 것 못지않게 푸짐하고 맛있는 쌀국수를 즐길 수 있지요. 겨울 저녁 뜨끈한 쌀국수로 몸도 마음도 훈훈해질 거예요.

Week 4
겨울

Ingredient

재료 — 시판 사골국 4컵, 물 4컵, 쌀국수 400g, 양파 1/2개, 쇠고기 200g(양지 또는 차돌박이), 숙주 200g, 대파 1/2대, 다진 마늘 1/2큰술, 액젓(또는 피시소스) 2큰술, 소금 · 후춧가루 적당량씩

How to make

1. 쌀국수는 30분 전에 미리 찬물에 담가 불려놓는다.
2. 쇠고기는 얇게 썰어져 있는 것으로 준비하고 양파는 채썰고 대파는 송송썬다. 숙주도 씻어서 물기를 빼둔다.
3. 냄비에 쇠고기와 다진 마늘을 넣어 볶다가 물과 곰탕을 1:1의 비율로 섞은 것을 넣어 끓인다.
   ↳ 중간중간 떠오르는 거품은 걷어내세요.
4. 국물이 끓기 시작하면 액젓과 소금, 후춧가루로 간을 한 뒤 미리 불린 쌀국수와 양파를 넣어 1분 정도만 끓인 뒤 그릇에 담는다.
5. 국수를 그릇에 담고 숙주와 대파를 올려 낸다.
   ↳ 매운맛을 원하면 청양고추를 송송썰어 넣고, 고수를 곁들이면 좀 더 맛있고 특유의 향이 나는 쌀국수를 만들 수 있어요.

15 min
LA갈비구이

Week 4
겨울

수요일 아침

'아침부터 갈비를?'이라고 생각할 수 있겠지만 미리 양념해서 재워둔 갈비를 굽기만 하면 되기 때문에 의외로 준비하기 편한 아침 메뉴가 될 수 있답니다. 또 고기만 먹기에는 부족한 영양을 깨소스에 버무린 채소샐러드로 채워줘서 든든하면서도 영양 만점인 아침 식사를 할 수 있어요.

Ingredient

재료 — 샐러드 채소 100g, 양념한 LA갈비 8대(p.452 참조)

간장깨소스 — 간장 3큰술, 깨 1작은술, 식초 1작은술, 매실청 1.5큰술, 맛술 1큰술, 참기름 1/2큰술

How to make

1. 미리 양념해둔 LA갈비는 뼈 사이를 가위로 자른다.
   → 미리 양념해서 냉동한 LA갈비는 전날 냉장실에서 해동하세요.
2. 자른 갈비는 달군 팬 위에 올려 앞뒤로 노릇하게 굽는다.
3. 구운 갈비는 먹기 좋게 접시에 담는다.
4. 샐러드 채소는 씻어서 체에 밭쳐 물기를 뺀다.
5. 분량의 소스 재료를 모두 섞어 소스를 만든 후, 접시에 갈비와 채소를 담고 채소 위에 뿌려 낸다.

Week 4
겨울

오징어무말랭이무침 20 min

수요일 저녁

달달하고 맛있는 가을무를 썰어 바싹 말렸다가 겨우내 불려서 양념에 무치면 밥도둑이 되는 무말랭이. 무말랭이를 그냥 무쳐서 먹어도 맛있지만 오징어를 데쳐 함께 양념에 버무리면 무말랭이의 꼬들꼬들한 식감과 잘 어울린답니다. 저녁 밥상에 푸짐하게 올리면 특별한 반찬 없이도 밥 한 그릇 정도는 금방 먹을 수 있는 겨울의 특별한 반찬이에요.

Ingredient

재료 — 무말랭이 50g, 오징어 1마리(p.452 참조), 참깨 · 참기름 적당량씩
양념 — 고춧가루 4큰술, 액젓 2큰술, 다진 파 2큰술, 다진 마늘 1/2큰술, 설탕 1작은술, 간장 1.5큰술, 매실청 1.5큰술

How to make

1. 무말랭이는 미지근한 물에 10분 정도 불린 다음 바락바락 문질러 씻고 물기를 꼭 짜둔다.
2. 오징어는 껍질을 벗기고 얄팍하게 썬 뒤 끓는 물에 1분 정도 데쳐 체에 밭쳐둔다.
   → 미리 손질해 냉동한 오징어는 전날 냉장실에서 해동하세요.
3. 분량의 양념장 재료는 모두 섞어둔다.
4. 볼에 불린 무말랭이와 양념장의 1/2을 넣어 양념이 잘 배도록 버무린다.
5. 남은 양념과 오징어를 넣고 버무린 다음 참깨와 참기름을 넣어 완성한다.
   → 금요일 아침 충무김밥용은 따로 냉장 보관하세요.

15 min

인절미토스트

Week 4
겨울

목요일
아침

빵과 인절미의 맛이 절묘하게 어우러진 인절미토스트. 우리의 떡이 빵과도 잘 어울리다니요! 노릇하게 구운 토스트에 인절미를 넣어 치즈처럼 쭉쭉 늘어나는 재미와 맛도 좋을 뿐 아니라 한쪽만 먹어도 든든하지요. 전자레인지를 이용하면 집에서도 충분히 맛있게 만들 수 있답니다. 견과류를 더해 고소한 맛까지 추가되지요. 바쁜 아침에 과일과 함께 먹으면 든든한 아침 식사가 됩니다.

Ingredient

재료 — 식빵 4장, 인절미 1팩(p.453 참조), 콩가루 3큰술, 견과믹스 20g, 꿀 2큰술, 버터 2큰술

How to make

1 인절미를 준비하고 달군 팬에 버터를 녹인 뒤 식빵을 올려 노릇하게 굽는다.
    ↳ 냉동 인절미는 사용 전날 냉장실에서 해동하세요.

2 식빵 위에 인절미를 올리고 다시 식빵을 덮은 뒤 전자레인지에서 30초씩 끊어 3번 정도 돌린다.
    ↳ 인절미가 녹아 흘러내릴 때까지 녹이세요.

3 식빵을 꺼내 먹기 좋게 썰고 위에 콩가루, 견과믹스를 뿌리고 꿀을 뿌려 낸다.

25 min

치킨너겟탕수육

Week 4
겨울

목요일
저녁

탕수육 역시 고기를 튀기는 과정이 번거로워 집에서 해 먹기 힘들다는 편견이 있어요. 이럴 때는 시판 냉동식품을 이용해보는 것도 한 방법이지요. 치킨너겟을 돼지고기 대신 가볍게 굽고 소스만 끓여 곁들이면 밖에서 사 먹는 것보다 더 맛있고 깔끔하게 만들 수 있거든요. 또 냉동실의 남은 가래떡도 구워 가래떡 특유의 쫀득한 식감까지 함께 즐길 수 있는 푸짐한 탕수육이에요.

Ingredient

재료 — 치킨너겟 500g, 가래떡 200g, 양파 1/2개, 당근 1/4개, 빨강 · 초록 피망 각 1/3개씩, 표고버섯 2개, 녹말물 3큰술(전분가루 1.5큰술 : 물 2큰술)

소스 — 물 150g, 간장 1.5큰술, 설탕 3큰술, 식초 2큰술

How to make

1 너겟과 가래떡은 기름을 넉넉히 두른 팬에 올려 노릇하게 구운 뒤 키친타월 위에 올려 기름기를 닦아낸다.
2 양파, 피망은 한입 크기로 썰고 당근은 반달 모양으로 썬다. 표고버섯은 밑동을 잘라내고 썬다.
3 팬에 분량의 소스 재료를 모두 넣고 끓인다.
4 소스가 끓기 시작하면 미리 손질한 채소를 넣고 한소끔 끓인 뒤 녹말물을 넣어 걸쭉하게 소스를 만든다. 미리 구운 너겟과 가래떡을 접시에 담고 소스를 뿌려 낸다.

충무김밥

15 min

충무김밥은 밥과 반찬을 따로 먹는 김밥을 말해요. 보통 무김치와 오징어무침을 함께 곁들여 먹지요. 무김치와 오징어무침을 따로따로 만드는 대신 오징어무말랭이무침을 만든 날 충무김밥을 만들어요. 밥만 가볍게 양념해서 김에 말아 함께 곁들이기만 해도 완성되는 간단한 김밥이지요.
꼬들꼬들한 무말랭이의 식감이 김밥과 잘 어울리는 맛있는 아침 식사가 된답니다.

Week 4
겨울

금요일
아침

Ingredient

재료 — 오징어무말랭이무침 200g(p.465 참조), 밥 2공기, 구운 김 3장, 소금 · 참기름 · 참깨 적당량씩

How to make

1 구운 김은 4등분해서 자른다.
2 따뜻한 밥에 소금과 참기름, 참깨를 넣고 간이 배도록 잘 비무려둔다.
3 자른 김 위에 양념한 밥을 올리고 돌돌 말아 김밥을 만든다.
4 미리 만들었던 오징어무말랭이무침을 곁들여 낸다.

사골우거지된장국

25 min

진한 사골육수에 우거지를 넣고 푹 끓인 사골우거지된장국은 어렸을 적 할머니께서 끓여주시던 추억의 국이에요.
겨울이면 진하게 끓여 밥에 말아 먹기만 해도 감기가 뚝 떨어지던, 할머니의 정성이 가득한 요리였지요.
이제 저도 추운 겨울 감기에 걸린 가족이 있으면 푹 끓여 땀을 흘리며 먹도록 준비한답니다.
오랜 시간 끓여 우거지가 부드럽게 되면 국물 맛이 우러나와 더 맛있답니다.

Week 4
겨울

Ingredient

재료 — 시판 사골국 4컵, 물 4컵, 우거지 400g, 쇠고기 200g, 대파 1대, 참기름 1큰술
양념 — 고춧가루 1.5큰술, 된장 3큰술, 다진 마늘 1작은술, 국간장 1큰술, 참치액젓 2작은술

How to make

1. 쇠고기는 먹기 좋게 한입 크기로 썰고 대파는 어슷하게 썬다.
2. 우거지는 깨끗이 씻어 물기를 꼭 짜서 먹기 좋은 크기로 썰고, 우거지에 분량의 양념장 재료를 모두 넣어 버무려둔다.
   › 미리 손질해 양념해서 냉동한 우거지는 전날 냉장실에서 해동하세요.
3. 달군 팬에 참기름을 약간만 두르고 쇠고기를 넣어 달달 볶는다.
4. 쇠고기가 반쯤 익으면 미리 양념한 우거지도 넣어 볶다가 곰탕과 물을 1:1의 비율로 부어 끓인다.
5. 곰탕이 끓기 시작하면 대파도 넣어 우거지가 푹 무르도록 15~20분 정도 끓여 완성한다.

참치양파볶음덮밥

참치양파볶음덮밥은 늘 구비해두고 있는 참치캔 하나로 간단히 준비하기 좋은 메뉴입니다.
특히 양파를 듬뿍 넣어 양파의 달달한 맛이 우러나와 아이들도 좋아하지요. 양파는 약한 불에서 충분히 볶아야 단맛이 우러나와요.
반숙으로 익힌 달걀프라이를 올려 내면 더 푸짐하고 맛있게 먹을 수 있답니다.

Week 4
겨울

Ingredient

재료 — 밥 4공기, 참치 통조림 2개, 양파 1개, 달걀 4개, 대파 1/3대, 참깨·참기름 적당량씩

양념 — 케첩 5큰술, 간장 1.5큰술, 다진 마늘 1작은술, 물 1/4컵, 맛술 2큰술, 물엿 1큰술, 후춧가루 적당량

How to make

1. 양파는 곱게 채썰고 대파는 송송썬다. 참치는 미리 체에 밭쳐 기름기를 빼둔다.
2. 달걀은 반숙으로 미리 프라이를 해서 따로 둔다.
3. 팬에 기름을 두르고 다진 마늘과 대파, 양파를 넣어 볶는다.
4. 양파를 투명하고 부드럽게 충분히 볶은 뒤 참치를 넣고 분량의 양념 재료를 모두 넣어 끓인다.
5. 양념이 잘 섞이면 참깨와 참기름을 살짝 두른 뒤 따뜻한 밥 위에 올리고 달걀프라이를 얹어 낸다.

LA갈비채소찜

40 min

LA갈비는 보통 양념을 해서 구워 먹지만 각종 채소를 함께 넣어 찜으로 즐겨도 맛있어요. 고기가 두껍지 않아 보통의 갈비찜 보다 만드는 시간도 훨씬 적다는 장점도 있지요. 갑자기 손님이 왔을 때 냉동실에 양념해둔 LA 갈비만 있다면 근사하고 푸짐한 갈비찜을 뚝딱 만들어낼 수 있어요. 레시피에 있는 채소 이외에도 밤, 대추 등을 넣어 함께 끓이면 더 고급스럽고 맛있답니다.

Week 4
겨울

토요일 저녁

Ingredient

재료 — 양념한 LA갈비 2kg(p.452 참조), 당근 1/2개, 양파 1개, 감자 2개, 표고버섯 4개, 대파 1/2개, 참깨·참기름 적당량씩

양념장 — 물 1/2컵, 간장 2큰술, 물엿 1큰술

↘ 간장의 양은 채소의 양에 따라 조절하는 것이 좋아요.

How to make

1. 미리 양념했던 LA갈비는 뼈 사이를 잘라둔다.
2. 당근, 양파, 감자는 큼직하게 썰어 모서리를 정리해두고 표고버섯은 밑동을 잘라 4등분한다. 대파는 어슷하게 썰어둔다.
3. 냄비에 미리 양념한 LA갈비와 당근, 양파, 감자, 표고버섯, 양념장을 넣어 끓인다.
4. 끓기 시작하면 채소와 고기가 익도록 중약 불에서 뚜껑을 덮어 15분 정도 익힌 뒤 다 익으면 대파를 올리고 참깨와 참기름을 뿌려 완성한다.

주방의 쉼표, 키친 콤마

www.kcomma.com

"예쁜 당신은 쉬어요. 맛은 제가 낼게요"

요리의 풍미를 살리는 맛간장과 쯔유
설탕 없는 저당질 소스
유기농 설탕을 최소한으로 넣은 수제잼
내 몸을 깨우는 제철 수제청

건강한 식재료로 정성껏 자연을 담았습니다.